ŒUVRES COMPLÈTES

de Théodore

Agrippa d'Aubigné

OEUVRES COMPLÈTES

de Théodore

Agrippa d'Aubigné

Publiées pour la première fois
D'APRÈS LES MANUSCRITS ORIGINAUX

*Accompagnées
de Notices biographique, littéraire & bibliographique,
de Variantes, d'un Commentaire, d'une Table
des noms propres & d'un Glossaire*

Par

MM. Eug. RÉAUME & de CAUSSADE

Tome quatrième

PARIS

ALPHONSE LEMERRE, ÉDITEUR

27-31, PASSAGE CHOISEUL, 27-31

M DCCC LXXVII

LES TRAGIQUES

DONNEZ AU PUBLIC PAR LE LARCIN

DE PROMETHEE

Donné à l'Imprimeur le 5 Aouſt.

[Publiés d'après le manuſcrit original de la collection Tronchin. Mss. d'Aubigné, t. VII.

AUX LECTEURS.

oicy le larron Promethee, qui au lieu de grace demande gré de son crime, & pense pouvoir justement faire present de ce qui n'est pas à luy, comme ayant desrobé pour vous ce que son Maistre vous desroboit à soy-mesme, & qui plus est, ce feu que j'ay volé mouroit sans air; c'estoit un flambeau sous le muy, mon charitable peché l'a mis en evidence : je dy charitable à vous & à son autheur. Du millieu des extremitez de la France & mesme de plus loing, notamment d'un vieil pasteur d'Angrongne, plusieurs escrits secondoient les remonstrances de vive voix, par lesquelles les serviteurs de Dieu luy reprochoient le talent caché, & quelqu'un en ces termes : « Nous sommes ennuyez de livres qui enseignent, donnez nous en pour esmouvoir, en un siecle où tout zele chrestien est pery, où la difference du vray & du mensonge est comme abolie; où les mains des ennemis de l'Eglise cachent le

sang duquel elles sont tachees soubs les presens, & leurs inhumanitez soubs la liberalité. Les Adiaphoristes, les prophanes mocqueurs, les traficqueurs du droict de Dieu font monstre de leur douce vie, de leur recompense, & par leur esclat ont esblouy les yeux de noz jeunes gens que l'honneur ne picque plus, que le peril n'esveille point. » Mon Maistre respondoit, « *Que voulez vous que j'espere parmy ces cœurs abastardis, sinon que de voir mon livre jetté aux ordures avec celuy de* l'Estat de l'Eglise, *l'*Aletheye, *le* Resveille-matin, *la* Legende Sainte Catherine, *& autres de cette sorte ? Je gagneray une place au rolle des fols, & de plus, le nom de turbulent, de Republicain ; on confondra ce que je di des Tyrans pour estre dit des Roys, & l'amour loyal & la fidelité que j'ay monstree par mon espee à mon grand Roy jusques à la fin, les distinctions que j'apporte partout seront examinees par ceux que j'offence, surtout par l'inique justice pour me faire declarer criminel de leze-Majesté. Attendez ma mort qui ne peut estre loing, & puis examinez mes labeurs : chastiez les de ce que l'amy & l'ennemy y peuvent reprendre, & en usez alors selon voz equitables jugemens.* » Telles excuses n'empeschoient point plusieurs doctes vieillards d'appeler nostre autheur devant Dieu & protester contre luy. Outre leurs remonstrances je me mis à penser ainsy : Il y a trente-six ans & plus que cet œuvre est faict, assavoir aux guerres de septante & sept à Castel-Jaloux, où l'autheur commandoit quelques Chevaux-legers, & se tenant pour mort pour les plaies reçuës en un combat, il traça comme pour testament cet ouvrage, lequel encores quelques annees aprés il a peu polir & emplir. Et où sont aujourd'huy ceux à qui les actions, les factions & les choses monstrueuses de ce temps là sont connuës, sinon à fort peu, & dans peu de jours à nul ?

AUX LECTEURS.

Qui prendra aprés nous la peine de lire les rares histoires de nostre siecle opprimees, esteintes & estouffees par celles des charlattans gagez? Et qui sans l'histoire prendra goust aux violences de nostre autheur? Doncques avant le reste de la memoire, du zele & des sainctes passions esteintes, mon bon, mon violent desir se changea en courage : je desrobay de derriere les coffres & dessoubs les armoires les paperasses crottees & deschirees desquelles j'ay arraché ce que vous verrez. Je failli encor à quitter mon dessein sur tant de litures & d'abbreviations & motz que l'autheur mesme ne pouvoit lire pour la precipitation de son esprit en escrivant. Les lacunes que vous y verrez à regret me despleurent au commancement, & puis j'ay estimé qu'elles contraindront un jour un bon pere de ne laisser pas ses enfans ainsy estroppiez. Je croy mesme que nous amenerons l'autheur à favoriser une edition seconde, où non-seulement les deffauts seront remplis, mais quelques annotations esclairciront les lieux plus difficiles. Vous trouverez en ce livre un style souvent trop concis, moins poly que les œuvres du siecle, quelques rythmes à la reigle de son siecle : ce qui ne paroist pas aujourdhuy aux pieces qui sortent de mesmes mains, & notamment en quelques unes faictes exprés à l'envi de la mignardise qui court; c'est ce que j'espere vous presenter pour la seconde partie de mon larcin. Ce qui reschauffa mon desir & m'osta la crainte de l'offence, ce fut de voir les impudents larcins des chouettes de ce temps qui glanoyent desjà sur le champ fertile, avant la moisson. Je vi dans les quatrains de Mathieu jusques à trois vers de suitte desrobez dans le Traitté des douceurs de l'affliction, qui estoit une lettre escritte promptement à Madame, de laquelle je vous promets la response au recueil que j'espere faire. Ainsy l'amour de l'Eglise qui a besoing de fomentations, l'honneur de celuy que j'offence auquel je veux oster la negligence de ses enfans & à ces larrons leur proye, & puis l'obligation que je veux gagner sur les meilleurs de ce siecle, sont les trois excuses que je mets avant pour mon peché.

Il vient maintenant à propos que je die quelque chose sur le travail de mon Maistre & sur ce qu'il a de particulier. Je l'ay servi vingt & huict ans presque tousjours dans les armees, où il exerçoit l'office de Mareschal de camp avec un soing & labeur indicible, comme estimant la principale partie du Capitaine d'estre present à tout. Les plus gentilles de ses pieces sortoient de sa main, ou à cheval, ou dans les tranchees, se delectant non seulement de la diversion, mais encore de repaistre son esprit de viandes hors de temps & saison. Nous luy reprochions familierement cet Empereur qui ne vouloit le poisson de mer que porté de cent lieuës. Ce qui nous fachoit le plus c'estoit la difficulté de luy faire relire. Quelqu'un dira : il y paroist en plusieurs endroits, mais il me semble que ce qui a esté moins parfaict par sa negligence, vaut bien encor la diligence de plusieurs. J'en dirois davantage si l'excessive loüange de mon Maistre n'estoit en quelque façon la mienne. J'ay pris quelques hardiesses envers luy, comme sur quelques mots qui sentent le vulgaire; avant nous respondre il fournissoit toujours le vers selon nostre desir, mais il disoit que le bonhomme Ronsard, lequel il estimoit par dessus son siecle en sa profession, disoit quelquefois à luy & à d'autres : « Mes enfants, deffendez vostre mere de ceux qui veulent faire servante une Damoyselle de bonne maison. Il y a des vocables qui sont françois naturels, qui sentent le vieux, mais le libre françois, comme dougé, tenuë, empour, dorne, bauger, bouger, & autres de telle sorte. Je vous recommande par testament que vous ne laiſſieʒ point perdre ces vieux termes, que vous les employieʒ & deffendieʒ hardiment contre des maraux, qui ne tiennent pas elegant ce qui n'eſt point eſcorché du latin & de l'italien, & qui aiment mieux dire collauder, contemner, blaſonner, que loüer, meſpriſer, blaſmer ; tout cela c'eſt pour l'eſcolier de Limoſin. » Voyla les propres termes de Ronſard. Aprés que nous luy remonſtrions quelques rythmes qui nous ſembloient maigres, il nous diſoit que Ronſard, Beʒe, du Beſlay & Jodelle ne les avoient pas voulu plus fecondes, qu'il n'eſtoit pas raiſonnable que les rythmeurs impoſaſſent des loix ſur les poëmes. Sur quelques autres difficulteʒ, comme ſur les preterits feminins aprés les accuſatifs & telles obſervations, il donnoit cela à la licence & quant & quant à la richeſſe de la langue. Toutefois, toutes ſes œuvres de ce temps ont pris les loix du temps, & pour les rythmes des ſimples aux compoſeʒ ou des compoſeʒ aux autres, il n'y en a que trois ou quatre en tout l'œuvre. Il approuve cette rigueur & l'a ſuyvie au temps qu'elle a eſté eſtablie, ſans toutesfois vouloir ſouffrir que les premiers poëtes de la France en ſoient meſeſtimeʒ. Voila pour les eſtoffes des parties, voicy pour la matiere generale, & puis je diray un mot de la diſpoſition.

La matiere de l'œuvre a pour ſept livres ſept tiltres ſepareʒ, qui toutesfois ont quelque convenance, comme des effects aux cauſes. Le premier livre s'appelle Miſeres, qui eſt un tableau piteux du Royaume en general, d'un ſtyle bas & tragicque n'excedant que fort peu les loix de la narration. Les Princes viennent aprés, d'un ſtyle moyen, mais ſatyricque en quelque façon ; en cettuy-là il a eſgalé la liberté de ſes eſcripts à celle des vies de ſon temps, denotant le ſubject de ce ſecond pour inſtrument du premier. Et puis il faict contribuer aux cauſes *des miseres l'injustice, soubs le tiltre de* La Chambre doree : *mais ce troisiesme de mesme style que le second. Le quart, qu'il appelle* Les Feux, *est tout entier au sentiment de la religion de l'autheur & d'un style tragicque moyen. Le cinquiesme, sous le nom des* Fers, *d'un style tragicque eslevé, plus poëticque & plus hardy que les autres, sur lequel je veux conter une notable dispute entre les doctes amis de l'autheur. Rapin, un des plus excellens esprits de son siecle, blasma l'invention des tableaux celestes, disant que nul n'avoit jamais entrepris de peindre les affaires de la terre au Ciel, bien les celestes en terre. L'autheur se deffendoit par les inventions d'Homere, de Virgile, & de nouveau du Tasse, qui ont feincts les conseils tenus au Ciel, les brigues & partialitez des celestes sur les affaires des Grecs, des Romains, & depuis des Chrestiens. Ce debat les poussa à en croire de trés doctes personnages, lesquels ayant demandé de voir la tissure de l'œuvre pour en juger, approuverent l'invention, si bien que je garde curieusement des lettres sur ce subject desrobees à mon Maistre incurieux, surtout celles de Monsieur de Saincte-Marthe, qui aiant esté un des arbitres, dit ainsy :* « *Vous vous esgayez dans le Ciel pour les affaires du Ciel mesme; j'y ay pris tel goust que je crains vostre modestie; au lieu donc de vous descourager, si vous aviez quelque chose plus haut que le Ciel, vous y debvriez loger ce qui est tout celeste.* » *Le livre qui suit, cinquiesme, s'appelle* Vengeances : *theologien & historial. Luy & le dernier, qui est le* Jugement, *d'un style eslevé, tragicque, pourront estre blasmez pour la passion partizane. Mais ce genre d'escrire a pour but d'esmouvoir, & l'autheur le tient quitte s'il peut cela sur les esprits desjà passionnez ou pour le moins æquanimes.*

Il y a peu d'artifice en la disposition : il y paroist

seulement quelques episodies comme predictions de choses avenuës avant l'œuvre clos, que l'autheur appelloit en riant ses apopheties. Bien veux je constamment asseurer le lecteur qu'il y en a qui meritent un nom plus haut, comme escrittes avant les choses advenuës, je maintien de ce rang ce qui est à la preface :

  Je voi venir avec horreur
  Le jour qu'au grand temple d'erreur…,

Et ce qui s'en suit de la stance.

 Aux Princes, où tout ce qui est dit du fauconnier qui tuë son oyseau par une corneille est sur la mort du Roy Henry troisiesme, & puis aux endroicts qui denotent la mort d'Henry quatriesme que je monstrerois estre dit par prediction, si les preuves ne designoient trop mon autheur. Vous remarquerez aussy en la disposition la liberté des entrees avec exorde, ou celles qu'on appelle abruptes. Quant aux tiltres des livres, je fus cause de faire oster des noms estrangers, comme au troisiesme Ubris, au dernier Dan, aymant mieux que tout parlast françois.

 Or voyla l'estat de mon larcin, que le pere plein de vie ne pourra souffrir deschiré & mal en poinct & le pied usé, comme sont les chevaux d'Espagne qu'on desrobe par les montagnes. Il sera contrainct de remplir les lacunes, & si je fay ma paix avec luy, je vous promets les commentaires de tous les poincts difficiles qui vous renvoyroient à une penible recerche de l'histoire, ou l'onomastic. J'ay encor par devers moy deux livres d'Epigrammes françois, deux de Latins que je vous promets à la premiere commodité & puis des Polemicques en diverses langues, œuvres de sa jeunesse, quelques Romans, cinq livres de Lettres missives, le pre-

mier de Familieres *pleines de railleries non communes,
le second de* Poincts de doctrines *desmeslez entre ses
amis, le troisiesme de* Poincts theologaux, *le quatriesme
d'*Affaires de la guerre, *le cinquiesme d'*Affaires d'Estat;
mais tout cela attendra l'edition de l'*Histoire*, en
laquelle c'est chose merveilleuse qu'un esprit igné & violent de son naturel ne se soit monstré en aucun point
partisan, ait escript sans loüanges & blasmes, fidelle
tesmoing & jamais juge, se contentant de satisfaire à
la question du faict sans toucher à celle du droict.*

*La liberté de ses autres escrits a faict dire à ses
ennemis qu'il affectoit plus le gouvernement aristocraticque que monarchique, de quoy il fut accusé envers
le Roy Henry quatriesme, estant lors Roi de Navarre.
Ce Prince qui avoit desjà leu tous les Tragicques plusieurs fois, les voulut faire lire encores pour justifier
ces accusations & n'i aiant rien trouvé que supportable,
pourtant pour en estre plus satisfaict, appella un jour
nostre autheur en presence des Sieurs du Fay, & du Pin,
lesquels discourroient avec luy sur les diversitez des
Estats. Nostre autheur interrogé promptement quelle
estoit de toutes administrations la meilleure, respondit
que c'estoit la monarchicque selon son institution entre
les François, & qu'après celle des François, il estimoit
le mieux celle de Pologne. Pressé davantage sur celle
des François, il repliqua :* « Je me tiens du tout à ce
qu'en dit du Haillan, & tiens pour injuste ce qui en a
esté changé, quand ce ne seroit que la submission aux
Papes. Philippes le Bel estoit souverain & brave, mais
il est difficille que qui subit le joug d'autruy puisse
donner à ses subjects un joug supportable. » *J'ay voulu
alleguer ces choses pour justifier ses escripts, esquels
vous verrez plusieurs choses contre la tyrannie, nulle
contre la Royauté; & de faict ses labeurs, ses perils*

& ses playes ont justifié son amour envers son Roy. Pour vous en monstrer son opinion plus au net, j'ay adjousté icy trois stances qui luy serviront de confession en ce qui est de la Royauté ; elles sont en une piece qui paroistra, Dieu aydant, parmy les meslanges à la premiere occasion. Vers la fin aprés la stance qui commence :

Roy, qui te sieds enfant sur la peau de ton pere,

suivent :

 Le Regne est beau miroüer du regime du monde,
Puis l'Aristocratie en honneur la seconde,
Suit l'Estat Populaire inferieur des trois ;
Tout peut se maintenir en regnant par soy-mesme,
Mais j'appelle les Rois ployez soubs un supresme
Tyrans tirannisez, & non pas des vrais Roys.
 Le Monarque du Ciel en soy prend sa justice,
Le prince de l'Enfer exerce le supplice
Et ne peut ses rigueurs esteindre ou eschauffer :
Le Roy regnant par soy, aussy humble que brave,
Est l'image de Dieu ; mais du Tyran esclave
Le dur gouvernement image de l'Enfer.
 Celuy n'est souverain qui reconnoist un maistre ;
Plus infame valet qui est valet d'un prestre.
Servir Dieu, c'est regner : ce regne est pur & doux.
Rois de Septentrion, heureux Princes & sages,
Vous estes Souverains qui ne debvez hommages
Et qui ne voiez rien entre le Ciel & vous.

Voila le plus au vif que j'ay peu le crayon de mon Maistre. Quant à son nom, on n'exprime point les noms dans les tableaux ; il est temps que vous l'oyez par sa bouche, de laquelle vous n'aurez point de loüanges serviles, mais bien des libres & franches veritez.

DEUX SONNETS

DE DANIEL CHAMIER

L'un pour mettre au devant du livre intitulé : *Les Feux*.

POUR LES FEUX.

Un mesme esprit de feu fit la saison fertile
Des champions de Christ, qui au feu, qui en l'eau
Et aux fers ont monstré ce courage nouveau
Et paisible aux torments, & en la nuict facile.

Mesme feu anima cet angelicque style
Qui faict fleurir les morts & revivre au tombeau,
Encouragea l'autheur au mespris du couteau
Et d'un funeste arrest & de la mort civile.

Tesmoing des saincts tesmoings, vray martyr des martyrs,
Tu te mesle avec eux pour le moins de desirs.
Chacun de vous faict part de l'estat où vous estes,

Et la prend de l'autruy, car en changeant de sort,
Tu les fais, Aubigné, aprés leur mort, poëtes;
Ils te font, Aubigné, martyr avant ta mort.

Cettui est pour mettre au devant des *Jugements*.

Et vous ne pensiez pas, ô monstres de nature,
Vous ne le croyiez pas qu'il y eust dans les Cieux
Un Dieu qui recerchast, & juste & curieux,
Vos forfaicts pour en faire une vengeance dure!

Voy-le, o malheureux, dans la belle peinture
Des tableaux d'Aubigné, & confequentieux,
Vivez dorefnavant fans dementir vos yeux,
Repeus de doctes traicts de cette portraicture.

Que penfez-vous, mefchants ? Les bons meurent de peur
Aux foudres de ces vers, qui leur font voir l'erreur *(fic)*
De voz maux, & des maux qui voz maux vont fuivant.

Braves vers, graves vers qui d'une voix terrible
Vous crient : « O tyrans, voyez qu'il eft horrible
De choir entre les mains de ce grand Dieu vivant ! »

SONNET

Qu'une Princeffe efcrivit à la fin des *Tragicques*.

O trop fubtil larron ou bien hardy preneur ;
Non preneur feulement, mais voleur ordinaire ;
Non feulement voleur, mais tyran fanguinaire,
Qui abbaiffant autruy faict gloire de ton heur ;

Enchanteur des efprits & violent fonneur,
Qui tonnant nous eftonne & parlant nous faict taire
Et n'efpargnant la main non plus que l'adverfaire,
Fay tiens les biens, la vie, & l'ame avec l'honneur.

Tu monftres ton enfant, tu fais cacher les noftres,
Tu prends tout feul le los qu'on partageoit aux autres,
Tu le rends des neuf Sœurs maiftre & non pas mignon.

Tu ravis d'Appollon la lyre avec main forte,
Et au lieu qu'en fureur Parnaffe nous tranfporte,
Tu tranfportes Parnaffe au defert du Dognon.

PREFACE.

L'AUTHEUR A SON LIVRE.

Va, Livre, tu n'es que trop beau
Pour eftre né dans le tombeau
Duquel mon exil te delivre.
Seul pour nous deux je veux perir :
Commence, mon enfant, à vivre
Quand ton pere s'en va mourir.
 Encores vivray je par toy,
Mon filz, comme tu vis par moy;
Puis il faut, comme la nourrice
Et fille du Romain grifon,
Que tu allaicte & tu cheriffe
Ton pere en exil, en prifon.
 Sois hardy, ne te cache point.
Entre chez les Rois mal en point;
Que la pauvreté de ta robbe
Ne te face honte ni peur,
Ne te diminuë ou defrobe
La fuffifance ni le cœur.
 Porte, comme au fenat Romain,
L'advis & l'habit du vilain

Qui vint du Danube sauvage,
Et monstra, hideux, effronté,
De la façon, non du langage,
La mal plaisante verité.
　Si on te demande pourquoy
Ton front ne se vante de moy,
Dis leur que tu es un posthume
Desguisé, craintif & discret,
Que la Verité a coustume
D'accoucher en un lieu secret.
　Ta trenche n'a or ne couleur,
Ta couverture sans valeur
Permet, s'il y a quelque joye,
Aux bons la trouver au dedans;
Aux autres facheux, je t'envoie
Pour leur faire grincer les dents.
　Aux uns tu donneras de quoy
Gemir & chanter avec toy,
Et les autres en ta lecture
Fronçans le sourcil de travers,
Trouveront bien ta couverture
Plus aggreable que tes vers.
　Pauvre enfant, comment parois tu
Paré de la seule vertu?
Car, pour une ame favorable,
Cent te condamneront au feu.
Mais c'est ton but invariable
De plaire aux bons & plaire à peu.
　Ceux que la peur a revoltez
Diffameront tes veritez,
Comme faict l'ignorante lie.
Heureux livre qui en deux rangs
Distingue la troupe ennemie,
En lasches & en ignorans.

Bien que de moy desjà ſoit né
Un pire & plus heureux aiſné,
Plus beau & moins plein de ſageſſe,
Il chaſſe les cerfs & les ours,
Tu deniaiſſes ſon aiſneſſe
Et ſon partage eſt en amours.

Mais le ſecond pour plaire mieux
Aux vitieux fut vitieux.
Mon eſprit par luy fit eſpreuve
Qu'il eſtoit de feu tranſporté;
Mais ce feu plus propre ſe treuve
A bruſler qu'à donner clarté.

J'eus cent fois envie & remord
De mettre mon ouvrage à mort.
Je voulois tüer ma folie,
Cet enfant bouffon m'appaiſoit :
En fin, pour la fin de ſa vie
Il me deſpleut, car il plaiſoit.

Suis je facheux de me joüer
A mes enfans, de les loüer ?
Amis, pardonnez-moi ce vice :
S'ils ſont camus & contrefaicts,
Ni la mere, ni la nourrice
Ne trouvent point leurs enfants laids.

Je penſe avoir eſté ſur eux
Et Pere & Juge rigoureux :
L'un à regret a eu la vie,
A mon gré chaſte & aſſez beau;
L'autre enſevelit ma folie
Dedans un oublieux tombeau.

Si en mon volontaire exil,
Un juſte & ſevere ſourcil
Me reprend de laiſſer en France
Les traces de mon perdu temps :

Ce font les fleurs & l'esperance,
Et cecy les fruicts de mes ans.
 Aujourd'hui abordé au port
D'une douce & civile mort,
Comme en une terre feconde,
D'autre humeur je fay d'autres vers,
Marri d'avoir laiſſé au monde
Ce qui plaiſt au monde pervers.
 Alors je n'adorois ſinon
L'image vaine du renom,
Renom de douteuſe eſperance :
Icy ſans eſpoir, ſans eſmoi,
Je ne veux autre recompenſe
Que dormir ſatisfaict de moi.
 Car la gloire nous n'eſtallons
Sur l'eſchaffaut en ces vallons :
En ma libre franche retraitte,
Les triomphes des orgueilleux
N'entrent pas dedans ma logette,
Ni les deſeſpoirs fourcilleux.
 Mais là où les triomphes vains
Peuvent dreſſer leurs chefs hautains,
Là où ſe tient debout le vice,
Là eſt le logis de la peur :
Ce lieu eſt lieu de precipice,
Faict dangereux par ſa hauteur.
 Vallons d'Angrongne bien heureux,
Vous bienheurez les mal heureux,
Separans des fanges du monde
Voſtre Chreſtienne liberté,
Vous deffendez à coups de fonde
Les logis de la Verité.
 Dedans la grotte d'un rocher
La pauvrette a voulu cercher

Sa maison, moins belle & plus seure.
Ses pertuis sont arcs triomphans,
Où la fille du Ciel asseure
Un azile pour ses enfans.
 Car je la trouve dans le creux
Du logis de soy tenebreux,
Logis esleu pour ma demeure,
Où la Verité sert de jour,
Où mon ame veut que je meure,
Furieuse de sainct amour.
 Je cerchois de mes tristes yeux
La Verité aux aspres lieux,
Quand de cett' obscure tasniere
Je vis resplendir la clarté,
Sans qu'il y eust autre lumiere :
Sa lumiere estoit sa beauté.
 J'attache le cours de mes ans
Pour vivre à jamais au dedans :
Mes yeux de la premiere veuë,
Bien que transis & esplorez,
L'eurent à l'instant reconnuë
A ses habits tous deschirez.
 C'est toy, di je, qui sceus ravir
Mon ferme cœur à te servir ;
A jamais tu seras servie
De luy tant qu'il sera vivant :
Peut-on mieux conserver sa vie
Que de la perdre en te servant ?
 De celuy qui aura porté
La rigoureuse Verité
Le salair' est la mort certaine :
C'est un loyer bien à propos,
Le repos est fin de la peine,
Et la mort est le vray repos.

Je commençois à arracher
Des cailloux poliz d'un rocher,
Et elle tordoit une fonde :
Puis nous jettions par l'univers,
En forme d'une pierre ronde,
Ses belles plaintes & mes vers.

Quelquesfois en me proumenant
La Verité m'alloit menant
Aux lieux où celle qui enfante,
De peur de se perdre, se perd,
Et où l'Eglise qu'on tourmente
S'enferma d'eau dans le desert.

O desert, promesse des Cieux,
Infertile, mais bienheureux !
Tu as une seule abondance,
Tu produits les celestes dons,
Et la fertilité de France
Ne gist qu'en espineux chardons.

Tu es circuï, non surpris,
Et menacé sans estre pris :
Le dragon ne peut, & s'essaie :
Il ne peut nuire que des yeux,
Assez de cris & nulle plaie
Ne force le destin des Cieux.

Quel chasteau peut si bien loger ?
Quel Roy si heureux qu'un berger ?
Quel sceptre vaut une houlette ?
Tyrans, vous, craignez mes propos :
J'auray la paix en ma logette,
Voz palais seront sans repos.

Je sens ravir dedans les Cieux
Mon ame aussy bien que mes yeux,
Quand en ces montagnes j'advise
Ces grands coups de la Verité,

Et les beaux combats de l'Eglife
Signalez à la pauvreté.
   Je voi les places & les champs,
Là où l'effroy des braves camps,
Qui de tant de rudes batailles
Rapportoient les fers triomphans,
Purent les chiens de leurs entrailles
Deffaicts de la main des enfans.
   Ceux qui par tant & tant de fois
Avoient veu le dos des François,
Eurent bras & cœur inutile :
Comme cerfs paoureux & legers,
Ils fe virent chaffez trois mille
Des fondes de trente bergers.
   Là l'enfant attend le foldat,
Le pere contre un chef combat,
Encontre le tambour qui gronde
Le Pfalme efleve fon doux ton ;
Contre l'aquebouze la fonde,
Contre la picque le bafton.
   Là l'enfeigne voloit en vain,
En vain la trompette & l'airin ;
Le phifre efpouvante au contraire
Ceux-là qu'il debvoit efchauffer :
Ils fentoient que Dieu fçavoit faire
La toile auffi dure que fer.
   L'ordre tefmoing de leur honneur,
Aux chefs ne refchauffa le cœur ;
Rien ne fervit l'experience
Des braves lieutenans de Roy :
Ils eurent peur fans connoiffance
Comment ils fuioient, & pourquoy.
   Aux cœurs de foy victorieux
La Victoire, fille des Cieux,

Et la Gloire aux aifles dorees
Prefentent chacune un chappeau :
Les infolences efgarees
S'efgarent loing de ce troupeau.

 Dieu fit là merveille, ce lieu
Eft le fanctuaire de Dieu;
Là Satan n'a l'yvroie mife
Ni la femence de fa main,
Là les agnelets de l'Eglife
Sautent au nez du loup Romain.

 N'eft ce pour ouvrir noz efprits?
N'avons-nous pas encor' appris
Par David, que les Grands du monde
Sont impuiffants encontre nous,
Et que Dieu ne veut qu'une fonde
Pour inftrument de fon courroux?

 Il fe veut rendre affubjectis
Par les moiens les plus petits,
Les fronts plus hautains de la terre;
Et pour terraffer à l'envers
Les Pharaons, il leur faict guerre
Avec les moufches & les vers.

 Les Cireniens enragez
Un jour en bataille rengez
Defpitoient le Ciel & le foudre,
Voulans arracher le foleil,
Et Dieu prit à leurs pieds la poudre
Pour fes armes & leur cercueil.

 Quand Dieu veut nous rendre vaincueurs,
Il ne choifit rien que les cœurs,
Car toutes mains luy font pareilles;
Et mefmes, entre les Payens,
Pour y defployer fes merveilles,
Il s'eft joüé de fes moyens.

L'exemple de Scevole est beau,
Qui ayant failli du couteau,
Chassa d'une brave parolle
L'ennemy du peuple Romain;
Et le feu qu'endura Scevole
Fit plus que le coup de sa main.

Contre les Tyrans violents
Dieu choisit les cœurs plus bruslans;
Et quand l'Eglise se renforce
D'autres que de ses cytoiens,
Alors Dieu affoiblit sa force,
La maudit & tous ses moiens.

Car quand Israël fit le choix
Des deux des premiers de ses Roys,
Rien pour les morgues tromperesses
Ne se fit, ni pour les habits :
L'un fut pris entre les asnesses,
Et l'autre, entre les brebis.

O mauvais secours aux dangers
Qu'un chef tiré des estrangers !
Heureuse françoise province,
Quand Dieu propice t'accorda
Un Prince, & te choisit un Prince
Des pavillons de son Juda.

Mal heur advint sur nos François,
Quand nous bastimes sur François
Et ses mal contentes armees
Les forces d'un Prince plus fort :
Helas ! elles sont consumees,
Et nous sur le sueil de la mort.

Autant de tisons de courroux
De Dieu courroucé contre nous
Furent ces troupes blasphemantes :
Nous avons appris cette fois

Que ce font chofes differentes
Que l'Eftat de Dieu & des Roys.
 Satan, ennemi caut & fin,
Tu voyois trop proche ta fin,
Mais tu vis d'un œil pafle & blefme
Noz cœurs ambitieux jaloux,
Et deflors tu nous fis nous mefmes
Combattre pour & contre nous.
 Les Samfons, Gedeons, & ceux
Qui n'efpargnerent pareffeux
Le corps, le hafard & la peine,
Pour, dans les feux d'un chaud efté,
Boire la glace à la fontaine,
Ramenerent la Vérité.
 Rend toy d'un foin continuel,
Prince, Gedeon d'Ifraël;
Boi le premier dedans l'eau vive,
En cette eau trempe auffy ton cœur :
Il y a de la peine oifive
Et du defir qui eft labeur.
 Bien que tu as autour de toy
Des cœurs & des yeux pleins de foy,
J'ay peur qu'une Dalide fine
Couppe ta force & tes cheveux,
Te livre à la gent Philiftine
Qui te prive de tes bons yeux.
 Je voi venir avec horreur
Le jour qu'au grand temple d'erreur
Tu feras rire l'affiftance;
Puis donnant le dernier effort
Aux deux colonnes de la France,
Tu te baigneras en la mort.
 Quand ta bouche renoncera
Ton Dieu, ton Dieu la percera,

Puniſſant le membre coupable :
Quand ton cœur, deſloyal mocqueur,
Comme elle ſera puniſſable,
Alors Dieu percera ton cœur.
 L'amour premier t'aveuglera
Et puis le meurtrier frappera.
Desjà ta veuë enveloppee
N'attend que le coup du couteau,
Ainſy que la mortelle eſpee
Suit de prés le triſte bandeau.
 Dans ces cabinets lambriſſez,
D'idoles de cour tapiſſez,
N'eſt pas la verité connuë :
La voix du Seigneur des Seigneurs
S'eſcrit ſur la roche cornuë
Qui eſt plus tendre que noz cœurs.
 Ces monts ferrez, ces aſpres lieux,
Ne ſont pas ſi doux à noz yeux,
Mais l'ame y trouve ſes delices ;
Et là où l'œil eſt contenté
Des braves & ſomptueux vices,
L'œil de l'ame y eſt tourmenté.
 Echos, faictes doubler ma voix,
Et m'entendez à cette fois :
Mi celeſtes roches cornuës,
Pouſſez mes plaintes dedans l'air,
Les faiſant du recoup dés nuës
En France une autre fois parler.
 Amis, en voyant quelquefois
Mon ame ſortir de ſes loix,
Si pour bravement entreprendre
Vous reprenez ma faincte erreur,
Penſez que l'on ne peut reprendre
Toutes ces fureurs ſans fureur.

Si mon efprit audacieux
Veut peindre le fecret des Cieux,
J'attaque les dieux de la terre :
Il faut bien qu'il me foit permis
De fouiller, pour leur faire guerre,
L'arcenal de leurs ennemis.

Je n'excufe pas mes efcrits
Pour ceux-là qui y font repris :
Mon plaifir eft de leur defplaire.
Amis, je trouve en la raifon
Pour vous & pour eux fruict contraire,
La medecine & le poifon.

Vous louerez Dieu, ils trembleront ;
Vous chanterez, ils pleureront :
Argument de rire & de craindre
Se trouve en mes vers, en mes pleurs,
Pour redoubler & pour eftreindre
Et voz plaifirs, & leurs fureurs.

Je plains ce qui m'eft ennemy,
Les montrant j'ay pour eux gemy :
Car qui veut garder la juftice
Il faut haïr diftinctement
Non la perfonne, mais le vice,
Servir, non cercher l'argument.

Je fçay que les enfans bien nez
Ne chantent, mais font eftonnez,
Et ferment les yeux debonnaires,
(Comme deux des filz de Noé)
Voyant la honte de leurs peres
Que le vin fumeux a noyé.

Ainfy un temps, de ces felons
(Les yeux bouchez à reculons)
Nous cachions l'orde vilenie :
Mais nous les trouvons ennemis,

Et noz peres de la patrie
Qui ne pechent plus endormis.
   Rend donc, o Dieu, ſi tu connois
Mon cœur meſchant, ma voix ſans voix.
O Dieu, tu l'eſleve au contraire,
C'eſt trop retenu mon debvoir;
Ce qu'ils n'ont pas horreur de faire
J'ay horreur de leur faire voir.
   Sors, mon œuvre, d'entre mes bras,
Mon cœur ſe plaint, l'eſprit eſt las
De cercher au droict une excuſe :
Je vay le jour me refuſant
Lorſque le jour je te refuſe,
Et je m'accuſe en t'excuſant.
   Tu es né legitimement,
Dieu meſme a donné l'argument;
Je ne te donne qu'à l'Egliſe.
Tu as pour ſupport l'equité,
La verité pour entrepriſe,
Pour loyer l'immortalité.

LES TRAGIQUES

LIVRE PREMIER.

MISERES.

Puisqu'il faut s'attaquer aux legions de Rome,
Aux monstres d'Italie, il faudra faire comme
Hannibal, qui par feux d'aigre humeur arrosez
Se fendit un passage aux Alpes embrazez.
Mon courage de feu, mon humeur aigre & forte
Au travers des sept monts faict breche au lieu de porte.
Je brise les rochers & le respect d'erreur
Qui fit douter Cæsar d'une vaine terreur.
Il vit Rome tremblante, affreuse, eschevelee,
Qui en pleurs, en sanglots, mi morte, desolee,
Tordant ses doigts, fermoit, defendoit de ses mains
A Cæsar le chemin au lieu de ses germains.
 Mais dessous les autels des Idoles j'advise
Le visage meurtry de la captive Eglise,

Qui à sa delivrance (aux despens des hazards)
M'appelle, m'animant de ses trenchans regards.
Mes desirs sont desjà volez outre la rive
Du Rubicon troublé, que mon reste les suive
Par un chemin tout neuf, car je ne trouve pas
Qu'autre homme l'ait jamais escorché de ses pas.
Pour Mercures croizez, au lieu de Pyramides,
J'ai de jour le pilier, de nuict les feux pour guides.
Astres, secourez-moi ; ces chemins enlacez
Sont par l'antiquité des siecles effacez :
Si bien que l'herbe verde en ses sentiers accreuë
Est faicte une prairie espaisse, haute & druë.
Là où estoient les feux des Prophetes plus vieux,
Je tends comme je puis le cordeau de mes yeux,
Puis je cours au matin, de ma jambe arrosee
J'esparpille à costé la premiere rosee,
Ne laissant aprés moy trace à mes successeurs
Que les reins tous ployez des inutiles fleurs,
Fleurs qui tombent si tost qu'un vray soleil les touche,
Ou que Dieu senera par le vent de sa bouche.

 Tout puissant, tout voyant, qui du haut des hauts Cieux
Fend les cœurs plus serrez par l'esclair de tes yeux,
Qui fis tout, & conneus tout ce que tu fis estre :
Tout parfaict en ouvrant, tout parfait en connoistre,
De qui l'œil tout courant, & tout voyant aussy,
De qui le soing sans soing prend de tous le soucy,
De qui la main forma exemplaires & causes,
Qui preveus les effects dés le naistre des choses :
Dieu qui d'un style vif, comme il te plaist, escris
Le secret plus obscur en l'obscur des esprits :
Puis que de ton amour mon ame est eschauffee,
Jalouze de ton nom ma poictrine embrazee
De ton feu pur, repurge aussy de memes feux
Le vice naturel de mon cœur vitieux :

De ce zele trés sainct rebrufle moy encore,
Si que (tout confommé au feu qui me devore,
N'eftant ferf de ton ire, en ire tranfporté
Sans paffion) je fois propre à ta verité :
Aillieurs qu'à te loüer ne foit abandonnee
La plume que je tiens, puis que tu l'as donnee.
   Je n'efcry plus les feux d'un amour inconnu,
Mais par l'affliction plus fage devenu,
J'entreprens bien plus haut, car j'apprends à ma plume
Un autre feu auquel la France fe confume.
Ces ruiffelets d'argent que les Grecs nous feignoient,
Où leurs poëtes vains beuvaient & fe baignoient,
Ne courent plus icy : mais les ondes fi claires
Qui eurent les faphyrs & les perles contraires,
Sont rouges de noz morts ; le doux bruit de leurs flots,
Leur murmure plaifant heurte contre des os.
Telle eft, en efcrivant, non ma commune image ;
Autre fureur qu'amour reluit en mon vifage :
Pour un inicque Mars parmy les durs labeurs
Qui gaftent le papier & l'ancre de fueurs,
Au lieu de Theffalie aux mignardes vallees,
Nous avortons ces chants au millieu des armees,
En delaffant noz bras de craffe tous rouillez
Qui n'ofent s'efloigner des braffards defpouillez.
Le luth que j'accordois avec mes chanfonnettes
Eft ores eftouffé de l'efclat des trompettes :
Icy le fang n'eft feint, le meurtre n'i deffaut,
La Mort jouë elle-mefme en ce trifte efchaffaut ;
Le juge criminel tourne & emplit fon urne ;
D'icy, la botte en jambe, & non pas le cothurne,
J'appelle Melpomene, en fa vive fureur,
Au lieu de l'Hypocrene, efveillant cette fœur
Des tombeaux rafraichis dont il faut qu'elle forte,
Efchevelee, affreufe, & bramant en la forte

Que faict la biche aprés le faon qu'elle a perdu.
Que la bouche luy saigne, & son front esperdu
Fasse noircir du Ciel les voutes esloignées;
Qu'elle esparpille en l'air de son sang deux poignees,
Quand espuisant ses flancs de redoublez sanglots,
De sa voix enrouee elle bruira ces mots :
« *O France desolee ! o terre sanguinaire !*
Non pas terre, mais cendre : o mere, si c'est mere
Que trahir ses enfants aux douceurs de son sein,
Et quand on les meurtrit, les serrer de sa main.
Tu leur donne la vie, & dessous ta mammelle
S'esmeut des obstinez la sanglante querelle ;
Sur ton pis blanchissant ta race se debat,
Et le fruict, de ton flanc faict le champ du combat. »
 Je veux peindre la France une mere affligee
Qui est entre ses bras de deux enfants chargee ;
Le plus fort, orgueilleux, empoigne les deux bouts
Des tetins nourriciers, puis à force de coups
D'ongles, de poings, de pieds il brise le partage
Dont nature donnoit à son besson l'usage :
Ce voleur acharné, cet Esau malheureux,
Faict degast du doux laict qui doibt nourrir les deux,
Si que pour arracher à son frere la vie,
Il mesprise la sienne & n'en a plus d'envie ;
Lors son Jacob pressé d'avoir jeusné meshuy,
Ayant dompté longtemps en son cœur son ennuy,
A la fin se defend, & sa juste colere
Rend à l'autre un combat dont le champ est la mere.
Ni les souspirs ardents, les pitoyables cris,
Ni les pleurs reschauffez ne calment les esprits,
Mais leur rage les guide, & leur poison les trouble,
Si bien que leur courroux par leurs coups se redouble,
Leur conflict se r'allume & faict si furieux
Que d'un gauche malheur ils se crevent les yeux.

Cette femme efploree en fa douleur plus forte
Succombe à la douleur, mi vivante, mi morte;
Elle voit les mutins tous defchirez, fanglants,
Qui ainfy que du cœur des mains fe vont cerchants.
Quand preffant à fon fein d'une amour maternelle
Celuy qui a le droict & la jufte querelle,
Elle veut le fauver, l'autre qui n'eft pas las,
Viole en pourfuivant l'afyle de fes bras.
Adonc fe perd le laict, le fuc de fa poictrine :
Puis aux derniers aboys de fa propre ruine,
Elle dit : « Vous avez, felons, enfanglanté
Le fein qui vous nourrit & qui vous a porté;
Or vivez de venin, fanglante geniture,
Je n'ay plus que du fang pour voftre nourriture. »

   Quand efperdu je voy les honteufes pitiez
Et du corps divifé les funebres moitiez;
Quand je voy s'apprefter la tragedie horrible
Du meurtrier de foy mefme, aux autres invincible,
Je penfe encore voir ung monftrueux geant
Qui va de braves mots les hauts Cieux outrageant,
Superbe, floriffant, fi brave qu'il fe treuve
Nul qui de fa valeur entreprenne la preuve;
Mais lorfqu'il ne peut rien rencontrer au dehors
Qui de fes bras nerveux endure les efforts,
Son corps eft combattu à foy mefme contraire;
Le fang pur ha le moins : le flegme & la colere
Rend le fang non plus fang; le peuple abat fes loix :
Tous nobles & tous Roys, fans nobles & fans Roys;
La maffe degenere en la melancholie :
Ce vieil corps tout infect, plein de fa difcratie,
Hydropique, faict l'eau, fi bien que ce geant
Qui alloit de fes nerfs fes voifins outrageant,
Auffy foible que grand n'enfle plus que fon ventre.
Ce ventre dans lequel tout fe tire, tout entre,

IV.

Ce faux difpenfateur des commungs excrements
N'envoye plus aux bords les juftes aliments;
Des jambes & des bras les os font fans môelle;
Il ne va plus en haut pour nourrir la cervelle
Qu'un chime venimeux, dont le cerveau nourri
Prend matiere & liqueur d'un champignon pourri.
Ce grand geant, changé en une horrible befte,
A fur ce vafte corps une petite tefte,
Deux bras foibles pendans desjà fecs, desjà morts,
Impuiffants de nourrir & deffendre le corps;
Les jambes fans pouvoir porter leur maffe lourde,
Et à gauche & à droict font porter une bourde.

 Financiers, Jufticiers, qui opprimez de faim
Celuy qui vous faict naiftre ou qui deffend le pain,
Soubs qui le laboureur s'abbreuve de fes larmes,
Qui fouffrez mandier la main qui tient les armes:
Vous, ventre de la France, enflé de fes langueurs,
Faifant orgueil de vent, vous monftrez voz vigueurs.
Voyez la tragedie, abbaiffez vos courages.
Vous n'eftes fpectateurs, vous eftes perfonnages,
Car encor vous pourriez contempler de bien loing
Une nef fans pouvoir luy aider au befoing,
Quand la mer l'engloutit, & pourriez de la rive,
En tournant vers le Ciel la face demi vive,
Plaindre fans fecourir ce mal oifivement.
Mais quand dedans la mer, la mer pareillement
Vous menace de mort, courez à la tempefte,
Car avec le vaiffeau voftre ruine eft prefte.

 La France donc encor eft pareille au vaiffeau
Qui outragé des vents, des rochers & de l'eau,
Loge deux ennemis: l'un tient avec fa troupe
La prouë, & l'autre a pris fa retraitte à la pouppe;
De canons & de feux chacun met en efclats
La moitié qui s'oppofe, & font verfer en bas,

*L'un & l'autre enyvré des eaux & de l'envie,
Enfemble le navire & la charge & la vie.
En cela le vainqueur ne demeurant plus fort
Que de voir fon haineux le premier à la mort,
Qu'il feconde, authochyre, auffy toft de la fienne,
Vainqueur, comme l'on peut vaincre à la cadmeenne.*
 *Barbares en effect, François de nom, François,
Voz fauffes loix ont eu des faux & jeunes Roys,
Impuiffants fur leurs cœurs, cruels en leur puiffance;
Rebelles, ils ont veu la defobeiffance.
Dieu fur eux & par eux defploia fon courroux,
N'ayant autres bourreaux de nous mefmes que nous.*
 *Les Roys qui font du peuple & les Roys & les Peres
Du troupeau domefticq font les loups fanguinaires;
Ils font l'ire allumee & les verges de Dieu,
La crainte des vivants; ils fuccedent au lieu
Des heritiers des morts: ravisseurs de pucelles,
Adulteres fouillans les couches des plus belles
Des maris affommez, ou bannis pour leur bien.
Ils courent fans repos, & quand ils n'ont plus rien
Pour fouler l'avarice, ils cerchent autre forte
Qui contente l'efprit d'une ordure plus forte:
Les viellards enrichis tremblent le long du jour,
Les femmes, les maris privez de leur amour
Par l'efpais de la nuict fe mettent à la fuitte;
Les meurtriers fouldoyez s'efchauffent à la fuite:
L'homme eft en proye à l'homme, un loup à fon pareil.
Le pere eftrangle au lict le filz, & le cercueil
Preparé pour le filz follicite le pere.
Le frere avant le temps herite de fon frere.
On trouve des moyens, des crimes tous nouveaux,
Des poifons inconnus, ou les fanglants couteaux
Travaillent au midy, & le furieux vice
Et le meurtre public ont le nom de juftice.*

Les beliſtres armez ont le gouvernement,
Le ſac de noz citez : comme anciennement
Une croix bourguignonne eſpouvantoit noz peres,
Le blanc les faict trembler, & les tremblantes meres
Preſſent à l'eſtomach leurs enfans eſperdus,
Quand les grondans tambours ſont battans entendus.
Les places de repos ſont places eſtrangeres :
Les villes du millieu ſont les villes frontieres;
Le village ſe garde, & noz propres maiſons
Nous ſont le plus ſouvent garniſons & priſons.
L'honorable bourgeois, l'exemple de ſa ville,
Souffre devant ſes yeux violer femme & fille,
Et tomber ſans mercy dans l'inſolente main
Qui s'eſtendoit naguere à mandier du pain.
Le ſage juſticier eſt traiſné au ſupplice,
Le mal faicteur luy faict ſon procés : l'injuſtice
Eſt principe de droict; comme au monde à l'envers,
Le vieil pere eſt fouetté de ſon enfant pervers.
Celuy qui en la paix cachoit ſon brigandage
De peur d'eſtre puni, eſtalle ſon pillage.
Au ſon de la trompette, au plus fort des marchez,
Son meurtre & ſon butin ſont à l'ancan preſchez :
Si qu'au lieu de la rouë, au lieu de la ſentence,
La peine du forfaict ſe change en recompenſe.
Ceux qui n'ont diſcerné les querelles des grands,
Au lict de leur repos treſſaillent, entendans
En paiſible minuict que la ville ſurpriſe
Ne leur promet ſauver rien plus que la chemiſe.
Le ſoldat trouve encor quelque eſpece de droict,
Et meſme, s'il pouvoit, ſa peine il luy vendroit.
L'Eſpagnol meſuroit les rançons & les tailles
De ceux qu'il retiroit du meurtre des batailles
Selon leur revenu; mais les François n'ont rien
Pour loy de la rançon des François que le bien.

Encor vous bien heureux qui aux villes fermees
D'un meſtier inconnu aveʒ les mains armees,
Qui gouſteʒ en la peur l'alternatif ſommeil,
De qui le repos eſt à la fiebvre pareil ;
Mais je te plains, ruſticq, qui aiant, la journee,
Ta pentelante vie en rechignant gaignee,
Reçois au ſoir les coups, l'injure & le tourment,
Et la fuitte & la faim, injuſte payement.
Le paiſan de cent ans dont la teſte chenuë
Eſt couverte de neige, en ſuivant ſa charruë,
Voit galopper de loing l'argolet outrageux
Qui d'une rude main arrache les cheveux,
L'honneur du viellard blanc, picqué de ſon ouvrage,
Par qui la ſeule faim ſe trouvoit au village.
Ne voit on pas desjà dés trois luſtres paſſeʒ,
Que les peuples fuiards des villages chaſſeʒ
Vivent dans les foreſts : là chacun d'eux s'aſſerre
Aux ventres de leur mere, aux cavernes de terre.
Ils cerchent, quand l'humain leur refuſe ſecours,
Les bauges des ſangliers & les roches des ours,
Sans conter les perdus à qui la mort propice
Donne poiſon, cordeau, le fer, le precipice.
   Ce ne ſont pas les Grands, mais les ſimples paiſans
Que la terre connoiſt pour enfans complaiſans.
La terre n'ayme pas le ſang, ni les ordures.
Il ne ſort des Tyrans & de leurs mains impures
Qu'ordures ni que ſang : les aimeʒ laboureurs
Ouvragent ſon beau ſein de ſi belles couleurs,
Font courir les ruiſſeaux dedans les verdes prees
Par les ſauvages fleurs en eſmail diaprees :
Ou par ordre & compas les jardins aʒureʒ
Monſtrent au Ciel riant leurs carreaux meſureʒ,
Les parterres tondus, & les droictes allees
Des droicturieres mains au cordeau ſont reiglees.

Ils font peintres, brodeurs, & puis leurs grands tapis
Noirciffent de raifins, & jauniffent d'efpics;
Les ombreufes forefts, leurs demeures plus franches,
Efventent leurs fueurs & les couvrent de branches.
La terre femble donc, pleurante de fouci,
Confoler les petits en leur difant ainfi :
  « *Enfans de ma douleur, du haut Ciel l'ire efmeuë*
Pour me vouloir tuer premierement vous tuë;
Vous languiffez, & lors le plus doux de mon bien
Va faoulant de plaifirs ceux qui ne valent rien.
Or attendant le temps que le Ciel fe retire,
Ou que le Dieu du Ciel deftourne ailleurs fon ire,
Pour vous faire goufter de fes douceurs aprés,
Cachez vous foubs ma robbe en mes noires forefts,
Et au fond du malheur; que chacun de vous entre,
Par deux fois mes enfans, dans l'obfcur de mon ventre.
Les faineants ingrats font brufler vos labeurs;
Voz feins fentent la faim & voz fronts les fueurs.
Je mets de la douceur aux ameres racines,
Car elles vous feront viande & medecines,
Et je retireray mes benedictions
De ceux qui vont fuccant le fang des nations :
Tout pour eux foit amer, qu'ils fortent execrables
Du lict fans repofer, allouvis de leurs tables. »
  Car pour monftrer comment en la deftruction
L'homme n'eft plus un homme, il prend refection
Des herbes, de charongne & viandes non preftes,
Raviffant les repas appreftez pour les beftes.
La racine douteufe eft prife fans danger,
Bonne fi on la peut amollir & manger.
Le confeil de la faim apprend aux dents par force
A piller des forefts & la robbe & l'efcorce.
La terre fans façon a honte de fe voir,
Cerche encore des mains & n'en peut plus avoir.

Tout logis est exil; les villages champestres
Sont meubles & planchers, sans portes & fenestres,
Font une mine affreuse, ainsy que le corps mort
Monstre, en monstrant les os, que quelqu'un luy faict tort.
Les loups & les renards & les bestes sauvages
Tiennent place d'humains, possedent les villages,
Si bien qu'en mesme lieu où en paix on eut soing
De reserrer le pain, on y cueille le foing.
Si le rusticque peut desrober à soy mesme
Quelque grain recelé par une peine extresme,
Esperant sans espoir la fin de ses malheurs,
Lors on peut voir coupler troupe de laboureurs,
Et d'un soc attaché faire place en la terre
Pour y semer le bled, le soustien de la guerre.
Et puis l'an ensuivant, les miserables yeux
Qui de sueurs du front trempoient, laborieux,
Quand subissant le joug des plus serviles bestes,
Liez comme des bœufs ils se couploient par testes,
Voyant d'un estranger la ravissante main
Qui leur tire la vie & l'espoir & le grain,
Alors, baignez en pleurs, dans les bois ils retournent,
Aux aveugles rochers les affligez sejournent;
Ils vont souffrant la faim, qu'ils portent doucement
Au pris du desplaisir & infernal tourment
Qu'ils sentirent jadis, quand leurs maisons remplies
Des demons encharnez, sepulchres de leurs vies,
Leur servoient de crottons, ou pendus par les doigts
A des cordons tranchants, ou attachez au bois
Et couchez dans le feu, ou de graisses flambantes
Les corps nuds tenaillez, ou les plaintes pressantes
De leurs enfans pendus par les pieds, arrachez
Du sein qu'ils empougnoient, des tetins assechez;
Ou bien quand du soldat la dierte allouvie
Tiroit au lieu de pain de son hoste la vie,

Vengé, mais non saoulé, pere & mere meurtris
Laissoient dans les berceaux des enfants si petits
Qu'enserrez de cimois, prisonniers dans leur couche,
Ils mouroient par la faim : de l'innocente bouche
L'ame plaintive alloit en un plus heureux lieu
Esclatter sa clameur au grand throsne de Dieu,
Cependant que les Roys parez de leur substance,
En pompes & festins trompoient leur conscience,
Estoffoient leur grandeur des ruines d'autruy,
Gras du suc innocent, s'egaiants de l'ennuy,
Stupides, sans gouster ni pitiez, ni merveilles,
Pour les pleurs & les cris sans yeux & sans oreilles.
  Icy je veux sortir du general discours
De mon tableau public : je flechirai le cours
De mon fil entrepris, vaincu de la memoire
Qui effraye mes sens d'une tragicque histoire :
Car mes yeux sont tesmoings du subject de mes vers.
  Voicy le Reistre noir foudroyer au travers
Les masures de France, & comme une tempeste
Emportant ce qu'il peut, embraser tout le reste.
Cet amas affamé nous fit à Montmoreau
Voir la nouvelle horreur d'un spectacle nouveau :
Nous vinsmes sur leurs pas une trouppe lassee
Que la terre portoit, de noz pas harassee.
Là de mille maisons on ne trouva que feux,
Que charongnes, que morts, ou visages affreux.
La faim va devant moi, force que je la suive.
J'oy d'un gosier mourant une voix demi vive,
Le cry me sert de guide & faict voir à l'instant
D'un homme demi mort le chef se debattant,
Qui sur le seuil d'un huis dissipoit sa cervelle.
Ce demi vif la mort à son secours appelle
De sa mourante voix, cet esprit demi mort
Disoit en son patois (langue de Perigort) :

« Si vous estes François, François je vous adjure,
Donnez secours de mort, c'est l'aide la plus seure
Que j'espere de vous, le moien de guerir;
Faictes-moi d'un bon coup & promptement mourir.
Les Reistres m'ont tué par faute de viande :
Ne pouvant ni fournir ne sçavoir leur demande,
D'un coup de coutelas l'un d'eux m'a emporté
Ce bras que vous voyez prés du lict à costé;
J'ay au travers du corps deux balles de pistolle. »
Il suivit en coupant d'un grand vent sa parolle :
« C'est peu de cas encor & de pitié de nous,
Ma femme en quelque lieu, grosse, est morte de coups.
Il y a quatre jours qu'aiants esté en fuitte,
Chassez à la minuict, sans qu'il nous fust licite
De sauver noz enfans liez en leurs berceaux;
Leurs cris nous appelloient, & entre ces bourreaux,
Pensans les secourir, nous perdismes la vie.
Helas! si vous avez encore quelque envie
De voir plus de malheur, vous verrez là dedans
Le massacre piteux de noz petits enfans. »
J'entre, & n'en trouve qu'un, qui lié dans sa couche
Avoit les yeux flestris, qui de sa pasle bouche
Poussoit & retiroit cet esprit languissant,
Qui à regret son corps par la faim delaissant,
Avoit laissé sa voix bramant aprés sa vie.
Voicy aprés entrer l'horrible anathomie
De la mere assechee : elle avoit de dehors,
Sur ses reins dissipez traisné, roulé son corps,
Jambes & bras rompus, un' amour maternelle
L'esmouvant pour autruy beaucoup plus que pour elle;
A tant ell' approcha sa teste du berceau,
La releva dessus : il ne sortoit plus d'eau
De ses yeux consumez; de ses playes mortelles
Le sang mouilloit l'enfant; point de laict aux mamelles,

*Mais des peaux sans humeur; ce corps seché, retraict,
De la France qui meurt fut un autre pourtraict.
Elle cerchoit des yeux deux de ses filz encore :
Noz fronts l'espouvantoient; enfin la mort devore
En mesme temps ces trois. J'eu peur que ces esprits
Protestassent mourans contre nous de leurs cris :
Mes cheveux estonnez herissent en ma teste;
J'appelle Dieu pour juge, & tout haut je deteste
Les violeurs de paix, les perfides parfaicts
Qui d'une salle cause amenent tels effects.
Là je vis estonnez les cœurs impitoyables,
Je vis tomber l'effroy dessus les effroyables.
Quel œil sec eut peu voir les membres mi mangez
De ceux qui par la faim estoient morts enragez!
Et encore aujourd'huy, soubs la loy de la guerre
Les tygres vont bruslans les thresors de la terre,
Nostre commune mere; & le degast du pain
Au secours des lions ligue la pasle faim.
En ce point, lorsque Dieu nous espanche une pluie,
Une manne de bleds pour soustenir la vie,
L'homme, crevant de rage & de noire fureur
Devant les yeux esmeus de ce grand bienfaicteur,
Foule aux pieds ses bienfaicts en villenant sa grace,
Crache contre le Ciel, ce qui tourne en sa face.
La terre ouvre aux humains & son laict & son sein;
Mille & mille douceurs que de sa blanche main
Elle appreste aux ingrats qui les donnent aux flammes;
Les degastz font sentir les innocentes ames.
En vain le pauvre en l'air esclatte pour du pain :
On embraze la paille, on faict pourrir le grain.
Au temps que l'affamé à noz portes sejourne,
Le malade se plaint, cette vois nous adjourne
Au throsne du grand Dieu; ce que l'affligé dit
En l'amer de son cœur, quand son cœur nous maudit,*

Dieu l'entend, Dieu l'exauce, & ce cry d'amertume
Dans l'air, ni dans le feu, volant ne se confume;
Dieu seelle de son sceau ce piteux testament,
Nostre mort en la mort qui le va consumant.
 La mort en payement n'a receu l'innocence
Du pauvre, qui mettoit sa chetifve esperance
Aux ausmones du peuple. (Ah! que diray je plus?)
De ces evenements n'ont pas esté exclus
Les animaux privez, & hors de leurs villages
Les mastins allouvis sont devenus sauvages,
Faicts loups de naturel, & non pas de la peau,
Imitans les plus grands, les pasteurs du troupeau,
Eux mesme ont esgorgé ce qu'ils avoient en garde;
Encor les verrez vous se vanger, quoy qu'il tarde,
De ceux qui ont osté aux pauvres animaux
La pasture ordonnee. Ils seront les bourreaux
De l'ire du grand Dieu, & leurs dents affamees
Se creveront des os de noz belles armees :
Ils en ont eu curee en noz sanglants combats;
Si bien que de corps morts rassasiez & las,
Aux plaines de noz champs, de noz os blanchissantes,
Ils courent forcenez les personnes vivantes.
Vous en voyez l'espreuve au champ de Moncontour.
Hereditairement ils ont depuis ce jour
La rage naturelle, & leur race ennyvree
Du sang des vrais François, se sent de la curee.
 Pourquoy, chiens, auriez vous en cett' aspre saison,
(Nez sans raison) gardé aux hommes la raison,
Quand Nature sans loy, folle, se desnature,
Quand Nature mourant despouille sa figure,
Quand les humains privez de tous autres moiens,
Assiegez ont mangé leurs plus fidelles chiens;
Quand sur les chevaux morts on donne des batailles,
A partir le butin de puantes entrailles?

*Mesme aux chevaux peris de farcin & de faim
On a veu labourer les ongles de l'humain,
Pour cercher dans les os & la peau confumee
Ce qu'oublioit la faim & la mort affamee.
Cet' horreur que tout œil en lifant a doubté,
Dont noz fens dementoyent la vraie antiquité,
Cette rage s'eft veuë & les meres non meres
Nous ont de leurs forfaicts pour tefmoings oculaires.
C'eft en ces fieges lents, ces fieges fans pitié,
Que des feins plus aymants s'envole l'amitié.
La mere du berceau fon cher enfant deflie;
L'enfant qu'on defbandoit autrefois pour fa vie,
Se defveloppe icy par les barbares doigts
Qui s'en vont deftacher de nature les loix;
La mere deffaifant, pitoyable & faroufche,
Les liens de pitié avec ceux de fa couche,
Les entrailles d'amour, les filets de fon flanc,
Les inteftins bruflans par les treffauts du fang;
Le fens, l'humanité, le cœur efmeu qui tremble,
Tout cela fe deftord & fe defmefle enfemble.
L'enfant qui penfe encor aller tirer en vain
Les peaux de la mammelle, a les yeux fur la main
Qui deffaict les cimois; cette bouche affamee
Trifte foufrit autour de la main bien aymee :
Cette main s'emploioit pour la vie autrefois,
Maintenant à la mort elle emploie fes doigts,
La mort, qui d'un cofté fe prefente effroyable,
La faim de l'autre bout, bourrelle impitoyable.
La mere, ayant longtemps combattu dans fon cœur
Le feu de la pitié, de la faim la fureur,
Convoitte dans fon fein la creature aimee,
Et dit à fon enfant (moins mere qu'affamee) :
« Rends, miferable, rends le corps que je t'ay faict;
Ton fang retournera où tu as pris le laict;*

Au sein qui t'allaictoit r'entre contre nature :
Ce sein qui t'a nourry sera ta sepulture ! »
La main tremble en tirant le funeste couteau,
Quand pour sacrifier de son ventre l'agneau,
Des poulces ell' estreind la gorge qui gazouille
Quelques mots sans accents croiant qu'on la chatouille.
Sur l'effroiable coup le cœur se refroidit,
Deux fois le fer eschappe à la main qui roidit :
Tout est troublé, confus, en l'ame qui se trouve
N'avoir plus rien de mere, & avoir tout de louve.
De sa levre ternie il sort des feux ardans ;
Elle n'appreste plus les levres, mais les dents,
Et des baisers changez en avides morsures.
La faim acheve tout de trois rudes blessures.
Elle ouvre le passage au sang & aux esprits ;
L'enfant change visage, & ses ris en ses cris ;
Il pousse trois fumeaux, & n'aiant plus de mere,
Mourant cerche des yeux les yeux de sa meurtriere.

 On dit que le manger de Thyeste pareil
Fit noircir & fuïr & cacher le soleil.
Suivrons nous plus avant? voulons nous voir le reste
De ce banquet d'horreur, pire que de Thyeste?
Les membres de ce fils sont connus au repas,
Et l'autre estant deceu ne les connoissoit pas.
Qui pourra voir le plat, où la beste farouche
Prend les petits doigts cuits, les joüets de sa bouche ;
Les yeux esteints auquels il y a peu de jours
Que de regards mignons s'embrazoient ses amours ;
Le sein douillet, les bras qui son col plus n'accolent :
Morceaux qui saoulent peu, & qui beaucoup desolent?
Le visage pareil encore se faict voir,
Un pourtraict reprochant, miroir de son miroir,
Dont la reflexion de coulpable semblance
Perce à travers les yeux l'ardente conscience.

*Les ongles brifent tout ; la faim & la raifon
Donnent pafture au corps, & à l'ame poifon :
Le foleil ne peut voir l'autre table fumante.
Tirons fur cette cy le rideau de Thimante !*

 *Jadis noz Rois anciens, vrais Peres & vrais Rois,
Nourriffons de la France, en faifant quelquefois
Le tour de leur païs en diverfes contrees,
Faifoient par les citez de fuperbes entrees.
Chacun s'esjouiffoit, on fçavoit bien pourquoy,
Les enfans de quatre ans crioient : Vive le Roy !
Les villes emploioient mille & mille artifices
Pour faire comme font les meilleures nourrices,
De qui le fein fecond fe prodigue à l'ouvrir,
Veut monftrer qu'il en a pour perdre & pour nourrir.
Il femble que le pis, quand il eft efmeu, voie :
Il fe jette en la main dont ces meres de joie
Font rejaillir aux yeux de leurs mignons enfants
Du laict qui leur regorge, à leurs Roys triomphans,
Triomphans par la paix : ces villes nourricieres
Prodiguoient leur fubftance, & en toutes manieres
Monftroient au Ciel ferain leurs threfors enfermez,
Et leur laict & leur joie à leurs Roys bien-aimez.*

 *Noz Tyrans aujourd'huy entrent d'une autre forte,
La ville qui les voit a vifage de morte :
Quand fon Prince la foule, il la void de tels yeux
Que Neron voyoit Romm' en l'efclat de fes feux.
Quand le Tyran s'efgaie en la ville qu'il entre,
La ville eft un corps mort, il paffe fur le ventre,
Et ce n'eft plus du laict qu'elle prodigue en l'air,
C'eft du fang. Pour parler comme peuvent parler
Les corps qu'on trouve morts portez à la juftice,
On les met en la place, afin que ce corps puiffe
Rencontrer fon meurtrier : le meurtrier inconnu
Contre qui le corps faigne eft coulpable tenu.*

Henry, qui tous les jours vas prodiguant ta vie,
Pour remeſtre le reſgne, oſter la tyrannie,
Ennemy des Tyrans, reſſource des vrais Rois,
Quand le ſceptre des lis joindra le Navarrois,
Souvien toy de quel œil, de quelle vigilance
Tu cours remedier aux malheurs de la France.
Souvien toy quelque jour combien ſont ignorans
Ceux qui pour eſtre Rois, veulent eſtre Tyrans.

Ces Tyrans ſont des loups, car le loup, quand il entre
Dans le parc des brebis, ne ſucce de leur ventre
Que le ſang par un trou, & quitte tout le corps,
Laiſſant bien le troupeau, mais un troupeau de morts:
Nos villes ſont charongne, & noz plus cheres vies,
Et le ſuc, & la force en ont eſté ravies;
Les païs ruinez ſont membres retranchez
Dont le corps ſeichera, puiſqu'ils ſont aſſeichez.

France, puis que tu perds tes membres en la ſorte,
Appreſte le ſuaire & te conte pour morte;
Ton poux foible, inegal, le trouble de ton œil
Ne demande plus rien qu'un funeſte cercueil.

Que ſi tu vis encor, c'eſt la mourante vie
Que le malade vit en extreme agonie,
Lors que les ſens ſont morts, quand il eſt au rumeau,
Et que d'un bout de plume on l'abeche avec l'eau.

Si tu peux allouvi devorer la viande,
Ton chef mange tes bras; c'eſt une faim trop grande
Quand le deſeſperé vient à manger ſi fort
Aprés le gouſt perdu, c'eſt indice de mort.

Mais quoy! tu ne fus oncq ſi fiere en ta puiſſance,
Si roide en tes efforts, o furieuſe France!
C'eſt ainſy que les nerfs des jambes & des bras
Roidiſſent au mourant à l'heure du treſpas.

On reſſerre d'impoſt le trafic des rivieres,
Le ſang des gros vaiſſeaux & celuy des arteres;

C'eſt faict du corps auquel on tranche tous les jours
Des veines & rameaux les ordinaires cours.
 Tu donnes aux forains ton avoir qui s'eſgare,
A celuy du dedans rude, ſeiche & avare;
Cette main a promis d'aller trouver les morts,
Qui ſans humeur dedans eſt ſuante au dehors.
 France, tu es ſi docte & parles tant de langues!
O monſtrueux diſcours, o funeſtes harangues!
Ainſy, mourans les corps, on a veu les eſprits
Prononcer les jargons qu'ils n'avoient point appris.
 Tu as plus que jamais de merveilleuſes teſtes,
Des cerveaux tranſcendans, de vrais & faux prophetes;
Toy prophete, en mourant du mal de ta grandeur,
Mieux que le medecin tu chante ton malheur.
 France, tu as commerce aux nations eſtranges,
Partout intelligence, & partout des eſchanges;
L'oreille du malade eſt ainſy claire, alors
Que l'eſprit dit à Dieu aux oreilles du corps.
 France, bien qu'au millieu tu ſens des guerres fieres,
Tu as paix & repos à tes villes frontieres :
Le corps tout feu dedans, tout glace par dehors,
Demande la biere & bien toſt eſt faict corps.
 Mais, France, on voit doubler dedans toy l'avarice;
Quand nature deffaut, les vieillards ont ce vice :
Quand le malade amaſſe & couverte & linceux
Et tire tout à ſoy, c'eſt un ſigne piteux.
 On void perir en toy la chaleur naturelle,
Le feu de charité, tout amour mutuelle;
Les deſluges eſpais achevent de noier
Tous chauds deſirs au cœur qui eſtoit leur foüier,
Mais ce foüier du cœur a perdu l'advantage
Du feu & des eſprits qui faiſoient le courage.
 Icy marquez honteux, degenerez François,
Que voz armes eſtoient legeres autrefois,

Et que quand l'eſtranger esjamboit voz barrieres,
Vos ayeux deſdaignoient forts & villes frontieres.
L'ennemy, auſſy toſt comm' entré combattu,
Faiſoit à la campagne eſſay de leur vertu.
Ores, pour teſmoigner la caducque vieilleſſe
Qui nous oſte l'ardeur & nous croiſt la fineſſe,
Noz cœurs froids ont beſoing de ſe voir emmurez,
Et comme les viellards, reveſtus & fourrez
De rempars, baſtions, foſſez, & contre-mines,
Foſſes-brays, parapets, chemiſes & courtines:
Noz excellents deſſeins ne ſont que garniſons
Que noz peres fuioient, comm' on fuit les priſons.
Quand le corps gelé veut mettre robbe ſur robbe,
Dites que la chaleur s'enfuit & ſe deſrobbe;
L'ange de Dieu vengeur, une fois commandé,
Ne ſe deſtourne pas pour eſtre apprehendé :
Car ces ſymptomes vrais, qui ne ſont que preſages,
Se ſentent en noz cœurs auſſy toſt qu'aux viſages.
 Voila le front hideux de noz calamitez,
La vengeance des Cieux juſtement deſpitez.
Comme par force l'œil ſe deſtorne à ces choſes,
Retournons les eſprits pour en toucher les cauſes.
 France, tu t'eſlevois orgueilleuſe au millieu
Des autres nations, & ton pere, & ton Dieu,
Qui tant & tant de fois par guerres eſtrangeres
T'eſprouva, t'advertit de verges, de miſeres.
Ce grand Dieu void au Ciel, du feu de ſon clair œil,
Que des maux eſtrangers tu doublois ton orgueil :
Tes ſuperſtitions & tes couſtumes folles,
De Dieu qui te frappoit, te pouſſoient aux idolles.
Tu te crevois de graiſſe en patience, mais
Ta paix eſtoit la ſœur baſtarde de la paix :
Rien n'eſtoit honoré parmy toy que le vice.
Au Ciel eſtoit bannie, en pleurant, la Juſtice,

L'Eglise au sec desert, la Verité aprés.
L'Enfer fut espuisé & visité de prés,
Pour cercher en son fonds une verge nouvelle,
A punir jusqu'aux os la nation rebelle.
 Cet Enfer nourrissoit en ses obscuritez
Deux esprits que les Cieux formerent, despitez,
Des pires excrements, des vapeurs inconnuës
Que l'haleine du bas exhale dans les nuës.
L'essence & le subtil de ces infections
S'affina par sept fois en exhalations :
Comme l'on void dans l'air une masse visqueuse
Lever premierement l'humeur contagieuse
De l'haleine terrestre, & quand auprés des Cieux
Le choix de ce venin est haussé, vitieux,
Comm' un astre il prend vie, & sa force secrete
Espouvante chacun du regard d'un comette.
Le peuple, à gros amas aux places ameuté,
Bee douteusement sur la calamité,
Et dit : « Ce feu menace & promet à la terre,
Lousche, pasle ou flambant, peste, famine ou guerre. »
 A ces trois s'apprestoient ces deux astres nouveaux.
Le peuple voioit bien ces cramoisis flambeaux,
Mais ne les peut juger d'une pareille sorte.
Ces deux esprits, meurtriers de la France mi-morte,
Nasquirent en noz temps : les astres mutinez
Les tirerent d'Enfer, puis ils furent donnez
A deux corps vicieux, & l'amas de ces vices
Trouva l'organe prompt à leurs mauvais offices.
 Voicy les deux flambeaux & les deux instruments
Des plaies de la France, & de tous ses tourments.
Une fatale femme, un Cardinal qui d'elle,
Parangon du malheur, suivoit l'ame cruelle.
 Malheur, ce dit le sage, au peuple dont les loix
Tournent dans les esprits des fols & jeunes Rois

Et qui mangent matin, quand ce malheur se treuve
Divinement predit par la certaine espreuve!
Mais cela qui faict plus le regne malheureux
Que celuy des enfans, c'est quand on voit pour eux
Le diademe sainct sur la teste insolente,
Le sacré sceptre au poing d'une femme impuissante,
Au depend de la loy que prirent les Gaulois
Des Saliens François pour loy des autres lois.
Cest esprit impuissant a bien peu, car sa force
S'est convertie en poudre, en feux & en amorce,
Impuissante à bien faire, & puissante à forger
Les couteaux si tranchants, qu'on a veu esgorger
Depuis les Roys hautains eschauffez à la guerre
Jusqu'au ver innocent qui se traine sur terre;
Mais pleust à Dieu aussy qu'elle eut peu surmonter
Sa rage de regner, qu'ell' eut peu s'exempter
Du venin florentin, dont la plaie eternelle,
Pestifere, a frappé & sur elle, & par elle!
 Pleust à Dieu, Jesabel, que, comm' au temps passé,
Tes Ducs predecesseurs ont tousjours abbaissé
Les Grands, en eslevant les petits à l'encontre,
Puis encor rabbatus par une autre rencontre
Ceux qu'ils avoient haussez; si tost que leur grandeur
Pouvoit donner soupçon ou mesfiance au cœur:
Ainsy comme eux tu sçais te rendre redoutable,
Faisant le Grand coquin, haussant le miserable:
Ainsy comme eux tu sçais par tes subtilitez,
En maintenant les deux, perdre les deux costez,
Pour abbreuver de sang la soif de ta puissance;
Pleust à Dieu, Jesabel, que tu eusse à Florence
Laïssé tes trahisons en laissant ton païs;
Que tu n'eusses les Grands des deux costez trahis
Pour regner au millieu, & que ton entreprise
N'eust ruiné le Noble, & le peuple, & l'Eglise!

Cinq cent mille soldats n'eussent crevé, poudreux,
Sur le champ maternel, & ne fust avec eux
La Noblesse faillie, & la force faillie
De France, que tu as faict gibier d'Italie !
 Ton filz eut eschapé ta secrette poison,
Si ton sang t'eust esté plus que ta trahison :
En fin pour assouvir ton esprit & ta veuë,
Tu vois le feu qui brusle & le couteau qui tuë,
Tu as veu à ton gré deux camps des deux costez,
Tous deux pour toy, tous deux à ton gré tourmentez :
Tous deux François, tous deux ennemis de la France,
Tous deux executeurs de ton impatience,
Tous deux la pasle horreur du peuple ruiné,
Et un peuple par toy contre soy mutiné ;
Par eux tu vois desjà la terre yvre, inhumaine,
Du sang noble François & de l'estranger pleine,
Accablé par le fer que tu as esmoulu,
Mais c'est beaucoup plus tard que tu n'eusses voulu.
Tu n'as ta soif de sang qu'à demi arrosee,
Ainsy que d'un peu d'eau la flamme est embrazee.
 C'estoit un beau mirouer de ton esprit mouvant,
Quand parmy les nonnains au florentin couvent,
N'aiant pouvoir encor de tourmenter la terre,
Tu dressois tous les jours quelque petite guerre :
Tes compagnes pour toy se tiroient aux cheveux,
Ton esprit dés lors plein de sanguinaires vœux,
Par ceux qui prevoioient les effects de ton ame
Ne peut estre enfermé, subtil comme la flamme ;
Un mal heur necessaire, & le vouloir de Dieu
Ne doibt perdre son temps ni l'assiette du lieu :
Comme celle qui vit en songe que de Troye
Elle enfantoit les feux, vit aussy mettre en proye
Son païs par son fils, & pour sçavoir son mal,
Ne peut brider le cours de son mal heur fatal.

Or, ne vueille le Ciel avoir jugé la France
A servir septante ans de gibier à Florence,
Ne vueille Dieu tenir pour plus long temps assis
Sur noz lis tant foulez le joug de Medicis !
Quoy que l'arrest du Ciel dessus noz chefs destine,
Toy, verge de courroux, impure Catherine,
Nos cicatrices sont ton plaisir & ton jeu ;
Mais tu iras enfin comme la verge au feu,
Quand au lict de la mort, ton fils & tes plus proches
Consoleront tes plains de ris & de reproches,
Quand l'edifice haut des superbes Lorrains,
Maugré tes estançons, t'accablera les reins,
Et par toy eslevé t'accrasera la teste.
Encor ris tu, sauvage & carnasiere beste,
Aux œuvres de tes mains, & n'as qu'un desplaisir,
Que le grand feu n'est pas si grand que ton desir !
Ne plaignant que le peu, tu t'esgaie ainsy comme
Neron l'impytoiable en voiant brusler Romme.
 Neron laissoit en paix quelque petite part ;
Quelque coing d'Italie esgaré à l'escart
Eschappoit ses fureurs ; quelqu'un fuioit de Sylle
Le glaive & le courroux en la guerre civile :
Quelqu'un de Phalaris evitoit le taureau,
La rage de Cinna, de Cesar le couteau ;
Et (ce qu'on feint encor estrange entre les fables)
Quelqu'un de Diomede eschappoit les estables :
Le lion, le sanglier qu'Hercule mit à mort,
Plus loing que leur buisson ne faisoient point de tort :
L'hydre assiegeoit Lerna, du taureau la furie
Couroit Candie, Anthee affligeoit la Lybie.

 Mais toy qui au matin, de tes cheveux espars
Fais voile à ton faux chef branslant de toutes parts,
Et desploiant en l'air ta perruque grisonne,
Les païs tous esmeus de pestes empoisonne,

Tes crins esparpillez, par charmes herissez,
Envoient leurs esprits où ils sont addressez :
Par neuf fois tu secoüe, & hors de chaque pointe
Neuf Demons conjurez descochent par contrainte.
    Quel antre caverneux, quel sablon, quel desert,
Quel bois, au fond duquel le voiageur se perd,
Est exempt de malheurs? Quel allié de France
De ton breuvage amer n'a humé l'abondance?
Car diligente à nuire, ardente à rechercher,
La loingtaine province & l'esloigné clocher
Par toi sont peints de rouge, & chacune personne
A son meurtrier derriere avant qu'elle s'estonne.
O qu'en Lybie Anthee, en Crete le taureau,
Que les testes d'Hydra, du noir sanglier la peau,
Le lion Nemean, & ce que cette fable
Nous conte d'outrageux, fut au pris supportable!
Pharaon fut paisible, Antiochus piteux,
Les Herodes plus doux, Cinna religieux :
On pouvoit supporter l'espreuve de Perille,
Le couteau de Cesar, & la prison de Sylle ;
Et les feux de Neron ne furent point des feux,
Prés de ceux que vomit ce serpent monstrueux.
    Ainsy en embrazant la France miserable,
Cette Hydra renaissant ne s'abbat, ne s'accable,
Par veilles, par labeurs, par chemins, par ennuis ;
La chaleur des grands jours, ni les plus froides nuicts
N'arrestent sa fureur, ne brident le courage
De ce monstre porté des aisles de sa rage ;
La peste ne l'arreste, ains la peste la craint,
Pource qu'un moindre mal un pire mal n'esteint.
    L'infidelle croiant les fausses impostures
Des Demons prædisans par songes, par augures,
Et par voix de sorciers, que son chef perira,
Foudroié d'un plancher qui l'ensevelira,

Perd bien le jugement, n'aiant point connoiſſance
Que cette maiſon n'eſt que la maiſon de France,
La maiſon qu'elle ſappe, & c'eſt auſſy pourquoy
Elle faict tresbucher ſon ouvrage ſur ſoy.
Celuy qui d'un canon foudroiant extermine
Le rempart ennemi, ſans braſſer ſa ruine,
Ruine ce qu'il hait, mais un meſme danger
Accravante le chef de l'aveugle eſtranger,
Grattant par le dedans le vengeur edifice,
Qui faict de ſon meurtrier en mourant ſacrifice.
Elle ne l'entend pas, quand de mille poſteaux
Elle faict appuier ſes logis, ſes chaſteaux.
Tu ne peux empeſcher par arc boutant ni fulcre
Que Dieu de ta maiſon ne faſſe ſon ſepulchre.
L'architecte mondain n'a rien qui tienne lieu
Contre les coups du Ciel, & le doigt du grand Dieu.
Il falloit contre toy & contre ta machine
Appuyer & munir, ingratte Catherine,
Cette haute maiſon, la maiſon de Vallois,
Qui s'en va dire adieu au monde & aux François.

 Mais quand l'embraʒement de la mi-morte France
A ſouffler tous les coings requiert ſa diligence,
La diligente au mal, pareſſeuſe à tout bien,
Pour bien faire craint tout, pour nuire ne craint rien.
C'eſt la peſte de l'air, l'Erynne envenimee,
Elle infecte le Ciel par la noire fumee
Qui ſort de ſes naʒeaux, ell' haleine les fleurs,
Les fleurs perdent d'un coup la vie & les couleurs;
Son toucher eſt mortel, la peſtifere tuë
Les païs tous entiers de baſilique veuë;
Elle change en diſcord l'accord des elements,
En paiſible minuict on oit ſes hurlements,
Ses ſifflements, ſes cris, alors que l'enragee
Tourne la terre en cendre, & en ſang l'eau changee;

Elle s'ameute avec les sorciers enchanteurs,
Compagne des Demons, compagnons imposteurs,
Murmurant l'exorcisme & les noires prieres;
La nuict elle se veautre aux hideux cimetieres,
Elle trouble le Ciel, elle arreste les eaux,
Aiant sacrifié tourtres & pigeonneaux,
Et desrobé le temps que la lune obscurcie
Souffre de son murmur', elle attir' & convie
Les serpents en un rond sur la fosse des morts.
Desterre sans effroy les effroyables corps,
Puis remplissant les os de la force des Diables,
Les faict saillir en pieds, terreux, espouvantables,
Oit leur voix enrouee, & des obscurs propos
Des Demons imagine un travail sans repos;
Idolatrant Satan & sa theologie,
Interrogue en tremblant sur le fil de sa vie
Ces organes hideux; lors mesle de leurs tais
La poudre avec du laict, pour les conduire en paix;
Les enfans innocens ont presté leurs moëlles,
Leurs graisses & leur suc à fournir de chandelles,
Et pour faire trotter les esprits aux tombeaux,
On offre à Belzebuth leurs innocentes peaux.

En vain, Royne, tu as rempli une bouticque
Des drogues du mestier & mesnage magicque.
En vain fais tu amas dans les tais des deffuncts,
De poix noire, de canfre à faire tes parfuns;
Tu y brusles en vain cyprés & mandragore,
La ciguë, la ruë, & le blanc hellebore,
La teste du chat roux, d'un ceraste la peau,
D'un chat-huant le fiel, la langue d'un corbeau,
De la chauve-souris le sang, & de la louve
Le laict chaudement pris sur le poinct qu'elle trouve
Sa tanniere volee, & son fruict emporté:
Le nombril frais-coupé à l'enfant avorté;

*Le cœur d'un vieil crapaut, le foie d'un dipsade,
Les yeux d'un basilic, la dent d'un chien malade,
Et la bave qu'il rend en contemplant les flots;
La queuë du poisson, ancre des matelots,
Contre lequel en vain vent & voile s'essaye;
Le vierge parchemin, le palais de fressaye.
Tant d'estranges moiens tu recherches en vain,
Tu en as de plus prompts en ta fatale main :
Car quand dans un corps mort un Demon tu ingeres,
Tu le vas menaçant d'un foüet de viperes;
Il faict semblant de craindre, & pour joüer son jeu,
Il s'approche, il refuse, il entre peu à peu,
Il touche le corps froid, & puis il s'esloigne,
Il feint avoir horreur de l'horrible charongne.
Ces feintes sont appas : leur Maistre, leur Seigneur,
Leur permet d'affronter d'efficace d'erreur
Tels esprits que le tien par telles singeries.*

   *Mais toy, qui par sur eux triomphes, seigneuries,
Use de ton pouvoir : tu peux bien triompher
Sur eux, puis que tu es vivandiere d'Enfer;
Tu as plus de credit, & ta voix est plus forte
Que tout ce qu'en secret de cent lieux on te porte :
Va, commande aux Demons d'imperieuse voix,
Reproche leur tes coups, conte ce que tu vois,
Monstre leur le succés des ruses florentines,
Tes meurtres, tes poisons, de France les ruines;
Tant d'ames, tant de corps, que tu leur fais avoir,
Tant d'esprits abbrutis poussez au desespoir
Qui renoncent leur Dieu; di que par tes menees,
Tu as peuplé l'Enfer de legions damnees.
De telles voix sans plus tu pourras esmouvoir,
Emploier, arrester tout l'infernal pouvoir;
Il ne faut plus de soing, de labeur, de despence,
A cercher les sçavants en la noire science;*

Vous garderez les biens, les eftats, les honneurs
Pour d'Italie avoir les fins empoifonneurs,
Pour nourrir, emploier cette fubtile bande
Bien mieux entretenuë, & plus riche, & plus grande,
Que celle du Confeil, car nous ne voulons point
Que Confeillers fubtils, qui renverfent à point
En difcords les accords, que les traiftres qui vendent
A peu de prix leur foy, ceux là qui mieux entendent
A donner aux mefchants les purs commandements,
En fe fervant des bons tromper leurs infruments.
 La foy par tant de fois & la paix violee
Couvroit les faux deffeins de la France affolee
Soubs les traittez d'accord; avant le pourparler
De la paix, on fçavoit le moien de troubler;
Cela nous fut depeint par les feux & la cendre,
Que le mal heur venu feul nous a peu apprendre.
Les feux, dis je, celez deffous le pefant corps
D'une fouche amortie, & qui n'aiant dehors
Pouffé par millions toufjours fes eftincelles,
Soubs la cendre trompeufe a fes flammes nouvelles.
La traiftreffe Pandore apporta noz mal heurs,
Peignant fur fon champ noir l'ænigme de noz pleurs;
Marquant pour fe mocquer fur fes tapifferies
Les moiens de ravir & noz biens, & noz vies,
Mefme efcrivant autour du tifon de fon cœur
Qu'aprés la flamme efteinte encore vit l'ardeur.
 Tel fut l'autre moien de noz rudes miferes,
L'Achitophel bandant les fils contre les peres;
Tel fut cette autre pefle, & l'autre malheureux,
Perpetuelle horreur à noz trifles neveux,
Ce Cardinal fanglant, couleur à point fuivie
Des defirs, des effects & pareill' à fa vie :
Il fut rouge de fang de ceux qui au cercueil
Furent hors d'aage mis, tüez par fon confeil;

Et puis le cramoify encores nous avife
Qu'il a dedans fon fang trempé fa paillardife,
Quand en mefme fubject fe fit le monftrueux
Adultere, paillard, bougre & incéftueux.
   Il eft exterminé : fa mort efpouvantable
Fut des efprits noircis une guerr' admirable.
Le haut Ciel s'obfcurcit, cent mille tremblements
Confondirent la terre & les trois elements.
De celuy qui troubloit, quand il eftoit en vie,
La France & l'univers, l'ame rouge ravie
En mille tourbillons, mille vents, mille nœuds,
Mille foudres ferrez, mille efclairs, mille feux,
Le pompeux appareil de cette ame fi fainĉte
Fit des mocqueurs de Dieu trembler l'ame contrainte ;
Or n'eftant defpouillé de toutes paffions,
De fes confeils fecrets & de fes actions
Ne pouvant oublier la compagne fidelle,
Vomiffant fon demon il eut memoire d'elle,
Et finit d'un adieu entre les deux amants,
La moitié du confeil, & non de noz tourments.
   Prince choifi de Dieu, qui foubs ta belle mere
Savourois l'aconit & la ciguë amere,
Ta voix a tefmoigné qu'au point que cet efprit
S'enfuioit en fon lieu, tu vis faillir du lict
Cette Royne en fraieur, qui te monftroit la place
Où le Cardinal mort l'accoftoit face à face,
Pour prendre fon congé elle bouchoit fes yeux,
Et ta fraieur te fit heriffer les cheveux.
   Tels mal heureux cerveaux ont efté les amorces,
Les flambeaux boutte feux, & les fatales torches,
Par qui les hauts chafteaux jufqu'en terre razez,
Les temples, hofpitaux, pillez & embrazez,
Les colleges deftruits par la main ennemie
Des cytoiens efmeus, monftrent l'anatomie

De noſtre honneur ancien (comme l'on juge aux os
La grandeur des geants aux ſepulchres enclos).
Par eux on vid les loix ſous les pieds trepignees;
Par eux la populace à bandes mutinees
Trempa dedans le ſang des viellards les couteaux,
Eſtrangla les enfans liez en leurs berceaux,
Et la mort ne connut ni le ſexe ni l'aage;
Par eux eſt perpetré le monſtrueux carnage,
Qui de quinze ans entiers aiant faict les moiſſons
De François, glene encor le reſte en cent façons.

 Car quand la frenaiſie & fiebvre generalle
A ſenti quelque paix, dilucide intervalle,
Noz ſçavants apprentifs du faux Machiavel
Ont parmy nous ſemé la peſte du duel.
Les Grands enſorcelez par ſubtiles querelles
Ont rempli leurs eſprits de haines mutuelles,
Leur courage emploié à leur diſſention
Les faict ſerfs de meſtier, grands de profeſſion.
Les Nobles ont choqué à teſtes contre teſtes,
Par eux les Princes ont vers eux payé leurs debtes;
Un chacun eſtourdy a porté au fourreau
Dequoy eſtre de ſoy, & d'autruy le bourreau.
Et de peur qu'en la paix la feconde Nobleſſe
De ſon nombre s'enflant ne refrene & ne bleſſe
La Tyrannie un jour, qu'ignorante elle ſuit,
Miſerable ſupport du joug qui la deſtruit,
Le Prince, en ſon repas, par loüanges & blaſmes
Met la gloire aux duels, en allume les ames;
Peint ſur le front d'autruy, & n'eſtablit pour ſoy
Du rude poinct d'honneur la peſtifere loy,
Reduiſant d'un bon cœur la valeur priſonnière
A voir devant l'eſpee, & l'Enfer au derriere.

 J'eſcris aiant ſenti avant l'autre combat,
De l'ame avec ſon cœur l'inutile debat,

*Prié Dieu, mais sans joy, comme sans repentance,
Porté à exploiter dessus moy la sentence.
Et ne faut pas icy que je vante en mocqueur
Le despit pour courage, & le fiel pour le cœur.
Ne pense pas aussy, mon lecteur, que je conte
A ma gloire ce poinct, je l'escris à ma honte.
Ouy j'ay senti le ver resveillant & picqueur,
Qui contre tout mon reste avoit armé le cœur,
Cœur qui à ses despens prononçoit la sentence
En faveur de l'Enfer contre ma conscience.*

 *Ces Anciens vrais soldats, guerriers, grands conquereurs,
Qui de simples bourgeois faisoient des Empereurs,
Des Princes leurs vassaux, d'un advocat un Prince,
Du monde un Regne seul, de France une province ;
Ces patrons de l'honneur honoroient le Senat,
Les Chevalliers aprés, & par le Tribunat
Haussoient le Tiers Estat aux degrés de leur ville,
Desquels ils repoussoient toute engeance servile.
Les serfs demi humains, des hommes excrements,
Se vendoient, se contoient au roolle des juments ;
Ces mal heureux avoient encores entr'eux mesme
Quelque condition des extremes l'extreme :
C'estoient ceux qu'on tiroit des pires du troupeau,
Pour esbattre le peuple au despend de leur peau.
Aux obseques des Grands, aux festins, sur l'arene,
Ces glorieux maraux bravoient la mort certaine
Avec grace & sang froid, mettoient pourpoinct à part,
Sans s'esbranler logeoient en leur sein le poignart.
Que ceux qui aujourd'huy se vantent d'estocades
Contrefassent l'horreur de ces viles bravades :
Car ceux-là recevoient & le fer & la mort,
Sans cry, sans que le corps se tordist par effort,
Sans posture contrainte, ou que la voix ouie
Mendiast laschement des spectateurs la vie :*

Ainſy le plus infect du peuple diffamé
Periſſoit tous les jours par milliers conſumé.
  Or tel venin cuida ſortir de cette lie,
Pour eſchauffer le ſang de la troupe anoblie;
Puis quelques Empereurs, gladiateurs nouveaux,
De ces corps condamnez ſe firent des bourreaux;
Joint (comme l'on trouva) que les meres volages
Avoient admis au lict des pollus mariages,
Ces viſages felons, ces membres outrageux
Et convoité le ſang des vilains courageux.
On y dreſſa les nains. Quelques femmes perduës
Furent à ce meſtier finalement venduës;
Mais les doctes eſcrits des ſages animez
Rendirent ces bouchers (quoy que grands) diffamez;
Et puis le magiſtrat couronna d'infamie
Et atterra le reſte en la plus baſſe lie.
Si bien que ce venin en leur ſiecle abbattu
Pour lors ne peut voler la palme de vertu.
  On appelle aujourd'huy n'avoir rien faict qui vaille
D'avoir percé premier l'eſpais d'une bataille,
D'avoir premier porté une enſeigne au plus haut,
Et franchy devant tous la breſche par aſſaut.
Se jetter contre eſpoir dans la ville aſſiegee,
La ſauver demi priſe & rendre encouragee,
Fortifier, camper, ou ſe loger parmy
Les gardes, les efforts d'un puiſſant ennemy;
Emploier, ſans manquer de cœur & de cervelle,
L'eſpee d'une main, de l'autre la truelle,
Bien faire une retraitte, ou d'un ſcadron battu
Rallier les deffaicts, cela n'eſt plus vertu.
  La voicy pour ce temps : bien prendre une querelle
Pour un oyſeau, ou chien, ou garce, ou maquerelle,
Au plaiſir d'un valet, d'un bouffon gazouillant,
Qui veut, dit-il, ſçavoir ſi ſon maiſtre eſt vaillant;

Si un Prince vous hait, s'il luy prend quelque envie
D'emploier votre vie à perdre une autre vie,
Pour payer tous les deux, à cela noz mignons,
Tout riants & tranfis, deviennent compagnons
Des valets, des lacquets; quiconque porte efpee
L'efpere voir au fang d'un grand Prince trempee.
De cette loy facree ores ne font exclus
Le malade, l'enfant, le vieillard, le perclus;
On les monte, on les arme, on invente, on devine
Quelques nouveaus outils à remplir Lybithyne.
On y fend fa chemife, on y montre fa peau;
Defpouillé en coquin, on y meurt en bourreau :
Car les perfections de duel font de faire
Un appel fans raifon, un meurtre fans colere,
Au jugement d'autruy, au rapport d'un menteur :
Somme fans eftre juge on eft l'executeur.
Ainfy faifant vertu d'un execrable vice,
Ainfy faifant meftier de ce qui fut fupplice
Aux ennemis vaincus, font par les enragés,
De leurs exploits fur eux les Diables foulagez.
Folle race de ceux qui pour quelque vaiffelle,
Veautrez l'efchine en bas, fermes fur leur rondelle,
Sans regrets, fans crier, fans treffauts apparents,
Se faifoient efgorger au profict des parents.
Tout peril veut avoir la gloire pour falaire,
Tels perils amenoient l'infamie au contraire;
Entre les valeureux ces cœurs n'ont point de lieu;
Les Anciens leur donnoient pour tutelaire Dieu,
Non Mars, chef des vaillans : le chef de cette pefte
Fut Saturne le trifte, infernal & funefte.
Le François aveuglé en ce fiecle dernier
Eft tout gladiateur & n'a rien du guerrier.
  On debat dans le pré les contracts, les cedulles;
Noz jeunes Confeillers y defcendent des mules;

J'ay veu les Threforiers du düel fe coeffer,
Quitter l'argent & l'or pour manier le fer;
L'Advocat desbauché du barreau fe defrobe,
Souille à bas le bourlet, la cornette & la robbe :
Quel heur d'un grand malheur, fi ce brutal exceʒ
Parvenoit à juger un jour tous noʒ proceʒ !
Enfin rien n'eft exempt, les femmes en colere
Oftent au faux honneur l'honneur de fe deffaire;
Ces hommaces, plutoft ces Demons defguifeʒ,
Ont mis l'efpee au poing, les cottilons pofeʒ;
Trepigné dans le pré avec bouche embavee,
Bras courbé, les yeux clos, & la jambe levee;
L'une deffus la peur de l'autre s'advançant
Menace de fraieur, & crie en offenfant.

 Ne conteʒ pas ces traicts pour feinte ni pour fonge,
L'hiftoire eft du Poictou, & de noftre Xaintonge;
La Boutonne a lavé le fang noble perdu
Que ce fexe ignorant au fer à refpandu.

 Des triomphans martyrs la façon n'eft pas telle :
Le premier champion de la haute querelle
Prioit pour fes meurtriers, & voioit en priant
Sa place au Ciel ouvert, fon Chrift l'y conviant.
Celuy qui meurt pour foy & en mourant machine
De tüer fon tüeur void fa double ruine,
Il void fa place prefte aux abyfmes ouverts;
Satan grinçant les dents le convie aux Enfers.

 Depuis que telles loix fur nous font eftablies,
A ce jeu ont volé plus de cent mille vies :
La milice eft perduë, & l'efcrime en fon lieu
Affaut le vray honneur, efcrimant contre Dieu.

 Les quatre nations proches de noftre porte
N'ont humé ce venin au moins de telle forte,
Voifins qui par leur rufe, au deffaut des vertus,
Nous ont pipeʒ, pilleʒ, effrayeʒ & battus.

*Nous n'ofons nous armer, les guerres nous fleftriffent,
Chacun vaillant à part, & tous en gros periffent.
 Voila l'eftat piteux de noz calamitez,
La vengeance des Cieux juftement irritez.
En ce facheux eftat, France & François, vous eftes
Nourris, entretenus par eftrangeres beftes,
Beftes de qui le but, & le principal foing
Eft de mettre à jamais au tyrannique poing
De la befte de Romme un fceptre qui commande
L'Europe, & encor plus que l'Europe n'eft grande.
 Ainfy l'orgueil de Rome eft à ce poinct levé
Que d'un preftre, tout Roi, tout Empereur bravé
Eft marchepied fangeux : on void, fans qu'on s'eftonne,
La pantoufle crotter les lis de la couronne;
Dont ainfy que Neron, ce Neron infenfé
Rencherit fur l'orgueil que l'autre avoit penfé :
 « Entre tous les mortels de Dieu la prevoiance
M'a du haut Ciel choify, donné fa lieutenance.
Je fuis des nations juge à vivre & mourir :
Ma main faict qui luy plaift & fauver, & perir ;
Ma langue declarant les edicts de Fortune,
Donne aux citez la joie, ou la plainte commune ;
Rien ne fleurit fans moy ; les milliers enfermez
De mes gladiateurs font d'un mot confumez ;
Par mes arrefts j'efpars, je deftruits, je conferve
Tout païs, toute gent, je la rend libre ou ferve :
J'efclave les plus grands ; mon plaifir pour tous droicts
Donne aux gueux la couronne, & le biffac aux Roys. »
 Cet ancien loup Romain ne fceut pas davantage ;
Mais le loup de ce fiecle a bien d'autre langage :
« Je difpenfe, dit-il, du droict contre le droict ;
Celuy que j'ay damné, quand le Ciel le voudroit,
Ne peut eftre fauvé ; j'authorife le vice,
Je fais le faict non faict, de juftice injuftice ;*

*Je sauve les damnez en un petit moment;
J'en loge dans le Ciel à coup un regiment;
Je fais de bouë un Roy, je mets les Roys aux fanges,
Je fais les saincts soubs moy obeissant les Anges;
Je puis (cause premiere à tout cet univers)
Mettre l'Enfer au Ciel, & le Ciel aux Enfers.* »
 *Voila vostre Evangile, o vermine Espagnolle,
Je dis vostre Evangile, engeance de Loyolle,
Qui ne portez la paix soubs le double manteau,
Mais qui empoisonnez l'homicide couteau :
C'est vostre instruction d'establir la puissance
De Rome soubs couleur de poincts de conscience,
Et soubs le nom menti de Jesus, esgorger
Les Rois & les estats où vous pouvez loger.
Allez, preschez, courez, volez, meurtriere trope,
Semez le feu d'Enfer aux quatre coings d'Europe;
Voz succez paroistront quelque jour, en cuidant
Mettre en Septentrion le sceptre d'Occident :
Je voy comme le fer piteusement besongne
En Mosco, en Suede, en Dace & en Polongne.
Insensez, en cuidant vous avancer beaucoup,
Vous eslevez l'agneau atterant vostre loup.
O Prince mal heureux, qui donne au Jesuiste
L'accez & le credit que son peché merite!*
 *Or laissons là courir la pierre & le couteau
Qui nous frappe d'en haut; voyons d'un œil nouveau
Et la cause & le bras qui justement les pousse;
Foudroiez, regardons qui c'est qui se courrouce;
Faisons paix avec Dieu, pour la faire avec nous,
Soyons doux à nous-mesm', & le Ciel sera doux.
Ne tyrannisons point d'envie nostre vie,
Lors nul n'exercera dessus nous tyrannie.
Ostons les vains soucys, nostre dernier soucy
Soit de parler à Dieu en nous plaignant ainsy :*

« *Tu vois, juste vengeur, les fleaux de ton Eglise,*
Qui par eux mise en cendre & en masure mise,
A, contre tout espoir, son esperance en toy,
Pour son retranchement le rempart de la foy.

 Tes ennemis & nous sommes esgaux en vice,
Si juge tu te sieds en ton lict de justice;
Tu fais pourtant un choix d'enfans, ou d'ennemis,
Et ce choix est celuy que ta grace y a mis.

 Si tu leur faicts des biens, ils s'enflent en blasphemes,
Si tu nous faicts du mal, il nous vient de nous-mesmes;
Ils maudissent ton nom quand tu leur es plus doux,
Quand tu nous meurtrirois, si te benirons nous.

 Cette bande meurtriere à boire nous convie
Le vin de ton courroux, boiront ils plus la lie?
Ces verges qui sur nous s'esgaient comm' au jeu,
Salles de nostre sang, vont elles pas au feu?

 Chastie en ta douceur, punis en ta furie
L'escapade aux agneaux, des loups la boucherie;
Distingue par les deux (comme tu l'as promis)
La verge à tes enfans, la barr' aux ennemis.

 Veux tu long-temps laisser en cette terre ronde
Regner ton ennemy, n'es tu Seigneur du Monde,
Toy, Seigneur, qui abbats, qui blesses, qui gueris,
Qui donnes vie & mort, qui tuë & qui nourris?

 Les Princes n'ont point d'yeux pour voir ces grands merveilles;
Quand tu voudras tonner, n'auront-ils point d'oreilles?
Leurs mains ne servent plus qu'à nous persecuter,
Ils ont tout pour Satan, & rien pour te porter.

 Sion ne reçoit d'eux que refus & rudesses,
Mais Babel les rançonne & pille leurs richesses;
Tels sont les monts cornus, qui (avaricieux)
Monstrent l'or aux Enfers, & les neiges aux Cieux.

 Les temples du payen, du Turc, de l'idolatre,
Haussent au Ciel l'orgueil du marbre & de l'albastre,

Et Dieu seul, au desert pauvrement hebergé,
A basti tout le monde, & n'i est pas logé!

Les moineaux ont leurs nids, leurs nids les hyrondelles;
On dresse quelque fuye aux simples colombelles;
Tout est mis à l'abry par le soing des mortels,
Et Dieu seul immortel n'a logis ni autels.

Tu as tout l'univers où ta gloire on contemple,
Pour marchepied la terre, & le Ciel pour un temple,
Où te chassera l'homme, o Dieu victorieux?
Tu possedes le Ciel, & les Cieux des hauts Cieux.

Nous faisons des rochers les lieux où l'on te presche,
Un temple de l'estable, un autel de la creiche;
Eux du temple une estable aux asnes arrogants,
De la saincte maison la caverne aux brigands.

Les premiers des Chrestiens prioient aux cimetieres:
Nous avons faict ouïr aux tombeaux noz prieres,
Faict sonner aux tombeaux le nom de Dieu le fort,
Et annoncé la vie aux logis de la mort.

Tu peux faire conter ta loüange à la pierre;
Mais n'as-tu pas toujours ton marchepied en terre?
Ne veux tu plus avoir d'autres temples sacrez
Qu'un blanchissant amas d'os de morts asserrez?

Les morts te loüront ils? Tes faicts grands & terribles
Sortiront ils du creux de ces bouches horribles?
N'aurons nous entre nous que visages terreux,
Murmurans ta loüange aux secrets de noz creux?

En ces lieux caverneux tes cheres assemblees,
Des ombres de la mort incessamment troublees,
Ne feront elles plus resonner tes saincts lieux,
Et ton renom voler des terres dans les Cieux?

Quoy! ferons nous muets? ferons-nous sans oreilles?
Sans mouvoir, sans chanter, sans ouïr tes merveilles?
As tu esteint en nous ton sanctuaire? Non,
De noz temples vivans sortira ton renom.

 Tel est en cet estat le tableau de l'Eglise :
Elle a les fers aux pieds sur les gesnes assise,
A sa gorge la corde & le fer inhumain,
Un pseaume dans la bouche & un luth en la main.
 Tu aimes de ses mains la parfaicte harmonie :
Nostre luth chantera le principe de vie ;
Noz doigts ne sont plus doigts que pour tourner tes sons,
Noz voix ne sont plus voix qu'à tes sainctes chansons.
 Mets à couvert ces voix que les pluies enroüent ;
Deschaine donc ces doigts, que sur ton luth ils joüent ;
Tire noz yeux ternis des cachots ennuyeux,
Et nous monstre les Cieux pour y tourner les yeux.
 Soient tes yeux addoucis à guerir noz miseres,
Ton oreille propice ouverte à noz prieres,
Ton sein deboutonné à loger noz souspirs
Et ta main liberalle à noz justes desirs.
 Que ceux qui ont fermé les yeux à noz miseres,
Que ceux qui n'ont point eu d'oreille à noz prieres,
De cœur pour secourir, mais bien pour tourmenter,
Point de mains pour donner, mais bien pour nous oster,
 Trouvent tes yeux fermez à juger leurs miseres ;
Ton oreille soit sourde en oiant leurs prieres ;
Ton sein ferré soit clos aux pitiez, aux pardons,
Ta main seiche, sterile aux bienfaicts & aux dons.
 Soient tes yeux clairvoyants à leurs pechez extremes,
Soit ton oreille ouverte à leurs cris de blasphemes,
Ton sein desboutonné pour s'enfler de courroux
Et ta main diligente à redoubler tes coups.
 Ils ont pour un spectacle & pour jeu le martyre ;
Le meschant rit plus haut que le bon n'i souspire,
Noz cris mortels n'i font qu'incommoder leurs ris,
Leurs ris de qui l'esclat oste l'air à noz cris.
 Ils crachent vers la lune, & les voutes celestes
N'ont elles plus de foudre, & de feux, & de pestes ?

*Ne partiront jamais du throsne où tu te sieds
Et la Mort & l'Enfer qui dorment à tes pieds?
  Leve ton bras de fer, haste tes pieds de laine,
Venge ta patience en l'aigreur de la peine,
Frappe du Ciel Babel : les cornes de son front
Deffigurent la terre & luy ostent son rond.* »

LIVRE SECOND.

PRINCES.

Je veux, à coups de traits de la vive lumiere,
Crever l'enflé Python au creux de sa tasniere ;
Je veux ouvrir au vent l'Averne vicieux
Qui d'air empoisonné fasse noircir les Cieux ;
Percer de ces infects les pestes & les roignes,
Ouvrir les fonds hideux, les horribles charongnes
Des sepulchres blanchis : ceux qui verront cecy,
En bouchant les naseaux, fronceront le sourcy.
  Vous qui avez donné ce subject à ma plume,
Vous mesmes qui avez porté sur mon enclume
Ce foudre rougissant aceré de fureur,
Lisez le, vous aurez horreur de vostre horreur !
Non pas que j'aye espoir qu'une pudicque honte
Voz pasles fronts de chiens par vergogne surmonte.
La honte se perdit, vostre cœur fut taché
De la pasle impudence, en aymant le peché,
Car vous donnez tel lustre à vos noires ordures
Qu'en fascinant voz yeux elles vous semblent pures.

J'en ay rougi pour vous, quand l'acier de mes vers
Burinoit vostre histoire aux yeux de l'Univers :
Subject, style inconnu, combien de fois fermee
Ay je à la Verité la lumiere allumee ?
Verité de laquelle & l'honneur & le droict,
Connu, loué de tous, meurt de faim & de froid ;
Verité qui ayant son throsne sur les nuës,
N'a couvert que le Ciel, & traisne par les ruës.
Lasche, jusques icy je n'avois entrepris
D'attaquer les Grandeurs, craignant d'estre surpris
Sur l'ambiguité d'une glose estrangere,
Ou de peur d'encourir d'une cause legere
Le courroux trés pesant des Princes irritez :
Celuy-là se repent qui dit leurs veritez,
Celuy qui en dit bien trahit sa conscience :
Ainsy en mesurant leur am' à leur puissance,
Aymant mieux leur estat que ma vie à l'envers,
Je n'avois jamais faict babiller à mes vers
Que les folles ardeurs d'une prompte jeunesse.
Hardy, d'un nouveau cœur maintenant je m'addresse
A ce geant morgueur, qui par chacun trompé
Souffre à ses pieds languir tout le monde usurpé.
Le fardeau, l'entreprise est rude pour m'abbattre,
Mais le doigt du trés Fort me pousse à le combattre.
Je voy ce que je veux, & non ce que je puis ;
Je voy mon entreprise, & non ce que je suis.
Preste moi, Verité, ta pastorale fonde,
Que j'enfonce dedans la pierre la plus ronde
Que je pourray choisir, & que ce caillou rond
Du vice Goliath s'enchasse dans le front.

L'ennemy mourra donc, puisque la peur est morte.
Le temps a creu le mal ; je viens en cette sorte
Croissant avec le temps de style, de fureur,
D'aage, de volonté, d'entreprise, & de cœur :

Et d'autant que le monde est roide en sa malice,
Je deviens roide aussy pour guerroyer le vice.
    Ça, mes vers bien aymez, ne soiez plus de ceux
Qui les mains dans le sein, tracassent, paresseux,
Les steriles discours dont la vaine memoire
Se noye dans l'oubly, en ne pensant que boire.
    Si quelqu'un me reprend que mes vers eschauffez
Ne sont rien que de meurtre & de sang estoffez,
Qu'on n'y lit que fureur, que massacre, que rage,
Qu'horreur, malheur, poison, trahison & carnage :
Je luy responds : « Ami, ces mots que tu reprends
Sont les vocables d'art de ce que j'entreprens ;
Les flatteurs de l'Amour ne chantent que leurs vices,
Que vocables choisis à peindre les delices,
Que miel, que ris, que jeux, amours & passe-temps,
Une heureuse folie à consumer son temps :
Quand j'estois fol heureux (si c'est heur & folie
De rire aiant sur soy sa maison demolie ;
Si c'est heur d'applicquer son fol entendement
Au doux, laissant l'util', estre sans sentiment,
Lepreux de la cervelle, & rire des miseres
Qui accablent le col du païs & des freres),
Je fleurissois comm' eux de ces mesmes propos,
Quand par l'oisiveté je perdois le repos.
Ce siecle autre en ses mœurs demande un autre style !
Cueillons des fruicts amers desquels il est fertile.
Non, il n'est plus permis sa veine desguiser ;
La main peut s'endormir, non l'ame reposer,
Et voir en mesme temps nostre mere hardie,
Sur ces costez joüer la dure tragedie,
Proche à sa catastrophe, où tant d'actes passez
Me font frapper des mains, & dire : « C'est assez! »
Mais où se trouvera qui à langue desclose,
Qui à fer esmoulu, à front descouvert, ose

Venir aux mains, toucher, faire sentir aux Grands
Combien ils sont petits, & foibles, & sanglants !
Des ordures des Grands le poete se rend sale,
Quand il peint en Cæsar un ord Sardanapale,
Quand un traistre Sinon pour sage est estimé,
Desguisant un Neron en Trajan bien aymé ;
Quand d'eux une Thaïs une Lucrece est ditte,
Quand ils nomment Achill' un infame Thersite ;
Quand par un fat sçavoir ils ont tant combatu
Que, souldoiez du vice, ils chassent la vertu.
Ils chassent les esprits trop enrichis des graces
De l'esprit Eternel, qui ont à pleines tasses
Beu du nectar des Cieux (ainsy que le vaisseau
D'un bois qui en poison change la plus douce eau),
Ces vaisseaux venimeux, de ces liqueurs si belles
Font l'aconite noir & les poisons mortelles.

Flatteurs, je vous en veux, je commence par vous
A desploier les traicts de mon juste courroux :
Serpents qui retirez de mortelles froidures,
Tirez de pauvreté, eslevez des ordures
Dans le sein des plus Grands, ne sentez leur chaleur
Plus tot, que vous picquez de venin sans douleur
Celuy qui vous nourrit, celuy qui vous appuie :
Vipereaux, vous tüez qui vous donne la vie !
Princes, ne prestez pas le costé aux flatteurs :
Ils entrent finement, ils sont subtils questeurs,
Ils ne prenent aucun que celuy qui se donne ;
A peine de leurs lacqs voi je sauver personne ;
Mesmes en les fuiant nous en sommes deceus,
Et bien que repoussez souvent ils sont receus.
Mais en ce temps infect tant vaut la menterie
Et tant a pris de pied l'enorme flatterie,
Que le flatteur honteux, & qui flatte à demi
Faict son Roy non demi, mais entier ennemi.

Et qui sont les flatteurs? Ceux qui portent les tiltres
De Conseillers d'Estat, ce ne sont plus belistres,
Gnatons du temps passé; en chaire les flatteurs
Portent le front, la grace, & le nom de prescheurs;
Le peuple ensorcelé dans la chaire esmerveille
Ceux qui au temps passé chuchetoient à l'oreille,
Si que par fard nouveau, vrais prevaricateurs,
Ils blasment les pechez desquels ils sont autheurs,
Coulent le moucheron, & ont appris à rendre
La loüange cachee à l'ombre du reprendre.
D'une feinte rigueur, d'un courroux simulé
Donnent pointe d'aigreur au los emmiellé :
De tels coups son enfant la folle mere touche
La cuisse de la main, & les yeux de la bouche.
Un prescheur mercenaire, hypocrite effronté,
De qui Satan avoit le sçavoir achepté,
A il pas tant cerché fleurs & couleurs nouvelles
Qu'il habille en martyr le bourreau des fidelles !
Il nomme bel exemple une tragicque horreur,
Le massacre justice, un zele la fureur;
Il plaint un Roy sanglant, sur tout il le veut plaindre
Qu'il ne peut en vivant assez d'ames esteindre;
Il faict vaillant celuy qui n'a veu les hazards,
Studieux l'ennemy des lettres & des arts,
Chaste le mal heureux au nom duquel il tremble,
S'il luy faut reprocher les deux amours ensemble,
Et fidel & clement il a chanté le Roy
Qui pour tuer les siens tua sa propre foy.
   Voila comment le Diable est faict par eux un ange,
Au chantre & au chanté vergogneuse loüange.
Noz Princes sont loüez, loüez & vitieux,
L'escume de leur pus leur monte jusqu'aux yeux,
Plustot qu'ils n'ont du mal quelque voix veritable;
Moins vaut l'utile vray que le faux aggreable :

Sur la langue d'aucun à present n'est porté
Cet espineux fardeau qu'on nomme Verité.
Pourtant suis je esbahy comment il se peut faire
Que de vices si grands on puisse encore extraire
Quelque goust pour loüer, si ce n'est à l'instant
Qu'un Roy devient infect, un flatteur quant & quant
Croist, à l'envy du mal, une orde menterie.
Voila comment de nous la Verité bannie,
Meurtrie & dechiree, est aux prisons, aux fers;
On esgare ses pas parmy les lieux deserts.
Si quelquefois un fol, ou tel au gré du monde,
La veut porter en Cour, la Vanité abonde
De moiens familiers pour la chasser dehors.
La pauvrette soustient mille playes au corps,
L'injure, le desdain, dont elle n'est fachee,
Souffrant tout à plaisir, horsmis d'estre cachee.
Je l'ay prise aux deserts, & la trouvant au bord
Des isles des bannis, j'y ay trouvé la mort.
La voicy par la main, elle est marquee en sorte
Qu'elle porte un couteau pour celuy qui la porte :
Que je sois ta victime, o celeste Beauté,
Blanche fille du Ciel, flambeau d'Eternité!
Nul bon œil ne la voit qui transy ne se pasme :
Dans cette pasmoison s'esleve au Ciel tout' ame.
L'antousiasme apprend à mieux connoistre & voir;
Du bien vient le desir, du desir vient l'espoir,
De l'espoir le dessein, & du dessein les peines,
Et la fin met à bien les peines incertaines.
Mais n'est il question de perdre que le vent
D'un vivre mal heureux qui nous meurtrit souvent,
Pour contenter l'esprit rendre l'ame delivre
Des bourreaux, des menteurs, qui se perdent pour vivre?
Doi je pour mes bastards tüer les miens, affin
De fuir de ma vie une honorable fin?

Parricides enfants, pourſuivez ma miſere,
L'honorable malheur ou l'heur de voſtre pere;
Mourons, & en mourant laiſſons languir tous ceux
Qui, en flattant noz Roys, acheptent malheureux
Les plaiſirs de vingt ans d'une eternelle peine.
Qu'ils aſſiegent ardents une oreille incertaine,
Qu'ils chaſſent halletans; leur curee & leur part
Seront dire, promettre, & un double regard.
Ces laſches ſerfs feront, au millieu des carnages
Et des meurtres ſanglants, troublez en leurs courages;
Les œuvres de leurs mains (quoy qu'ils ſoient impiteux)
Feront dreſſer d'horreur & tomber leurs cheveux,
Tranſis en leurs plaiſirs. O que la plaie eſt forte
Qui meſm' empuantit le pourry qui la porte!
Cependant au millieu des maſſacres ſanglants,
(Exercices & jeux aux deſloiaux Tyrans),
Quand le peuple gemit ſous le faix tyrannicque,
Quand ce ſiecle n'eſt rien qu'un hiſtoire tragicque,
Ce ſont farces & jeux toutes leurs actions;
Un ris ſardonien peint leurs affections,
Bizarr' habits & cœurs, les plaiſants ſe deſguiſent,
Enfarinez, noircis, & ces baſtelleurs diſent :
« Deſchauſſons le cothurne & rions, car il faut
Jetter ce ſang tout frais hors de noſtre eſchaffaut,
En prodiguant deſſus mille fleurs eſpanchees,
Pour cacher noſtre meurtre à l'ombre des jonchees. »
Mais ces fleurs ſeicheront, & le ſang recelé
Sera puant au nez, non aux yeux revelé.
Les delices des Grands s'envollent en fumee,
Et leurs forfaicts marquez teignent leur renommee.

 Ainſy, laſches flatteurs, ames qui vous ploiez
En tant de vents, de voix que ſiffler vous oyez;
O ploïables eſprits, o conſciences molles,
Temeraires joüets du vent & des parolles!

Voſtre ſang n'eſt point ſang, voz cœurs ne ſont point cœurs
Meſme il n'y a point d'ame en l'ame des flatteurs,
Car leur ſang ne court pas duquel la vive ſource
Ne branſle pas pour ſoy, de ſoy ne prend ſa courſe ;
Et ces cœurs non vrais cœurs, ces deſirs non deſirs,
Ont au plaiſir d'autruy l'aboy de leurs plaiſirs.
Vous eſtes filz de ſerfs & voz teſtes tonduës
Vous font reſouvenir de voz meres venduës.
Mais quelle ame auriez vous ? Ce cinquieſme element
Meut de ſoy, meut autruy, ſource de mouvement ;
Et voſtre ame, flatteurs, ſerſve de voſtre oreille
Et de voſtre œuil, vous meut d'inconſtance pareille
Que le cameleon : auſſy faut il ſouvent
Que ces cameleons ne vivent que de vent.
 Mais ce trop ſot meſtier n'eſt que la theoricque
De l'autre qui apporte aprés ſoy la praticque ;
Un nouveau changement, un office nouveau,
D'un flatteur idiot faict un fin macquereau.
Noz anciens amateurs de la franche juſtice
Avoient de faſcheux noms nommé l'horrible vice :
Ils appelloient brigand ce qu'on dit entre nous
Homme qui s'accommode, & ce nom eſt plus doux ;
Ils tenoient pour larron un qui faict ſon meſnage,
Pour poltron un finet qui prend ſon advantage,
Ils nommoient trahiſon ce qui eſt un bon tour,
Ils appelloient putain une femme d'amour,
Ils nommoient macquereau un ſubtil perſonage
Qui ſçait ſolliciter & porter un meſſage ;
Ce mot macquerelage eſt changé en poulets.
Nous faiſons faire aux Grands ce qu'eux à leurs valets ;
Nous honorons celuy qui entr'eux eſt infame.
Nul eſprit n'eſt eſprit, nulle ame n'eſt belle ame
Au periode infect de ce ſiecle tortu,
Qui à ce poinct ne faict tourner toute vertu.

On cerche donc une ame & tranquille & modeſte,
Pour ſourdement cacher cette mourante peſte;
On cerche un eſprit vif, ſubtil, malitieux,
Pour ouvrir les moiens & deſnoüer les nœuds.
La longue experience aſſez n'y eſt experte,
Là ſouvent ſe prophane une langue diſerte :
L'eloquence, le luth, & les vers les plus beaux,
Tout ce qui louoit Dieu, és mains des macquereaux
Change un pſeaume en chanſon, ſi bien qu'il n'y a choſe
Sacree à la vertu que le vice n'expoſe.
Ou le deſir bruſlant, ou la prompte fureur,
Où le traiſtre plaiſir faict errer noſtre cœur,
Et quelque feu ſoudain promptement nous tranſporte
Dans le ſueil des pechez, trompez en toute ſorte.
Le macquereau eſt ſeul qui peche froidement,
Qui tousjours bourrelé de honte & de tourment,
Vilainement forcé pas aprés pas s'advance,
Retiré des chaiſnons de quelque conſcience.
Le vilain tout tremblant, craintif, & refronché
Meſme monſtre en pechant le nom de ſon peché.
Tout vice tire à ſoy quelque prix; au contraire
Ce vice qui ne ſent rien que la gibbeciere,
Le coquin, le biſſac, a pour le dernier pris,
Par les veilles du corps & celles des eſprits,
La ruine des deux. Le Ciel pur, de ſa place,
Ne void rien icy bas qui trouble tant ſa face;
Rien ne noircit ſi toſt le Ciel ſerain & beau
Que l'haleine & que l'œil d'un tranſy macquereau.

Il eſt permis aux Grands, pourveu que l'un ne face
De l'autre le meſtier & ne change de place,
D'avoir renards, chevaux & ſinges & fourmis,
Serviteurs eſprouvez, & fideles amis :
Mais le malheur advient que la ſage fineſſe
Des renards, des chevaux la neceſſaire addreſſe,

La viſteſſe, la force, & le cœur aux dangers,
Le travail des fourmis, utiles meſnagers,
S'emploie aux vents, aux coups, ils ſe plaiſent d'y eſtre;
Tandis le ſinge prend à la gorge ſon maiſtre,
Le faict haïr, s'il peut, à noz Princes mignons,
Qui ont beaucoup du ſinge, & fort peu des lions.
Qu'advient-il de cela ? Le bouffon vous amuſe,
Un renard ennemy vous faict cuire ſa ruſe,
On a pour œconome un plaiſant animal,
Et le Prince combat ſur un ſinge à cheval.
 Qu'ay-je dit des lions ? Les eſlevez courages
De noz Rois abbaiſſoient & leur force & leurs rages,
Doctes à s'en ſervir ; les ſens effeminez
De ceux-cy n'aiment pas les fronts determinez,
Tremblent de leurs lions ; car la vertu eſtonne
De noz coulpables Rois l'ame baſſe & poltronne.
L'eſprit qui s'emploioit jadis à commander
S'emploie degenere à tout apprehender.
Pourtant ce Roy, ſongeant que les griffes meurtrieres
De ſes lions avoient crocheté leurs taſnieres
Pour le deſchirer vif, prevoyant à ces maux,
Fit bien mal à propos tüer ces animaux.
Il laiſſa le vrai ſens, s'attachant au menſonge.
Un bon Joſeph eut pris autrement un tel ſonge,
Et eut dit : « Les lions ſuperbes, indomptez,
Que tu doibs redouter ſont Princes irritez,
Qui bruſleront tes reins, & tes foibles barrieres
Pour n'eſtre pas tournez aux proies eſtrangeres.
Apprens, Roy, qu'on nourrit de bien divers moiens
Les lyons de l'Affricque ou de Lyon les chiens.
De ces chiens de Lyon tu ne crains le courage,
Quand tu changes des Rois & l'habit & l'uſage,
Quand tu bleſſes des tiens les cœurs à millions ;
Mais tu tournes ta robbe aux yeux de tes Lyons,

Quand le royal manteau se change en une aumusse,
Et la couronne au froc d'un vilain picque-puce. »
 Les Rois aux chiens flatteurs donnent le premier lieu,
Et de cette canaille endormis au millieu,
Chassent les chiens de garde ; en nourrissant le vice,
S'assiegent de trompeurs ; l'estrangere malice
Jette par quelque trou sa richesse & ses os,
Pour nourrir aux muets le dangereux repos.
On void soubs tels valets, ou plustot soubs tels maistres,
Du corps traistre les yeux & les oreilles traistres :
Car les plus grands qui sont des Princes le conseil,
Sont des Princes le cœur, le sens, l'oreille & l'œil.
Si ton cœur est meschant, ta cervelle insensee,
Si l'ouïr & le voir trahissent ta pensee,
Qu'un precipice bas paroisse un lieu bien seur,
Qu'un' amere poison te soit une douceur,
Le scorpion un œuf, où auras tu puissance
De fuir les dangers, & guarder l'asseurance ?
 Si quelque Prince un jour, sagement curieux
D'ouïr de son oreille, & de voir de ses yeux
Ses pechez sans nul fard, (deguisant son visage
Et son habit) vouloit faire quelque voyage ;
Sçavoir du laboureur, du rançonné marchant,
Si son Prince n'est pas exacteur & meschant ;
Sçavoir de quel renom s'esleve sa prouesse,
S'il est le Roy des cœurs comme de la Noblesse.
Qu'il passe plus avant, & pour se descharger
Du vouloir de connoistre, aille voir l'estranger ;
Ou qu'ainsy autrefois ce trés-grand Alexandre,
Ce prudent Germanic prindrent plaisir d'entendre,
Espions de leurs camps, soubs habits empruntez,
Dans l'obscur de la nuict leurs claires veritez ;
Desguisez ils rouoient les tentes des armees,
Pour sans deguisement gouster les renommees.

Le Prince defardé du luſtre de ſon vent,
Trouvera tant de honte & d'ire en ſe trouvant
Tyran, laſche, ignorant, indigne de loüange
Du Tiers Eſtat, de Noble, & au païs eſtrange,
Que s'il veut eſtre heureux, à ſon heur adviſé,
A jamais il voudra demeurer deſguiſé.
Mais eſtant en ſa cour, des macquereaux la trouppe
Luy faict humer le vice en l'obſcur d'une couppe.

 Les monts les plus hautains, qui de rochers hideux
Fendent l'air & la nuë, & voiſinent les Cieux,
Sont tous couverts de neige, & leurs cimes cornuës
Des malices de l'air, des excrements des nuës,
Portent le froid chappeau ; leurs chefs tous fiers & hauts
Sont braves & faſcheux, & ſteriles & beaux ;
Leur cœur & leur millieu on oit bruire des rages
Des tygres, des lyons, & des beſtes ſauvages,
Et de leurs pieds hydeux aux rochers crevaſſez,
Sifflent les tortillons des aſpics enlaſſez :
Ainſy les chefs des Grands ſont faicts par les malices
Steriles, ſans raiſon, couverts d'ire & de vices,
Superbes, ſans eſprit, & leurs ſeins & leurs cœurs
Sont tygres impuiſſants, & lyons devoreurs ;
En leurs faux eſtomachs ſont les noires taſnieres,
Dans ce creux les deſirs, comme des beſtes fieres ;
Deſirs, dis je, ſanglants grondent en devorant
Ce que l'eſprit volage a ravi en courant.
Leurs pas ſont venimeux, & leur puiſſance impure
N'a ſouſtien que le fer, que poiſon & qu'injure.
De ce ſuperbe mont les ſerpents ſont au bas,
La ruſe du ſerpent conſerve leurs eſtats,
Et le poiſon ſecret va deſtruiſant la vie
Qui, brave, s'oppoſoit contre la tyrannie.

 Dieu veut punir les ſiens quand il leve ſur eux,
Comme ſur des meſchants, les Princes vicieux,

Chefs de ses membres chers. Par remede on asseure
Ce qui vient de dehors, la plaie exterieure;
Mais si la noble part loge un puits enfermé,
C'est ce qui rend le corps & mort & consumé,
Mesme si le mal est au haut, car la cervelle
A sa condition tous les membres appelle.
 Princes que Dieu choisit pour du millieu des feux,
Du service d'Ægypte & du joug odieux
Retirer ses troupeaux, beaux pilliers de son temple,
Vous etes de ce temple & la gloire & l'exemple,
Tant d'yeux sont sur voz pieds, & les ames de tous
Tirent tant de plaisirs ou de plaintes de vous!
Voz crimes sont doublez, & voz malheurs s'accroissent;
D'un lieu plus eslevé, plus hautains ils paroissent.
Ha! que de sang se perd pour piteux paiement
De ce que vous pechez! Qu'il vole de tourment
Du haut de voz coupeaux! Que de voz cimes hautes
Dessus le peuple bas vollent d'ameres fautes!
C'est pourquoy les sueurs, & les labeurs en vain
Sans force & sans conseil delaissent vostre main :
Vous estes courageux, que sert vostre courage?
Car Dieu ne benit point en voz mains son ouvrage;
En vain, tous contristez, vous levez vers les Cieux
Voz yeux, car ce ne sont que d'impudicques yeux.
Cette langue qui prie est salie en ordures,
Les mains que vous joignez ce sont des mains impures.
Dieu tout vray n'aime point tant de feintes douleurs;
Il veut estre fleschy par pleurs, mais autres pleurs;
Il esprouve par feu, mais veut l'ame enflammee
D'un brasier pur & net, & d'un feu sans fumee.
Ce luth qui touche un pseaume a un mestier nouveau,
Il ne plaist pas à Dieu, ce luth est macquereau :
Ces levres qui en vain marmottent voz requestes,
Vous les avez ternis en baisers deshonestes,

Et ces genoux ploiez deſſus des licts vilains,
Prophanes ont ploié parmy ceux des putains.
Si depuis quelque temps voz rytmeurs hypocrites,
Desguiſez ont changé tant de phraſes eſcrittes
Aux prophanes amours, & de meſmes couleurs
Dont ils ſervoient Sathan, infames baſteleurs,
Ils colorent encor leurs pompeuſes prieres
De fleurs des vieux payens & fables menſongeres,
Ces eſcolliers d'erreur n'ont pas le ſtyle appris
Que l'eſprit de lumiere apprend à noz eſprits,
De quell' oreille Dieu prend les phraſes flatreſſes
Deſquelles ces pipeurs fleſchiſſoient leurs maiſtreſſes.
Courbeaux enfarinez, les colombes font choix
De vous, non à la plume, ains au ſon de la voix;
En vain vous deſploiez harangue ſur harangue,
Si vous ne prononcez de Canaan la langue;
En vain vous commandez, & reſtez esbahis
Que, deſobeiſſants, vous n'eſtes obeis,
Car Dieu vous faict ſentir ſoubs vous, par pluſieurs teſtes
En leur rebellion, que rebelles vous eſtes;
Vous ſecoüez le joug du puiſſant Roy des Rois!
Vous meſpriſez ſa loy, on meſpriſe voz loix!
 Or ſi mon ſein bouillant de creve-cœur extreme
Des taſches de noz Grands a tourné ſur eux meſmes
L'œil de la verité; s'ilz ſont picquez, repris,
Par le juſte foüet de mes aigres eſcrits,
Ne tirez pas de là, o Tyrans, voz loüanges,
Car vous leur donnez luſtre, & pour vous ils ſont anges;
Entre voz noirs pechez n'i a conformité;
Hommes ils n'ont bronché que par infirmité,
Et vous, comme jadis les baſtards de la terre,
Bleſſez le Sainct Eſprit, & à Dieu faictes guerre.
 Roys que le vice noir aſſervit ſoubs ſes loix,
Eſclaves de pechez, forçaires, non pas Roys

De voz affections, quelle fureur despite
Vous corrompt, vous esmeut, vous pousse & vous invite
A tremper dans le sang voz sceptres odieux,
Vicieux commencer, achever vicieux
Le regne insupportable & rempli de miseres
Dont le peuple poursuit la fin par ses prieres?
Le peuple estant le corps & les membres du Roy,
Le Roy est chef du peuple, & c'est aussy pourquoy
La teste est freneticque & pleine de manie,
Qui ne garde son sang pour conserver sa vie;
Et le chef n'est plus chef, quand il prend ses esbats
A coupper de son corps les jambes & les bras :
Mais ne vaut il pas mieux, comme les traistres disent,
Lors que les accidents les remedes mesprisent,
Quand la plaie noircit, & sans mesure croist,
Quand premier à noz yeux la gangrene paroist,
Ne vaut il pas bien mieux d'un membre se deffaire
Qu'envoyer laschement tout le corps au suaire?
Tel aphorisme est bon alors qu'il faut curer
Le membre qui se peut sans le corps separer :
Mais non, lors que l'amas de tant de maladies
Tient la masse du sang, ou les nobles parties,
Que le cerveau se purge & sente que de soy
Coule du mal au corps duquel il est le Roy.
Ce Roy donc n'est plus Roy, mais monstrueuse beste,
Qui au haut de son corps ne faict debvoir de teste.
La ruine & l'amour sont les marques à quoy
On peut connoistre à l'œil le Tyran, & le Roy :
L'un desbrise les murs & les loix de ses villes,
Et l'autre à conquerir met les armes civilles;
L'un cruel, l'autre doux gouvernent les subjects
En valets par la guerr', en enfans par la paix;
L'un veut estre hay, pourveu qu'il donne crainte,
L'autre se faict aymer & veut la peur esteinte;

Le bon chaſſe les loups, l'autre eſt loup du troupeau;
Le Roy veut la toiſon, l'autre cerche la peau :
Le Roy faict que la voix du peuple le benie,
Mais le peuple en ſes vœux maudit la tyrannie.
 Voicy quels dons du Ciel, quels threſors, quels moyens
Requeroient en leurs Roys les plus ſages payens.
Voicy quel eſt le Roy de qui le regne dure,
Qui eſtablit ſur ſoy pour Royne la Nature,
Qui craint Dieu, qui eſmeut pour l'affligé ſon cœur,
Entrepreneur prudent, hardy executeur,
Craintif en proſperant, dans le peril ſans crainte,
Au conſeil ſans chaleur, la parolle ſans feinte,
Imprenable aux flatteurs, gardant l'amy ancien,
Chiche de l'or public, trés liberal du ſien;
Pere de ſes ſubjects, amy du miſerable,
Terrible à ſes haineux, mais à nul meſpriſable;
Familier, non commun, aux domeſtiques doux,
Effroyable aux meſchants, equitable envers tous;
Faiſant que l'humble eſpere & que l'orgueilleux tremble,
Portant au front la crainte & l'amour tout enſemble,
Pour ſe voir des plus hauts & plus ſubtils eſprits
Sans haine redouté, bien aymé ſans meſpris.
Qu'il ait le cœur dompté, que ſa main blanche & pure
Soit nette de l'autruy, ſa langue de l'injure;
Son eſprit à bien faire emploie ſes plaiſirs;
Qu'il arreſte ſon œil de ſemer des deſirs,
Debteur aux vertueux, perſecuteur du vice,
Juſte dans ſa pitié, clement en ſa juſtice.
Par ce chemin l'on peut regnant en ce bas lieu,
Eſtre Dieu ſecondaire, ou image de Dieu.
 Ç'a eſté, c'eſt encor une diſpute antique,
Lequel du Roy meſchant ou du conſeil inicque
Eſt le plus ſupportable : Ha ! nous n'avons de quoy
Choiſir un faux conſeil, ni un inicque Roy !

De ruiner la France au conseil on decide;
Le François en est hors, l'Espagnol y preside,
On foule l'orphelin, le pauvre y est vendu,
Point n'y est le tourment de la vefve entendu;
Du cerveau feminin l'ambitieuse envie
Leur sert là de principe & de tous est suivie;
Là un prestre apostat, prevoiant & ruzé,
Veut en ploiant à tout, de tous estre excusé;
L'autre, pensionnaire & valet d'une femme,
Emploie son esprit à engager son ame;
L'autre faict le royal, & flattant les deux parts,
Veut trahir les Bourbons, & flatter les Guisards.
Un charlatan de Cour y vend son beau langage,
Un bourreau froid, sans ire y conseille un carnage,
Un boiteux estranger y bastit son thresor,
Un autre, faux François, trocque son ame à l'or;
L'autre pour conserver le profitable vice,
Ne promet que justice & ne rend qu'injustice.
Les Princes là dessus achetent finement
Ces traistres, & sur eux posent leur fondement.
On traitte des moiens & des ruses nouvelles
Pour succer & le sang & les chiches moëlles
Du peuple ruiné; on fraude de son bien
Un François naturel pour un Italien.
On traitte des moiens pour mutiner les villes,
Pour nourrir les flambeaux de noz guerres civilles,
Et le siege establi pour conserver le Roy
Ouvre au peuple un moien pour luy donner la loy;
Et c'est pourquoy on a pour cette comedie
Un asne Italien, un oiseau d'Arcadie,
Ignorant & cruel, & qui pour en avoir,
Sçait bien ne toucher rien, n'ouïr rien, ne rien voir.
   C'est pourquoy vous voyez sur la borne de France
Passer à grands thresors cette chiche substance

Qu'on a tiré du peuple au millieu de ſes pleurs.
François, qui entretiens & gardes tes voleurs,
Tu ſens bien ces douleurs, mais ton eſprit n'excede
Le ſentiment du mal pour trouver le remede;
Le Conſeil de ton Roy eſt un bois arrangé
De familiers brigands, où tu es eſgorgé.
 Encor la tyrannie au François redoutable,
Qui s'eſt lié les poings pour eſtre miſerable,
Te faict prendre le fer pour garder tes bourreaux,
Inventeurs de tes maux journellement nouveaux.
Au Conſeil de ton Roy ces poincts encor on penſe
De te tromper tousjours d'une vaine eſperance;
On machine le meurtre, & le poiſon de ceux
Qui voudroient bien chaſſer les loups ingenieux:
On traitte des moiens de donner recompenſe
Aux macquereaux des Rois, & avant la ſentence,
On confiſque le bien au riche de qui l'or
Sert en meſme façon du membre de caſtor;
On reconnoiſt encor les bourreaux homicides,
Les verges des Tyrans aux deſpens des ſubſides;
Sans honte, ſans repos, les ſerfs plus abbaiſſez,
Humbles pour dominer, ſe trouvent advancez
A ſervir, adorer. Une autre bande encore,
C'eſt le Conſeil ſacré qui la France devore.
Ce Conſeil eſt meſlé de putains & garçons,
Qui, doublans & triplans en nouvelles façons
Leur plaiſir abbruti du faix de leurs ordures,
Jettent ſur tout conſeil leurs ſentences impures.
Tous veillent pour nourrir cet infame traffic;
Cependant que ceux là qui pour le bien public
Veillent à l'equité, deffendent la juſtice,
Eſtabliſſent les loix, conſervent la police,
Pour n'eſtre des malheurs coulpables artiſans,
Et pour n'avoir vendu leur ame aux courtiſans,

Sont punis à la Cour, & leur dure sentence
Sent le poix inesgal d'une injuste balance.
   Ceux-là qui despendants leurs vies en renom,
Ont prodigué leurs os aux bouches du canon,
Lorsque ces pauvres folz esbranchez de leurs membres,
Attendent le Conseil & les Princes aux chambres,
Ils sont jettez arriere, & un bouffon bavant
Blessera le blessé pour se pousser devant.
Pour ceux-là n'i a point de finance en noz comptes,
Mais bien les hoche-nez, les opprobres, les hontes,
Et au lieu de l'espoir d'estre plus renommez
Ils donnent passe-temps aux muguets parfumez.
   Noz Princes ignorants tournent leurs lousches vuës,
Courants à leurs plaisirs eshontez par les ruës,
Tous ennuyez d'ouïr tant de facheuses voix,
De voir les bras de fer & les jambes de bois,
Corps vivants à demi, nez pour les sacrifices
Du plaisir de noz Rois ingrats de leurs services.
   Prince, comment peux tu celuy abandonner
Qui pour toy perd cela que tu ne peux donner?
Miserable vertu pour neant desiree,
Trois fois plus miserable, & trois fois empiree,
Si la discretion n'apprend aux vertueux
Quels Roys ont merité que l'on se donne à eux :
Pource que bien souvent, nous souffrons peines telles,
Soustenans des plus grands les injustes querelles,
Valets de tyrannie, & combattons exprés
Pour establir le joug qui nous accable aprés.
Nos peres estoient francs; nous qui sommes si braves,
Nous lairrons des enfants qui nous feront esclaves!
Ce thresor precieux de nostre liberté
Nous est par les ingrats injustement osté,
Les ingrats, insolents à qui leur est fidelle
Et liberaux de crainte à qui leur est rebelle,

Car à la force un Grand conduit sa volonté,
Dispose des bienfaicts par la necessité,
Tient l'acquis pour acquis, & pour avoir ouy dire
Que le premier accueil aux François peut suffire;
Aux anciens serviteurs leur bien n'est desparti,
Mais à ceux qui sans dons changeroient de parti.
Garder bien l'acquesté n'est une vertu moindre
Qu'acquerir tous les jours, & le nouveau adjoindre.
Les Princes n'ont pas sçeu que c'est pauvre butin
D'esbranler l'asseuré pour chercher l'incertain;
Les habiles esprits, qui n'ont point de nature
Plus tendre que leur Prince, ont un vouloir qui dure
Autant que le subject, & en servant les Rois
Sont ardents comme feu, tant qu'il trouve du bois.

Quiconque sert un Dieu dont l'amour & la crainte
Soit bride à la jeunesse, & la tienne contrainte,
Si bien que vicieux, & non au vice né,
Dans le sueil du peché il se trouve estonné;
Se polluant moins libre au plaisir de son maistre,
Il n'est plus aggreable, & tel ne sçauroit estre.
Nos Rois qui ont appris à machiaveliser,
Au temps & à l'Estat leurs ames desguiser,
Ploient la pieté au joug de leur service,
Gardent religion pour ame de police.

O quel malheur du Ciel, vengeance du destin,
Donne des Roys enfans, & qui mangent matin!
O quel Phœnix du Ciel est un Prince bien sage,
De qui l'œil gracieux n'a forcené de rage!
Qui n'a point soif de sang, de qui la cruauté
N'a d'autruy la fureur pour le sceptre herité!
Qui Philosophe & Roy, regne par la science,
Et n'est faict impuissant par sa grande puissance!
Ceux-là regnent vrayment, ceux-là sont de vrais Roys
Qui sur leurs passions establissent des loix,

*Qui regnent sur eux mesme, & d'une ame constante
Domptent l'ambition volage & impuissante :
Non les hermaphrodits (monstres effeminez),
Corrompus, bourdeliers, & qui estoient mieux nez
Pour valets de putains que Seigneurs sur les hommes,
Non les monstres du siecle & du temps où nous sommes :
Non pas ceux qui soubs l'or, soubs le pourpre royal,
Couvent la lascheté, un penser desloyal,
La trahison des bons, un mespris de la charge
Qui sur le dos d'un Roy un bon peuple descharge :
Non ceux qui souffrent bien les femmes avoir l'œil
Sur la saincte police & sur le sainct Conseil,
Sur les faix de la guerre, & sur la paix esmeuë
De plus de changements que d'orage la nuë.
Cependant que noz Roys doublement desguisez,
Escument une ruë en courant, attizez
A crocheter l'honneur d'une innocente fille,
Ou se faire estellons des bourdeaux de la ville.
Au sortir des palais le peuple ruiné
A ondes se prosterne, & le pauvre estonné
Coule honteusement, quand les plaisans renversent
Les foibles à genoux, qui sans profiter versent
Leurs larmes en leur sein, quand l'amas arrangé
Des gardes impiteux afflige l'affligé.
 En autant de malheurs qu'un peuple miserable
Traine une triste vie en un temps lamentable,
En autant de plaisirs les Roys voluptueux,
Yvres d'ire & de sang, nagent luxurieux
Sur le sein des putains, & ce vice vulgaire
Commance desormais par l'usage à desplaire :
Et comme le peché qui le plus commun est
Sent par trop sa vertu, aux vicieux desplaist :
Le Prince est trop atteint de fascheuse sagesse
Qui n'est que le ruffien d'une sale Princesse :*

*Il n'eſt pas galand homme & n'en ſçait pas aſſez,
S'il n'a tous les bordeaux de la Cour tracaſſez;
Il eſt conté pour ſot s'il eſchappe quelqu'une
Qu'il n'ait jà en deſdain pour eſtre trop commune.
Mais pour avoir en Cour un renom grand & beau,
De ſon propre valet faut eſtre macquereau,
Eſprouver toute choſe & hazarder le reſte,
Imitant le premier, commettre double inceſte.
Nul regne ne ſera pour heureux eſtimé
Que ſon Prince ne ſoit moins craint, & plus aymé :
Nul regne pour durer ne s'eſtime & ſe conte
S'il n'a preſtres ſans crainte, & les femmes ſans honte,
S'il n'a loy ſans faveur, un Roy ſans compagnons,
Conſeil ſans eſtranger, cabinet ſans mignons.
 Ha! Sarmates razez, vous qui eſtans ſans Roys,
Avez le droict pour loy, & vous-meſmes pour loix,
Qui vous liez au bien, qui eſloignez le vice
Pour amour de vertu, ſans crainte du ſupplice,
Quel abuz vous pouſſa pour venir de ſi loing
Priſer ce meſpriſé, lors qu'il avoit beſoing,
Pour couvrir ſon malheur, d'une telle advanture?
Voſtre manteau royal fut une couverture
D'opprobre & deshonneur, quand les bras deſploiez
Vengeoyent la mort de ceux qui moururent liez.
Ha! ſi vous euſſiez eu certaine connoiſſance
D'un feminin ſanglant, abbatu d'impuiſſance,
Si vous n'euſſiez ouy mentir les ſeducteurs
Qui pour luy ſe rendoient mercenaires flatteurs,
Ou ceux qui en couvrant ſon orde vilenie,
Par un mentir forcé ont racheptè leur vie,
Ou ceux qui vous faiſant un cruel Tyran doux,
Et un poltron vaillant, deſchargerent en vous
Le faix qui leur peſoit, vous n'euſſiez voulu mettre
Vos loix, voſtre couronne, & les droicts, & le ſceptre*

En ces impures mains, si vous eussiez bien veu,
En entrant à Paris, les perrons & le feu
Meslé de cent couleurs, & les cahots estranges,
Bazes de ces tableaux, où estoient voz loüanges.
Vous aviez trouvé là un augure si beau,
Que vous n'emportiez rien de France qu'un flambeau
Qui en cendre eust bien tost vostre force reduitte,
Sans l'heur qui vous advint de sa honteuse fuitte.
Si vous eussiez ouy parler les vrais François,
Si des plus eloquents les plus subtiles voix
N'eussent esté pour vous feintes & mercenaires,
Vous n'eussiez pas tiré de France vos miseres,
Vous n'eussiez pas choisi pour dissiper voz loix,
Le monstre devorant la France & les François.
Nous ne verrons jamais les estranges provinces
Eslire à leur malheur noz miserables Princes.
Celuy qui sans merite a obtenu cet heur
Leur donne eschantillon de leur peu de valeur :
Si leur corps sont lepreux, plus lepreuses leurs ames
Usent sans sentiment & du fer & des flammes,
Et si leurs corps sont laids, plus laid l'entendement
Les rend sots & meschants, vuides de sentiment.
 Encor la tyrannie est un peu supportable,
Qu'un lustre de vertu faict paroistre agreable.
Bien heureux les Romains qui avoient les Cæsars
Pour Tyrans amateurs des armes & des arts :
Mais mal heureux celuy qui vit esclave infame
Soubs une femme hommace & soubs un homme femme.
Une mere douteuse aprés avoir esté
Macquerelle à ses filz, en a l'un aresté
Sauvage dans les bois, & pour belle conqueste,
Le faisoit triompher du sang de quelque beste :
Elle en fit un Esau, de qui les ris, les yeux
Sentoyent bien un Tyran, un chartier furieux.

Pour se faire cruel, sa jeunesse esgaree
N'avoit rien que le sang, & prenoit sa curee
A tüer sans pitié les cerfs qui gemissoient,
A transpercer les daims & les fans qui naissoient,
Si qu'aux plus advisez cette sauvage vie
A faict prevoir de luy massacre & tyrannie.
 L'autre fut mieux instruit à juger des atours
Des putains de sa Cour, & plus propre aux amours;
Avoir raz le menton, garder la face pasle,
Le geste effeminé, l'œil d'un Sardanapale:
Si bien qu'un jour des Rois ce douteux animal,
Sans cervelle, sans front, parut tel en son bal:
De cordons emperlez sa chevelure pleine,
Sous un bonnet sans bord, faict à l'Italienne,
Faisoit deux arcs voutez; son menton pinceté,
Son visage de blanc & de rouge empasté,
Son chef tout empoudré, nous monstrerent ridee,
En la place d'un Roy, une putain fardee.
Pensez quel beau spectacle, & comm' il fit bon voir
Ce Prince avec un busc, un corps de satin noir
Coupé à l'Espagnolle, où des dechiquetures
Sortoient des passements & des blanches tireures,
Et affinque l'habit s'entresuivist de rang,
Il montroit des manchons gauffrez de satin blanc,
D'autres manches encor qui s'estendoient fenduës,
Et puis jusques aux pieds d'autres manches perduës.
Ainsy bien emmanché, il porta tout ce jour
Cet habit monstrueux, pareil à son amour:
Si qu'au premier abord, chacun estoit en peine
S'il voioit un Roy femme ou bien un homme Royne.
 Si fut il toutesfois allaicté de poisons,
De ruzes, de conseils secrets & trahisons;
Rompu ou corrompu au trictrac des affaires,
Et eut encor enfant quelque part aux miseres.

Mais de ce mesme soing, qu'autrefois il presta
Aux plus estroicts Conseils où jeune il assista,
Maintenant son esprit, son ame, & son courage
Cerchent un laid repos, le secret d'un village,
Où le vice triplé de sa lubricité
Miserablement cache une orde volupté,
De honte de l'infame & brute vilennie
Dont il a pollué son renom & sa vie :
Si bien qu'à la royalle il vole des enfans,
Pour s'eschauffer sur eux en la fleur de leurs ans;
Incitant son amour autre que naturelle,
Aux uns par la beauté & par la grace belle,
Autres par l'entregent, autres par la valeur;
Et la vertu au vice haste ce lasche cœur.
On a des noms nouveaux & des nouvelles formes
Pour croistre & desguiser ces passe-temps enormes,
Promettre ou menacer, biens & tourments nouveaux
Pressent, forcent aprés les lasches macquereaux.
 Nous avons veu cela, & avons veu encore
Un Neron marié avec son Pythagore,
Lequel aiant fini ses faveurs & ses jours,
Traine encor au tombeau le cœur & les amours
De nostre Roy en deuil, qui, de ses aigres plaintes,
Tesmoigne ses ardeurs n'avoir pas esté feintes.
On nous faict voir encor un contract tout nouveau,
Signé du sang de d'O, son privé macquereau :
Disons, comme l'on dit à Neron l'androgame,
Que ton Pere jamais n'eust conneu d'autre femme!
Nous avons veu noz Grands en debat, en conflit,
Accorder, reprocher telles nopces, tel lict.
Nous avons veu noz Rois se desrober des villes.
Neron avoit comm' eux de petits Olinvilles,
Où il cachoit sa honte, & eut encor comm' eux
Les Chicots en amour, les Hamons odieux;

Ils eurent de ce temps un' autre Catherine;
Mais noz Princes, au lieu de tüer Agrippine,
Maſſacrent l'autre mere, & la France a ſenti
De ſes filz le couteau ſur elle appeſanti;
De tous ces vipereaux les mains luy ont ravies,
Autant de jours, autant de mille cheres vies.
Les Senecques chenus ont encor en ce temps,
Morts & mourans, ſervis aux Rois de paſſe-temps.
Les plus paſſionez, qui ont gemi fidelles
Des vices de leurs Rois, punis de leurs bons zeles,
Ont eſprouvé le ſiecle, où il n'eſt pas permis
D'ouvrir ſon eſtomach à ſes privez amis,
Et où le bon ne peut, ſans mort, ſans repentance,
Ni penſer ce qu'il void, ni dire ce qu'il penſe:
On paſlit rencontrant ceux qui veſtent ſouvent
Noz ſainctes paſſions, pour les produire au vent.
Les Latiares feints, ſuppoſts de tyrannie,
Qui, cerchans des Sabins la juſtice & la vie,
Prennent maſque du vrai, & fardez d'equité,
Au veritable font crime de verité.
Pour vivre, il faut fuïr de ſon peché la veuë,
Fuïr l'œil inconneu & l'oreill' inconneuë:
Que di-je, pour parler, on regarde trois fois
Les arbres ſans oreill' & les pierres ſans voix;
Si bien que de noz maux la complainte abolie
Euſt d'un ſiecle eſtouffé caché la tyrannie
Qui euſt peu la memoire avec la voix lier,
A taire nous forçant, nous forcer d'oublier.
Tel fut le ſecond fils, qui n'herita du Pere
Le cœur, mais les poiſons, & l'ame de la mere.
  Le tiers par elle fut nou ri en faineant,
Bien fin, & non prudent, & voulut l'enſeignant
(Pour ſervir à ſon jeu) luy ordonner pour maiſtre
Un Sodomite athee, un macquereau, un traiſtre.

La discorde coupa le concert des mignons,
Et le vice croissant entre les compagnons
Brisa l'orde amitié, mesme par les ordures,
Et l'impure union par les choses impures.
Il s'enfuit depité, son vice avec luy court :
Car il ne laissa pas ses crimes à la Cour.
Il coloroit ses pas d'astuce non pareille,
Changea de lustre ainsy que jadis la corneille
Pour hanter les pigeons, le faict fut avoüé
Par la confession du gosier enroüé;
On luy remplit la gorge, & le Sinon infame
Fut mené par le poing, triomphe de sa femme,
Que la mere tira d'entre tous les gluaux
Qu'elle a pour à sa cage arrester les oiseaux.
Ceux qu'il avoit trouvez à son mal secourables,
Et pour luy, & par luy, devindrent miserables;
Sa foy s'envole au vent, mais il feignit aprés,
Ce qu'il faisoit forcé, l'avoir commis exprés.
C'est pource qu'en ce temps c'est plus de honte d'estre
Mal advisé qu'ingrat, mal prevoiant que traistre,
Abusé qu'abuseur : bien plus est odieux
Le simple vertueux qu'un double vicieux;
Le souffrir est bien plus que de faire l'injure :
Ce n'est qu'un coup d'estat que d'estre bien parjure.
Ainsy en peu de temps ce lasche fut commis
Valet de ses haineux, bourreau de ses amis.
Sa ruse l'a trompé quand elle fut trompee,
Il vit sur qui, pour qui, il tournoit son espee;
Son inutile nom devint son parement,
Comme si c'eust esté quelque blanc vestement.
Ils tremperent au sang sa grand robbe ducale,
Et la mirent sur luy du meurtre toute sale
Quand ils eurent taché la ferme authorité
De leur esclave chef du nom de cruauté;

IV. 7

Il tombe en leur mespris; à nous il fut horrible
Quand r'appeller sa foy il luy fut impossible.
Il fuit encore un coup, car les lievres craintifs
Ont debat pour le nom de legers fuitifs.
Noz Princes des renards envient la finesse
Et ne debattent point aux lions de proüesse.
 Il y avoit long temps que dans les Païs-Bas
Deux partis harassez de ruineux combats
Halletoient les abois de leur force mi-morte;
Cestuy cy print parti, presqu'en la mesme sorte
Que le loup embusqué combattant de ses yeux
L'effort de deux taureaux, dont le choc furieux
Verse dans un chemin le sang & les entrailles :
Le poltron les regarde, & de ces deux batailles
Se faict une victoire arrivant au combat,
Quand la mort a vaincu la force & le debat.
Ainsy quelque advisé reveilla cette beste,
D'un desespoir senti luy mit l'espoir en teste.
Mais quel espoir? encor un rien au prix du bien,
Un rien qui trouve lustre en ce siecle de rien.
On le pousse, on le traine aux inutiles ruzes,
Il trame mille accords, mariages, excuses;
Il trompe, il est trompé, il se repend souvent,
Et ce cerveau venteux est le joüet du vent.
Ce vipere eschauffé porte la mort traistresse
Dedans le sein ami; mais quand le sein le presse,
Le trahy fut vainceur, & le traistre pervers
Demeuré fugitif, banni de son Anvers.
 Non, la palme n'est point contenance des membres
De ceux qui ont brouillé les premiers de leurs chambres,
Pour loing d'eux en secret du venin s'engorger,
Caresser un Bathille, en son lict l'heberger,
N'aiant, muet tesmoing de ses noires ordures,
Que les impures nuicts & les couches impures.

 Les trois en mefme lieu ont à l'envy porté
La premiere moiffon de leur lubricité :
Des deux derniers aprés, la chaleur aveuglee
A fans honte herité l'incefte redoublee,
Dont les projects ouverts, les defirs comme beaux
Font voleter l'erreur de ces crimes nouveaux
Sur les aifles du vent. Leurs poëtes volages
Arborent ces couleurs comme des païfages;
Leur foupper s'entretient de leurs ordes amours,
Les macquereaux enflez y vantent leurs beaux tours :
Le vice, poffedant pour efchaffaut leur table,
Y dechire à plaifir la vertu defirable.
 Si, depuis quelque temps, les plus fubtils efprits
A defguifer le mal ont finement appris
A noz Princes fardez la trompeufe maniere
De reveftir le Diable en Ange de lumiere :
Encor qu'à leurs repas ils faffent difputer
De la vertu que nul n'oferoit imiter,
Qu'ils recherchent le los des affectez poëtes,
Quelques Sedecias, aggreables prophetes :
Le boute-feu de Rome en a bien faict ainfy,
Car il paioit mieux qu'eux, mieux qu'eux avoit foucy
D'affembler, de cercher les efprits plus habiles,
Loüer, recompenfer leurs rencontres gentilles,
Et les graves difcours des fages amaffez
Loüés & contrefaicts il a recompenfez.
L'arfenic enfucré de leurs belles parolles,
Leur fein meurtry de poings aux pieds de leurs idolles,
Les ordres inventez, les chants, les hurlements
Des fols capuchonnez, les nouveaux regiments
Qui, en proceffion fottement defguifees,
Aux villes & aux champs vont femer de rifees
L'aufterité des vœux & des fraternitez,
Tout cela n'a caché noz rudes veritez.

Tous ces defguifements font vaines mafcarades
Qui aux portes d'Enfer prefentent leurs aubades,
Ribauds de la paillarde, ou affaictez valets
Qui de proceffions luy donnent des balets :
Les uns, mignons muguets, fe parent & font braves
De clincant & d'or traict; les autres, vils efclaves,
Fagottés d'une corde & pafles marmiteux,
Vont pieds nus par la ruë abufer les piteux,
Ont pour mafque le froc, pour veftemens des poches,
Pour cadence leurs pas, pour violons des cloches,
Pour vers la letanie ; un avocat nommé
A chaque pas rend Chrift chaque fois diffamé.

 Aigle né dans le haut des plus fuperbes aires,
Ou bien œuf fuppofé, puis que tu degeneres,
Degenere Henry, hyppocrite bigot,
Qui aime moins joüer le Roy que le cagot,
Tu vole un faux gibier, de ton droict tu t'eflongne.
Ces courbeaux fe paiftront un jour de ta charongne.
Dieu tirera par eux : ainfy le faulconnier,
Quand l'oifeau trop de fois a quitté fon gibier,
Le bat d'une corneille & la foule à fa veuë,
Puis d'elle (s'il ne peut le corriger) le tuë.
Tes preftres par la ruë à grands troupes conduicts
N'ont pourtant peu celer l'ordure de tes nuicts :
Les crimes plus obfcurs n'ont pourtant peu fe faire
Qu'ils n'efclattent en l'air aux bouches du vulgaire;
Des citoyens oififs l'ordinaire difcours
Eft de folennifer les vices de noz Cours :
L'un conte les amours de noz falles Princeffes,
Garces de leurs valets, autrefois les maiftreffes.
Tel fut le beau Senat des trois & des deux fœurs,
Qui joüoient en commun leurs gens & leurs faveurs,
Trocquoient leurs eftellons, eftimoient à loüange
Le plaifir defcouvert, l'amour libre & le change.

Une autre n'aiant peu se saouler de François,
Se coule à la minuict au lict des Escossois,
Le tison qui l'esveille & l'embraze & la tuë
Luy faict pour le plaisir mespriser bruict & veuë :
Les jeunes gens la nuict pipez & enlevez
Du lict au cabinet, las & recreus trouvez,
Noz Princesses non moins ardentes que rusees
Osent dans les bourdeaux s'exposer desguisees :
Soubs le chappron quarré vont recevoir le prix
Des garces du Hulleu, & portent aux maris
Sur le chevet sacré de leur sainct mariage,
La senteur des bourdeaux, & quelque pire gage.
Elles esprouvent tout ; on le void, on le dit,
Cela leur donne vogue & hausse leur credit :
Les filles de la Cour sont galantes honnestes,
Qui se font bien servir, moins chastes, plus secrettes,
Qui sçavent le mieux feindre un mal pour accoucher :
Qui blasment celle-là qui n'a pas sceu cacher.
Du Louvre les retraicts sont hideux cimetieres
D'enfans vuidez, tuez par les Apotiquaires :
Noz filles ont bien sçeu quelles receptes font
Massacre dans leurs flancs des enfans qu'elles ont.
  Je sens les froids tressauts de fraieur & de honte,
Quand sans crainte tout haut le fol vulgaire conte
D'un coche, qui courant Paris à la minuict,
Vole une sage femme, & la bande, & conduit
Prendre, tuer l'enfant d'une Royne masquee,
D'une brutalité pour jamais remarquze,
Que je ne puis conter, croiant, comme François,
Que le peuple abusé envenime ses voix
De monstres inconneus : de la vie entamee
S'enfle la puanteur comme la renommee ;
Mais je croy bien aussy que les plus noirs forfaicts
Sont plus secretement & en tenebres faicts.

Quand on montre celuy qui en voulant attendre
Sa dame au galetas, fut pris en penſant prendre,
Et puis pour appaiſer & demeurer amis,
Le violeur ſouffrit ce qu'il avoit commis ;
    Quand j'oy qu'un Roy tranſy, effraié du tonnerre,
Se couvre d'une voute & ſe cache ſoubs terre,
S'embuſque de lauriers, faict les cloches ſonner ;
Son peché pourſuivi, pourſuit de l'eſtonner,
Il uſe d'eau luſtrale, il la boit, la conſomme
En clyſteres infects ; il faict venir de Romme
Les cierges, les Agnus que le Pape fournit,
Bouſche tous ſes conduits d'un charmé grain benit ;
Quand je voy compoſer une meſſe complette,
Pour repouſſer le Ciel, inutile amulette :
Quand la peur n'a ceſſé par les ſignes de croix,
Le brayier de Maſſé, ni le froc de François,
Tels ſpectres inconnus font confeſſer le reſte.
Le peché de Sodome & le ſanglant inceſte
Sont reproches joyeux de noz impures Cours.
    Triſte je trancheray ce tragicque diſcours,
Pour laiſſer aux paſquils ces effroyables contes,
Honteuſes veritez, trop veritables hontes.
    Pluſtot peut on conter dans les bords eſcumeux
De l'Ocean chenu le ſable, & tous les feux
Qu'en paiſible minuict le clair Ciel nous attize,
L'air eſtant ballié des froids ſouſpirs de bize ;
Pluſtot peut-on conter du printemps les couleurs,
Les fueilles des foreſts, de la terre les fleurs,
Que les infections qui tirent ſur noz teſtes
Du Ciel armé, noirci, les meurtrieres tempeſtes.
Qu'on doute des ſecrets, noz yeux ont veu comment
Ces hommes vont bravant des femmes l'ornement,
Les putains de couleurs, les pucelles de geſtes :
Plus de friſons tortus deshonorent les teſtes

De noz mignons parez, plus de fard sur leurs teincts,
Que ne voudroient porter les honteuses putains.
On invente tousjours quelque traict plus habile
Pour effacer du front toute marque virile;
Envieux de la femme, on trace, on vient fouiller
Tout ce qui est humain qu'on ne peut despouiller.
Les cœurs des vertueux à ces regards transissent,
Les vieillards advisez en leur secret gemissent;
Des femmes les mestiers quittez & mesprisez
Se font pour parvenir des hommes desguisez.
On dit qu'il faut couler les execrables choses
Dans le puits de l'oubly & au sepulchre encloses,
Et que par les escrits le mal ressuscité
Infectera les mœurs de la posterité :
Mais le vice n'a point pour mere la science,
Et la vertu n'est pas fille de l'ignorance.
Elle est le chaud fumier sans qui les ords pechez
S'engraissent en croissant, s'ilz ne sont arrachez,
Et l'acier des vertus mesme intellectuelles
Tranche & detruit l'erreur & l'histoire par elles.
Mieux vaut à descouvert monstrer l'infection
Avec sa puanteur & sa punition.
Le bon pere Affriquain sagement nous enseigne
Qu'il faut que les Tyrans de tout poinct on depeigne,
Montrer combien impurs sont ceux-là qui de Dieu
Condamnent la famille au couteau & au feu.
   Au fil de ces fureurs ma fureur se consume :
Je laisse ce subject, ma main quitte la plume;
Mon cœur s'estonne en soi : mon sourcil refrongné,
L'esprit de son subject se retire eslongné.
Icy je vay laver ces papiers de mes larmes;
Si vous prestez voz yeux au reste de mes carmes,
Ayez encor de moy ce tableau plein de fleurs,
Qui sur un vray subject s'esgaie en ses couleurs.

*Un pere deux fois pere employa sa substance
Pour enrichir son filz des thresors de science ;
En couronnant ses jours de ce dernier dessein,
Joieux il espuisa ses coffres & son sein,
Son avoir & son sang : sa peine fut suivie
D'heur à parachever le present de la vie :
Il voit son fils sçavant, adroict, industrieux,
Meslé dans les secrets de Nature & des Cieux,
Raisonnant sur les loix, les meurs & la police :
L'esprit sçavoit tout art, le corps tout exercice.
Ce vieil François conduit par une antique loy,
Consacra cette peine & son filz à son Roy ;
L'equippe, il vient en Cour : là cette ame nouvelle,
Des vices monstrueux ignorante pucelle,
Void force hommes bien faicts, bien morgants, bien vestus ;
Il pense estre arrivé à la foire aux vertus,
Prend les occasions qui sembloient les plus belles
Pour estaller premier ses intellectuelles :
Se laisse convier, se conduisant ainsy
Pour estre ni entrant, ni retenu aussy.
Tousjours respectueux, sans se faire de feste :
Il contente celuy qui l'attaque & l'arreste,
Il ne trouve auditeurs qu'ignorants envieux,
Diffamans le sçavoir des noms ingenieux :
S'il trousse l'epigramme ou la stance bien faicte,
Le voila descouvert, c'est faict, c'est un poete ;
S'il dit un mot salé, il est bouffon, badin ;
S'il danse un peu trop bien, saltarin, baladin ;
S'il a trop bon fleuret, escrimeur il s'appelle ;
S'il prend l'air d'un cheval, c'est un saltain-bardelle ;
Si avec art il chante, il est musicien ;
Philosophe, s'il presse un bon logicien ;
S'il frappe là dessus & en met un par terre,
C'est un fendant qu'il faut saller aprés la guerre ;*

Mais ſi on ſçait qu'un jour à part, en quelque lieu,
Il met le genouil bas, c'eſt un prieur de Dieu.
   Cet eſprit offenſé dedans ſoy ſe retire,
Et comme en quelque coing ſe cachant il ſouſpire.
Voicy un gros amas qui emplit juſqu'au tiers
Le Louvre de ſoldats, de braves Chevaliers,
De nobleſſe paree : au millieu de la nuë
Marche un Duc, dont la face au jeune homme inconnuë
Le renvoye an conſeil d'un page traverſant,
Pour demander le nom de ce Prince paſſant;
Le nom ne le contente, il penſe, il s'eſmerveille,
Tel mot n'eſtoit jamais entré en ſon oreille;
Puis cet eſtonnement ſoudain fut redoublé,
Alors qu'il vit le Louvre auſſytoſt depeuplé
Par le ſortir d'un autre, au beau millieu de l'onde
De Seigneurs l'adorant comme un Roy de ce monde.
Noſtre nouveau venu s'accoſte d'un vieillard,
Et pour en prendre langue il le tire à l'eſcart.
Là il apprit le nom dont l'hiſtoire de France
Ne lui avoit donné ne vent, ne connoiſſance.
Ce courtiſan griſon s'eſmerveillant de quoy
Quelqu'un meſconnoiſſoit les mignons de ſon Roy,
Raconte leurs grandeurs, comment la France entiere,
Eſcabeau de leurs pieds, leur eſtoit tributaire.
A l'enfant qui diſoit : « Sont-ils grands terriens,
Que leur nom eſt ſans nom par les hiſtoriens? »
Il reſpond : « Rien du tout, il ſont mignons du Prince. »
Ont-ils ſur l'Eſpagnol conquis quelque province?
Ont-ils par leur conſeil relevé un mal heur,
Delivré leur païs par extreme valeur?
Ont-ils ſauvé le Roy, commandé quelque armee
Et par elle gaigné quelq' heureuſe journee?
A tout fut reſpondu : « Mon jeune homme, je croy
Que vous eſtes bien neuf, ce ſont mignons du Roy. »

Ce mauvais courtifan guidé par la colere
Gaigne logis & lict; tout vient à luy defplaire,
Et repas, & repos; cet efprit tranfporté
Des vifions du jour par idee infecté,
Void dans une lueur fombre, jaunaftre & brune,
Soubs l'habit d'un rezeul, l'image de Fortune
Qui entre à la minuict, conduifant des deux mains
Deux enfans nuds bandez; de ces freres germains
L'un fe peint fort fouvent, l'autre ne fe void guere,
Pource qu'il a les yeux & le cœur par derriere.
La bravache s'avance, envoie brufquement
Les rideaux; elle accolle & baife follement
Le vifage effrayé. Ces deux enfans eftranges,
Sautez deffus le lict, peignent des doigts les franges.
Alors Fortune, mere aux eftranges amours,
Courbant fon chef paré de perles & d'atours,
Defploie tout d'un coup mignardifes & langue,
Faict de baifers les poincts d'une telle harangue :
« Mon filz qui m'as efté defrobé du berceau,
Pauvre enfant mal nourry, innocent jouvenceau,
Tu tiens de moy, ta mere, un affez haut courage,
Et j'ai veu aujourd'huy aux feux de ton vifage
Que le dormir n'auroit pris ni cœur ni efprits
En la nuict qui fuivra le jour de ton mefpris.
Embraffe, mon enfant, mal nourry par ton Pere,
Le col & les deffeins de Fortune ta mere.
Comment mal confeillé, pippé, trahy, fuis-tu
Par chemin efpineux la fterille Vertu?
Cette fotte par qui me vaincre tu effaies
N'euft jamais pour loier que les pleurs & les plaies,
De l'efprit & du corps les affidus tourments,
L'envie, les foupçons & les banniffements,
Qui pis eft, le defdain : car fa trompeufe attente
D'un vain efpoir d'honneur la vanité contente.

De la pauvre Vertu l'orage n'a de port
Qu'un havre tout vaseux d'une honteuse mort.
Es-tu point envieux de ces grandeurs romaines?
Leurs rigoureuses mains tournerent par mes peines
Dedans leur sein vaincu leurs fers victorieux.
Je t'espiois ces jours lisant, si curieux,
La mort du grand Senecque & celle de Thrasee,
Je lisois par tes yeux en ton ame embrazee
Que tu enviois plus Senecque que Neron,
Plus mourir en Caton que vivre en Ciceron.
Tu estimois la mort en liberté plus chere
Que tirer en servant une haleine precaire.
Ces termes specieux sont tels que tu concluds
Au plaisir de bien estre, ou bien de n'estre plus.
Or sans te surcharger de voir les morts & vies
Des Anciens qui faisoient gloire de leurs folies,
Que ne vois-tu ton siecle, ou n'apprehendes-tu
Le succés des enfants aisnez de la Vertu?
Ce Bourbon qui blessé, se renfonce en la presse,
Tost assommé, traisné sur le dos d'une asnesse;
L'Admiral, pour jamais sans surnom trop connu,
Meurtri, precipité, trainé, mutilé, nud;
La fange fut sa voye au triomphe sacree,
Sa couronne un collier, Mont-Faulcon son trophee.
Vois sa suitte aux cordeaux, à la rouë, aux posteaux,
Les plus heureux d'entre eux quitte pour les couteaux,
De ta Dame loyers, qui paye, contemptible,
De rude mort la vie hazardeuse & penible.
Lis curieux l'histoire, en ne donnant point lieu,
Parmy ton jugement, au jugement de Dieu:
Tu verras ces vaillans, en leurs vertus extremes,
Avoir vescu gehennez & estre morts de mesmes.
« Encor pour l'advenir te puis-je faire voir
Par l'aide des Demons, au magicien miroir,

Tels loyers receus, mais ta tendre conscience
Te faict jetter au loing cette brave science;
Tu verrois des valeurs le bel or monnoyé
Dont bien tost se verra le Parmesan payé
En la façon que fut salarié Gonsalve,
Le brave Duc d'Austrie, & l'enragé Duc d'Alve.
Je voy un Prince Anglois courageux par excez,
A qui l'amour quitté faict un rude procez;
Licols, poisons, couteaux, qui payent en Savoye
Les prompts executeurs; je voy cette monnoye
En France avoir son cours; je voy lances, escus,
Cœurs & nom des vainceurs soubs les pieds des vaincus :
O de trop de merite impiteuse memoire!
Je voy les trois plus hauts instruments de victoire,
L'un à qui la colere a peu donner la mort,
L'autre sur l'eschafaut, & le tiers sur le bord.
« Jette l'œil droict ailleurs, regarde l'autre bande,
En large & beau chemin plus splendide & plus grande.
Au sortir des berceaux, ce prosperant troupeau
A bien tasté des arts, mais n'en prit que la peau,
Eut pour borne ce mot : Assez pour Gentil-homme;
Pour sembler vertueux en peinture, ou bien comme
Un singe porte en soy quelque chose d'humain,
Aux gestes, au visage, aux pieds & à la main.
Ceux là blasment tousjours les affligés, les fuient,
Flattent les prosperants, s'en servent, s'en appuient.
Ils ont veu des dangers assez pour en conter,
Ils en content autant qu'il faut pour se vanter;
Lisants ils ont pillé les pointes pour escrire,
Ils sçavent en jugeant admirer ou sousrire,
Loüer tout froidement, si ce n'est pour du pain,
Renier son salut quand il y va du gain,
Barbets des favoris, premiers à les connoistre,
Singes des estimez, bons eschos de leur maistre :

Voila à quel sçavoir il te faut limiter,
Que ton esprit ne puisse un Juppin irriter;
Il n'aime pas son juge, il le frappe en son ire,
Mais il est amoureux de celuy qui l'admire.
Il reste que le corps, comme l'accoustrement,
Soit aux loix de la Cour, marcher mignonnement,
Trainer les pieds, mener les bras, hocher la teste,
Pour bransler à propos d'un pennache la crette,
Garnir & bas & haut de roses & de nœuds,
Les dents de muscadins, de poudre les cheveux;
Fay toy dedans la foule une importune voye,
Te montre ardent à voir affin que l'on te voye,
Lance regards tranchants pour estre regardé,
Le teint de blanc d'Espagne & de rouge fardé,
Que la main, que le sein y prennent leur partage;
Couvre d'un parasol en esté ton visage,
Jette comme effrayé en femme quelques cris,
Mesprise ton effroy par un traistre sousris,
Fay le begue, le las, d'une voix molle & claire,
Ouvre ta languissante & pesante paupiere;
Sois pensif, retenu, froid, secret & finet:
Voila pour devenir garce du Cabinet,
A la porte duquel laisse Dieu, cœur & honte,
Ou je travaille en vain en te faisant ce conte.
Mais quand ton fard sera par le temps recelé,
Tu auras l'œil rougi, le crane sec, pelé;
Ni sois point affranchy par les ans du service,
Ni du joug qu'avoit mis sur ta teste le vice;
Il faut estre garçon pour le moins par les vœux,
Qu'il n'y ait rien en toy de blanc que les cheveux.
Quelque jour tu verras un chauve, un vieux eunucque,
Faire porter en Cour aux hommes la perruque;
La saison sera morte à toutes ces valeurs,
Un servile courage infectera les cœurs,

La morgue fera tout, tout se fera pour l'aise,
Le hauffecol fera changé en portefraise.
  « *Je reviens à ce siecle où noz mignons vieillis,*
A leur dernier mestier vouez & accueillis,
Pippent les jeunes gens, les gaignent, les courtisent.
Eux, autrefois produits, à la fin les produisent,
Faisant plus advisez, moins glorieux que toy,
Par le cul d'un coquin chemin au cœur d'un Roy. »
  Ce fut assez, c'est là que rompit patience
La Vertu qui de l'huis escoutoit la science
De Fortune : si tost n'eut sonné le locquet,
Que la folle perdit l'audace & le caquet.
Elle avoit apporté une clarté de lune,
Voicy autre clarté que celle de Fortune.
Voicy un beau soleil, qui de rayons dorez
De la chambre & du lict vid les coings honorez :
La Vertu paroissant en matrone vestuë,
La mere & les enfants ne l'eurent si tost veuë
Que chacun d'eux changea en Demon decevant,
De Demon en fumee & de fumee en vent,
Et puis de vent en rien. Ceste hostesse derniere
Prit au chevet du lict pour sa place une chaire,
Saisit la main tremblante à son enfant transy,
Par un chaste baiser l'asseure & dict ainsy :
  « *Mon filz, n'attends de moy la pompeuse harangue*
De la fausse Fortune, aussy peu que ma langue
Fascine ton oreille, & mes presents tes yeux.
Je n'esclatte d'honneur, ni de dons precieux;
Je foulle ces beautez desquelles Fortune use
Pour ravir par les yeux une ame qu'elle abuse :
Ce lustre de couleurs est l'esmail qui s'espand
Au ventre & à la gorge & au dos du serpent.
Tire ton pied des fleurs soubs lesquelles se cœuvre,
Et avec soy la mort, la glissante couleuvre.

Reçois, pour faire choix des fleurs & des couleurs,
Ce qu'à traicts raccourcis je diray pour tes meurs.
Sois continent, mon filz, & circoncis, pour l'estre,
Tout superflu de toy : sois de tes vouloirs maistre,
Serre les à l'estroict, reigle au bien les plaisirs,
Octroye à la Nature, & refuse aux desirs;
Qu'elle, & non ta fureur, soit ta loy, soit ta guide,
Que la Concupiscence en reçoive une bride :
Fuy les mignardes meurs, & cette liberté,
Qui, fausse, va cachant au sein la volupté.
Tiens pour crime l'excés ; sobre & prudent, eslogne
Du gourmand le manger, & du boire l'yvrogne :
Hay le mortel loisir, tiens le labeur plaisant,
Que Satan ne t'empougne un jour en rien faisant.
Use sans abuser des delices plaisantes,
Sans chercher curieux les cheres & pesantes.
Ne mesprise l'aisé, va pour vivre au repas,
Mais que ta volupté ne t'y appelle pas.
Ton palais convié pour l'appetit demande
Non les morceaux fardez, mais la simple viande.
Le prix de tes desirs soit commun & petit,
Pour faire taire & non aiguiser l'appetit.
Par ces degrez le corps s'apprend & s'achemine
Au goust de son esprit, nourriture divine.
N'affecte d'habiter les superbes maisons,
Mais bien d'estre à couvert aux changeantes saisons;
Que ta demeure soit plus tot saine que belle,
Qu'elle ait renom par toy, & non pas toy par elle.
Mesprise un tiltre vain, les honneurs superflus.
Retire-toy dans toy; parois moins, & sois plus.
Prends pour ta pauvreté seulement cette peine,
Qu'elle ne soit pas salle, & l'espargne vilaine.
Garanty du mespris ta saincte probité,
Et ta lente douceur du nom de lascheté.

Que ton peu ſoit aiſé; ne pleure point tes peines;
Ne ſois admirateur des richeſſes prochaines.
Hay & connoi le vice avant qu'il ſoit venu,
Crains toy plus que nul autre ennemi inconneu.
N'aime les ſaletés ſoubs couleur d'un bon conte:
Elles te ſont ſouſrire, & non ſentir la honte;
Oy plus toſt le diſcours utile que plaiſant.
Tu pourras bien meſler les jeus en deviſant:
Sauve ta dignité, mais que ton ris ne ſente
Ni le fat, ni l'enfant, ni la garce puante.
Tes bons motz n'aient rien du bouffon effronté.
Tes jeux ſoyent ſans fiſſon, pleins de civilité,
Affin que ſans bleſſer tu plaiſes & tu ries.
Diſtingue le mocquer d'avec les railleries.
Ta voix ſoit ſans eſclat, ton cheminer ſans bruit;
Que meſmes ton repos enfante quelque fruict.
Evite le flatteur, & chaſſe comme eſtrange
La loüange de ceux qui n'ont acquis loüange.
Ris toi quand les meſchants t'auront à contrecœur;
Tiens leur honneur à blaſme & leur blaſme à honneur.
Sois grave ſans orgueil, non contraint en ta grace;
Sois humble, non abject, reſolu ſans audace.
Si le bon te reprend, que ſes coups te ſoient doux,
Et ſoient deſſus ton chef comme baume ſecoux:
Car qui reprend au vray eſt un utile maiſtre,
Sinon il a voulu & eſſaié de l'eſtre.
Tire meſme profit & des roſes parmy
Les picquons outrageux d'un menteur ennemy.
Fais l'eſpion ſur toy plus tot que ſur tes proches,
Reprends le defaillant ſans fiel & ſans reproches.
Par ton exemple inſtruis ta femme à ſon debvoir,
Ne lui donnant ſoupçon, pour ne le recevoir;
Laiſſe luy juſte part du ſoing de la famille:
Cache tes gayetez & ton ris à ta fille;

Ne te sers de la verge, & ne l'emploie point
Que ton courroux ne soit appaisé de tout poinct.
Sois au Prince, à l'amy & au serviteur comme
Tel qu'à l'Ange, à toy mesme, & tel qu'on doit à l'homme;
Ce que tu as sur toy, aux costez, au dessoubs,
Te trouve bien servant, chaud amy, Seigneur doux.
De ces traicts generaux maintenant je m'explicque
Et à ton estre à part ma doctrine j'applicque.
J'ay voulu pour ta preuve un jour te despouiller,
Voir sur ton sein les morts & siffler & grouiller :
Sur toy, race du Ciel, ont esté inutilles
Les sissons des aspics, comme dessus les Psylles.
Le Ciel faict ainsy choix des siens, qui saincts & forts,
Sont à preuve du vice & triomphent des morts.
Psylle bien approuvé, leve plus haut ta veuë,
Je veux faire voler ton esprit sur la nuë,
Que tu voie la terre en ce point que la vid
Scipion, quand l'amour de mon nom le ravit,
Ou mieux, d'où Colligny se rioit de la foule
Qui de son tronc roullé se jouoit à la boulle,
Parmy si hauts plaisirs, que mesme en lieu si doux
De tout ce qu'il voioit il n'entroit en courroux.
Un jeu luy fut des Rois la sotte perfidie,
Comicque le succez de la grand tragedie.
Il vid plus, sans colere, un de ses enfans chers,
Degenere, lecher les pieds de ses bouchers.
Là ne s'estime rien des regnes l'excellence,
Le Monde n'est qu'un poix, un atome la France;
C'est là que mes enfans dirigent tous leurs pas,
Dés l'heure de leur naistre à celle du trespas,
Pas qui foullent soubs eux les beautez de la terre,
Cueillans les vrais honneurs & de paix & de guerre.
Honneur au poinct duquel un chacun se deçoit;
On perd bientost celuy qu'aisement on reçoit,

La gloire qu'autruy donne est par autruy ravie,
Celle qu'on prend de soy vit plus loing que la vie.
Cerche l'honneur, mais non celuy de ces mignons
Qui ne mordent au loup, bien sur leurs compagnons.
Qu'ils prennent le duvet, toy la dure & la peine,
Eux le nom de mignons, & toy de Capitaine;
Eux le musc, tu auras de la mesche le feu;
Eux les jeux, tu auras la guerre pour ton jeu.
Prenne donc ton courage à propos la carriere,
Et que l'honneur qui faict que tu chasses arriere
La lie du bas peuple & l'infame bourbier
Soit la gloire de Prince, & non pas de barbier :
Car c'est l'humilité qui à la gloire monte,
Le faux honneur acquiert la veritable honte.
Sache qu'à trop monter, trop bas descendre faut,
Et que se tenir bas faict monter au plus haut.
Ne porte envie à ceux de qui l'estat ressemble
A un tiede fiebvreux qui ne sue, & ne tremble :
Les pestes de nos corps s'eschauffent en esté
Et celle des esprits en la prosperité;
L'hiver guerit de l'air les mortelles malices,
La saine affliction nous purge de noz vices.
Cerche la faim, la soif, les glaces & le chaud,
La sueur & les coups; ayme les, car il faut
Ou que tes jeunes ans soient l'heur de ta vieillesse,
Ou que tes cheveux blancs maudissent ta jeunesse.
Puis que ton cœur Royal veut s'asservir aux Roys,
Va suivre les labeurs du Prince Navarrois,
Et là tu trouveras mon logis chez Anange,
Anange que je suis (& que c'est chose estrange!
Là où elle n'est plus, aussy tost je ne suis :
Je l'aime en la chassant, la tüant je la suis :
Là où elle prend pied, la pauvrette m'appelle,
Je ne puis m'arrester ni sans, ni avec elle :

Je crains bien que l'aiant bannie de ce Roy,
Tu n'i pourras plus voir bien toſt elle ni moy.
Va t'en donc imiter ces eſlevez courages
Qui cerchent les combats au travers des naufrages :
Là eſt le choix des cœurs & celuy des eſprits :
Là moy meſme je ſuis de moy meſme le prix.
Bref, là tu trouveras par la perſeverance
Le repos au labeur, au peril l'aſſeurance.
Va bien heureux, je ſuis ton conſeil, ton ſecours,
J'offence ton courage avec ſi long diſcours. »
 Que je vous plains, eſprits, qui au vice contraires,
Endurez de ces Cours les ſejours neceſſaires !
Heureux, ſi non infects en ces infections,
Roys de vous, vous regnez ſur voz affections.
Mais quoy que vous penſez gaigner plus de louange
De ſortir impollus hors d'une noire fange,
Sans taches hors du ſang, hors du feu ſans bruſler,
Que d'un lieu non ſouillé ſortir ſans ſe ſouiller,
Pourtant il vous ſeroit plus beau en toutes ſortes
D'eſtre les gardiens des magnificques portes
De ce temple eternel de la maiſon de Dieu,
Qu'entre les ennemis tenir le premier lieu :
Pluſtoſt porter la croix, les cloux & les injures,
Que des ords cabinets les clefs à vos ceintures :
Car Dieu pleut ſur les bons & ſur les vicieux ;
Dieu frappe les meſchants, & les bons parmy eux.
 Fuyez, Loths, de Sodome & Gomorrhe bruſlantes ;
N'enſevelliſſez point voz ames innocentes
Avec ces reprouvez, car combien que voz yeux
Ne froncent le ſourcil encontre les hauts Cieux :
Combien qu'avec les Rois vous ne hochiez la teſte
Contre le Ciel eſmeu, armé de la tempeſte,
Pource que des Tyrans le ſupport vous tirez,
Pource qu'ils ſont de vous comme Dieux adorez,

Lors qu'ils veulent au pauvre & au juste mesfaire,
Vous estes compagnons du mesfaict pour vous taire.
Lorsque le filz de Dieu, vengeur de son mespris,
Viendra pour vendenger de ces Rois les esprits,
De sa verge de fer frappant espouvantable
Ces petits Dieux enflez en la terre habitable,
Vous y serez compris. Comme lorsque l'esclat
D'un foudre exterminant vient renverser à plat
Les chesnes resistants & les cedres superbes,
Vous verrez là dessoubs les plus petites herbes,
La fleur qui craint le vent, le naissant arbrisseau,
En son nid l'escurieu, en son aire l'oyseau,
Soubz ce daix qui changeoit les gresles en rosees,
La bauge du sanglier, du cerf la reposee,
La ruche de l'abeille & la loge au berger,
Avoir eu part à l'ombre, avoir part au danger.

LIVRE TROISIEME.

LA CHAMBRE DOREE.

Au palais flamboiant du haut Ciel empiree
Reluit l'Eternité en presence adoree
Par les Anges heureux : trois fois trois rangs de vents,
Puissance du haut Ciel, y assistent servants.
Les sainctes legions sur leurs pieds toutes prestes
Levent aux pieds de Dieu leurs pretieuses testes,
Sous un grand pavillon d'un grand arc de couleurs:
Au moindre clin de l'œil du Seigneur des Seigneurs,
Ils partent de la main : ce troupeau sacré vole
Comme vent descoché au vent de la parolle,
Soit pour estre des Saincts les bergers curieux,
Les preserver de mal, se camper autour d'eux,
Leur servir de flambeaux en la nuict plus obscure,
Les deffendre d'injure, & destourner l'injure
Sur le chef des Tyrans : soit pour d'un bras armé,
Desploier du grand Dieu le courroux animé.
D'un coutelas ondé, d'une main juste & forte
L'un defend au pecheur du Paradis la porte ;

Un autre fend la mer; par l'autre sont chargez
Les pauvres de thresors, d'aide les affligez,
De gloire les honteux, l'ignorant de science,
L'abbatu de secours, le transy d'esperance;
Quelqu'autre va trouver un Monarque en haut lieu,
Bardé de mille fers, & au nom du grand Dieu,
Asseuré, l'espouvante : eslevé, l'extermine,
Le faict vif devorer à la salle vermine.
L'un veille un regne entier, une ville, un chasteau,
Une personne seule, un pasteur, un troupeau.
Gardes particuliers de la troupe fidelle,
De la maison de Dieu ilz sentent le vray zele,
Portent dedans le Ciel les larmes, les souspirs,
Et les gemissements des bien heureux martyrs.
    A ce throsne de gloire arriva gemissante
La Justice fuitive en sueurs, pantelante,
Meurtrie & deschiree, aux yeux serains de Dieu.
Les Anges retirez lui aians donné lieu,
La pauvrette couvrant sa face desolee,
De ses cheveux trempez faisoit, eschevelee,
Un voile entre elle & Dieu, puis souspirant trois fois,
Elle pousse avec peine & à genoux ces voix :
    « *Du plus bas de la terre & du profond du vice,*
Vers toy j'ay mon recours, te voicy; ta Justice
Que sage tu choisis pour le droict enseigner,
Que Royne tu avois transmise pour regner,
La voicy à tes pieds en pieces deschiree.
Les humains ont meurtry sa face reveree :
Tu avois en sa main mis le glaive trenchant
Qui aujourd'huy forcene en celle du meschant.
Remets, o Dieu, ta fille en ton propre heritage,
Le bon sente le bien, le meschant son ouvrage;
L'un reçoive le prix, l'autre le chastiment,
Affin que devant toy chemine droictement.

La terre cy aprés : baiffe en elle ta face,
Et par le poing me loge en ma premiere place. »
   A ces mots intervint la blanche Pieté,
Qui de la terre ronde au haut du Ciel vouté
En courroux s'envola : de fes luifantes aifles
Elle accreut la lueur des voutes eternelles :
Ses yeux eftincelloient de feux & de courroux.
Elle s'avance à coup, elle tombe à genoux,
Et le jufte defpit qui fa belle ame affolle
Luy fit dire beaucoup en ce peu de parolle :
   « La terre eft elle pas ouvrage de ta main ?
Elle fe mefconnoift contre fon Souverain :
La felonne blafpheme, & l'aveugle infolente
S'endurcit & ne ploie à fa force puiffante.
Tu la fis pour ta gloire, à ta gloire deffaicts
Celle qui m'a chaffé. » Sur ce poinct vint la Paix,
La Paix fille de Dieu : « J'ai la terre laiffee
Qui me laiffe, dit-elle, & qui m'a defchaffee ;
Tout y eft abbruty, tout eft de moy quitté
En fommeil letargicque, d'une tranquillité
Que le monde cherit, & n'a pas connoiffance
Qu'elle eft fille d'Enfer, guerre de confcience,
Fauffe Paix, qui vouloit defrober mon manteau
Pour cacher deffoubs luy le fer & le couteau,
A porter dans le fein des agneaux de l'Eglife
Et la guerre & la mort, qu'un nom de paix defguife. »
   A ces motz le troupeau des efprits fut ravy :
Ce propos fut repris & promptement fuivy
Par les Anges, defquels la plaintive priere
Efmeut le front du Juge & le cœur d'un vray Pere.
Ils s'ameutent enfemble, & firent gemiffants
Fumer cette oraifon d'un pretieux encens :
   « Grand Dieu, devant les yeux duquel ne font cachees
Des cœurs plus endurcis les premieres penfees,

*Desploie ta pitié en ta justice, & faicts
Trouver mal au meschant, au paisible la paix.
Tu vois que les Geants, foibles Dieux de la terre,
En tes membres te font une insolente guerre,
Que l'innocent perit par l'inique trenchant,
Par le couteau qui doit effacer le meschant :
Tu voi du sang des tiens les rivieres changees,
Se rire les meschants des ames non vengees,
Ton nom foulé aux pieds, nom que ne peut nommer
L'atheiste, sinon quand il veut blasphemer.
Ta patience rend son entreprise ferme,
Et tes jugements sont en mespris pour le terme :
Ne void ton œil vengeur esclatter en tous lieux
Sur ses tendres agneaux les effroïables feux
Dont l'ardeur par les tiens se trouve consumee,
Et nous sommes lassez d'en boire la fumee.
Tes patiens tesmoings souffrent sans pleurs & cris,
Et sans trouble le mal qui trouble noz esprits.
Nous sommes immortels, peu s'en faut que ne meure
Chacun qui les visite en leur noire demeure,
Aux puantes prisons, où les saincts zelateurs
Quand nous les consolons nous sont consolateurs.* »
   *Là les bandes du Ciel, humbles, agenouillees,
Presenterent à Dieu mil ames despouillees
De leurs corps par les feux, les cordes, les couteaux,
Qui, libres au sortir des ongles des bourreaux,
Toutes blanches au feu volent avec les flammes,
Pures dans les Cieux purs, le beau païs des ames,
Passent l'Æther, le feu, percent le beau des Cieux;
Les orbes tournoians sonnent harmonieux :
A eux se joint la voix des Anges de lumiere,
Qui menent ces presens en leur place premiere ;
Avec elles voloient, comme troupes de vents,
Les prieres, les cris & les pleurs des vivants,*

Qui, du nuage espaix d'une amere fumee,
Firent des yeux de Dieu sortir l'ire allumee.
　　De mesme en quelques lieux vous pouvez avoir leu,
Et les yeux des vivants pourroient bien avoir veu
Quelque Empereur ou Roy tenant sa Cour planiere,
Au millieu des festins, des combats de barriere,
En l'esclat des plaisirs, des pompes ; & alors
Qu'à ces Princes cheris il monstre ses thresors,
Entrer à l'improviste une vesve esploree
Qui foulle tout respect en dueil desmesuree,
Qui conduit le corps mort d'un bien aimé mary,
Ou porte d'un enfant le visage meurtry,
Faict de cheveux jonchee, accorde à sa requeste
Le trouble de ses yeux, qui trouble ceste feste :
La troupe qui la void change en plainte ses ris,
Elle change leurs chants en l'horreur de ses cris.
Le bon Roy quitte lors le sceptre & la seance,
Met l'espee au costé, & marche à la vengence.
　　Dieu se leve en courroux, & au travers des Cieux
Perça, passa son chef ; à l'esclair de ses yeux,
Les Cieux se sont fendus tremblants, suants de crainte,
Les hauts monts ont croullé : cette Majesté saincte
Paroissant fit trembler les simples elements,
Et du monde esbransla les stables fondements.
Le tonnerre grondant cent fois passa la nuë,
Tout s'enfuit, tout s'estonne & gemit à sa veuë :
Les Rois espouvantez laissent cheoir pallissants
De leurs sanglantes mains les sceptres rougissants ;
La mer fuit, & ne peut trouver une cachette ;
Devant les yeux de Dieu, les vents n'ont de retraitte
Pour parer ses fureurs : l'Univers arresté
Adore en fremissant sa haute Majesté ;
Et lorsque tout le monde est en frayeur ensemble,
Que l'abisme profond en ses cavernes tremble,

*Les Chrestiens seulement affligez sont ouïs,
D'une voix de loüange & d'un pseaume esjouis,
Au tocquement des mains faire comme une entree
Au Roy, de leur secours & victoire asseuree.
Le meschant le sentit plein d'espouventement,
Mais le bon le connust, plein de contentement.*

 *Le Tout Puissant plana sur le haut de la nuë
Long temps, jettant le feu & l'ire de sa veuë
Sur la terre, & voicy, le Tout-Voiant ne void,
En tout ce que la terre en son orgueil avoit,
Rien si prés de son œil que la brave rencontre
D'un gros amas de tours, qui eslevé se monstre
Dedans l'air plus hautain. Cet orgueil tout nouveau
De pavillons dorez faisoit un beau chasteau
Plein de lustre & d'esclat, dont les cimes poinctuës
Braves contre le Ciel mipartissoient les nuës.
Sur ce premier object Dieu tient longuement l'œil,
Pour de l'homme orgueilleux voir l'ouvrage & l'orgueil :
Il void les vents esmeus, postes du grand Æole,
Faire en virant gronder la giroüette folle :
Il descend, il s'approche, & pour voir de plus prés
Il met le doigt qui juge, & qui punit aprés,
L'ongle dans la paroy qui de loing reluisante
Eut la face & le front de brique rougissante.
Mais Dieu trouva l'estoffe & les durs fondements,
Et la pierre commune à ces fiers bastiments
D'os de testes de morts; au mortier execrable
Les cendres des bruslez avoient servi de sable,
L'eau qui les destrempoit estoit du sang versé;
La chaux vive dont fut l'edifice enlacé
Qui blanchit ces tombeaux & les salles si belles,
C'est le meslange cher de noz tristes moëlles.*

 *Les poëtes ont feint que leur Dieu Juppiter
Estant venu du Ciel les hommes visiter,*

Punit un Lycaon mangeur d'homme execrable,
En le changeant en loup à sa tragicque table.
Dieu voulut visiter cette roche aux lyons,
Entra dans la tasniere, & vit ces Lycaons,
Qui lors aux premiers mets de leurs tables exquises
Estoient servis en or, avoient pour friandises
Des enfans desguisez; il trouva là dedans
Des loups cachez aians la chair entre les dents.
Nous avons parmy nous cette gent cannibale,
Qui de son vif gibier le sang tout chaud avalle,
Qui au commencement par un trou en la peau
Succe, sans escorcher, le sang de son troupeau,
Puis acheve le reste, & de leurs mains fumantes
Portent à leurs palais bras & mains innocentes,
Font leur chair de la chair des orphelins occis :
Mais par desguisements, comme par un hachis,
Oste l'horreur du nom cette brute canaille,
Faict tomber sans effroy entrailles dans entraille,
Si que de l'œuf rompu, Thyestes en repas,
Tel s'abesche d'humain qui ne le pense pas.
Des tests des condamnez & coulpables sans coulpes
Ils parent leurs buffets, & font tourner leurs couppes ;
Des os plus blancs & nets leurs meubles marquetez
Resjouissent leurs yeux de fines cruautez ;
Ils hument à longs traicts dans leurs couppes dorees
Suc, sang, laict & sueurs des vesves esplorees ;
Leur barbe s'en parfume, & aux fins du repas,
Yvres vont desgouttant cet horreur contre-bas.
De si aspres forfaicts l'odeur n'est point si forte
Qu'ilz ne fassent dormir leur conscience morte
Sur des matras enflez du poil des orphelins :
De ce piteux duvet leurs oreillers sont pleins.
Puis de sa tendre peau faut que l'enfant vestisse
Le meurtrier de son Pere en tiltre de justice ;

Celle qu'ils ont faict vefve arrache ses cheveux
Pour en faire un tiſſu horrible & precieux :
C'eſt le dernier butin que le voleur deſrobe
A faire parements de ſi funeſte robbe.
 Voila en quel eſtat vivoient les Juſticiers,
Aux meurtriers ſi benins, des benins les meurtriers,
Teſmoins du faux teſmoing, les pleiges des fauſſaires,
Receleurs des larrons, macquereaux d'adulteres,
Mercenaires, vendans la langue, la faveur,
Raiſon, authorité, ame, ſcience & cœur.
 Encor falut il voir cette Chambre Doree,
De juſtice jadis, d'or maintenant paree
Par dons, non par raiſon : là ſe voit decider
La force & non le droict ; là voit on preſider
Sur un throſne eſlevé l'Injuſtice impudente.
Son parement eſtoit d'eſcarlatte ſanglante
Qui goutte ſans repos ; elle n'a plus aux yeux
Le bandeau des Anciens, mais l'eſclat furieux
Des regards fourvoiants, inconſtamment ſe vire
En peine ſur le bon, en loyer ſur le pire ;
Sa balance aux poids d'or tresbuche fauſſement ;
Prés d'elle ſont aſſiz au lict de jugement
Ceux qui peuvent monter par marchandiſe impure,
Qui peuvent commancer par notable parjure,
Qui d'ame & de ſalut ont quitté le ſoucy.
Vous les verrez depeints au tableau que voicy :
 A gauche avoit ſceance une vieille harpye
Qui entre ſes genoux grommeloit accroupie ;
Contoit & recontoit, approchoit de ſes yeux
Noirs, petits, enfoncez, les dons plus precieux
Qu'elle recache aux plis de ſa robbe rompuë,
Ses os en mille endroicts repouſſans ſa chair nuë.
D'ongles rognez, crochus, ſon tappi tout caſſé,
A tout propos penchant, par elle eſtoit dreſſé :

L'avare en mangeant tout eſt tousjours affamee.
La Juſtice à ſes pieds, en pourtraict diffamee,
Luy ſert de marchepied : là, ſoit à droict, à tort,
Le riche a la vengeance, & le pauvre a la mort.
   A ſon coſté triomphe une peſte plus belle,
La jeune Ambition, folle & vaine cervelle,
A qui les yeux flambants, enflez, ſortent du front
Impudent, enlevé, ſuperbe, fier & rond,
Aux ſourcils rehauſſez : la prudente & ruſee
Se pare d'un manteau de toile d'or friſee,
Alors qu'elle traficque & praticque les yeux
Des dames, des galands & des luxurieux :
Incontinent plus ſimple, elle veſt, deſguiſee,
Un modeſte maintien, ſa manteline uſee,
Devant un cœur hautain, rude à l'ambition,
Tout ſervil pour gaigner la domination.
Une perruque feinte en vielle elle appareille ;
C'eſt une Alcine fauſſe & qui n'a ſa pareille,
Soit à ſe transformer, ou connoiſtre comment
Doibt la comediante avoir l'accouſtrement :
La gloire la plus grande eſt ſans gloire paroiſtre,
L'ambition ſe tuë en ſe faiſant connoiſtre.
   L'on voit en l'autre ſiege eſtripper les ſerpents,
Les crapaux, le venin entre les noires dents
Du Conſeiller ſuivant, car la mi morte Envie
Sort des rochers hideux & traiſne là ſa vie.
On connoiſt bien encor ceſte teſte ſans front,
Poinctuë en pyramide ; & cet œil creux & rond,
Ce nez tortu, pliſſé, qui ſans ceſſe marmotte,
Rid à tous en faiſant de ſes doigts la marotte.
Souffrirons-nous un jour d'expoſer nos raiſons
Devant les habitans des petites maiſons,
Que ceux qui ont eſté liez pour leurs manies
De là viennent juger & nos biens & nos vies,

Que telles gens du Roy troublent de leur caquet,
Procureurs de la Mort, la Cour & le Parquet,
Que de Sainct Mathurin le fouët & voyage
Loge ces pelerins dedans l'Aréopage?
 Là de ses yeux esmeus esmeut tout en fureur
L'Ire empourpree : il sort un feu qui donne horreur
De ses yeux ondoyants, comme au travers la glace
D'un chrystal se peut voir d'un gros rubis la face.
Elle ha dans la main droicte un poignard asseché
De sang qui ne s'efface ; elle le tient caché
Dessous un voile noir, duquel elle est pourveuë
Pour offusquer de soy & des autres la veuë,
De peur que la pitié ne volle dans le cœur
Par la porte des yeux. Puis la douce Faveur
De ses yeux affettez chacun pippe & regarde,
Faict sur les fleurs de lis des bouquets ; la mignarde
Oppose ses beautez au droict, & aux flatteurs
Donne à baizer l'azur, non à sentir ses fleurs.
 Comment d'un pas douteux en la trouppe Bacchante,
Estourdie au matin, sur le soir violente,
Porte dans le Senat un tison enflambé,
Folle au front cramoisy, nez rouge, teinct plombé,
Comment l'Yvrognerie en la foulle eschauffee,
N'oiant les douces voix, met en pieces Orphee,
A l'esclat des cornets d'un vineux Evoüé,
Bruit un arrest de mort d'un gosier enroüé.
 Il y falloit encor cette seiche, tremblante,
Pasle, aux yeux chassieux, de qui la peur s'augmente,
Pour la diversité des remedes cerchez ;
Elle va trafficquant de peché sur pechez,
A prix faict d'un chacun veut payer Dieu de fueilles,
De mots non entendus bat l'air & les oreilles ;
Ceinture, doigts & sein sont pleins de grains benits,
De comptes, de bougie, & de bagues fournis :

Le temple est pour ces fats la bouticque choisie.
Macquerelle aux autels, telle est Hipocrisie
Qui parle doucement, puis sur son dos bigot
Va par zele porter au buscher un fagot.

 Mais quelle est cette teste ainsy longue en arriere,
Aux yeux noirs, enfoncez sous l'espaisse paupiere,
Si ce n'est la Vengeance au teint noir palissant,
Qui croist, & qui devient plus forte en vieillissant?

 Que tu changes soudain, tremblante Jalouzie,
Pasle comme la mort, comme feu cramoisie :
A la crainte, à l'espoir tu souhaittes cent yeux,
Pour à la fois percer cent subjets & cent lieux :
Si tu sens l'esguillon de quelque conscience,
Tu te mets au devant, tu trouble, tu t'advance,
Tu encheris du tout, & ne laisses de quoy
Ton scelerat voisin se pousse devant toy.

 Cette fresle beauté qu'un vermillon desguise
A l'habit de changeant sur un costé assize :
Ce fin cuir transparent, qui trahit sous la peau
Mainte veine en serpent, maint artere nouveau :
Cet œil lousche, brillant, n'est-ce pas l'Inconstance?

 Sa voisine, qui enfle une si lourde panse,
Ronfle la jouë en paume, & d'un acier rouillé
Arme son estomach, de qui l'œil resveillé
Semble dormir encor, ou n'avoir point de vie :
Endurcie, au teinct mort, des hommes ennemie,
Pachuderme de corps, d'un esprit indompté,
Astorge sans pitié, c'est la Stupidité.

 Où fuis-tu en ce coing, Pauvreté demi vive?
As-tu la Chambre d'or pour l'hospital, chetifve,
Azyle pour fuir la poursuivante faim?
Veux-tu pestrir de sang ton execrable pain?
Ose icy mandier ta rechigneuse face,
Et faire de ses lis tappis à ta besace?

Et puis pour couronner cette liſte des Dieux,
Ride ſon front eſtroit offuſqué de cheveux,
Preſent des courtiſans, la cheveſche du reſte,
L'Ignorance qui n'eſt la moins facheuſe peſte.
Ses petits yeux charnus ſourcillent ſans repos,
Sa grand bouche demeure ouverte à tous propos:
Elle n'a ſentiment de pitié ni miſere:
Toute cauſe luy eſt indifferente & claire;
Son livre eſt le commung, ſa loy ce qu'il luy plaiſt :
Elle dit, ad idem, puis demande que c'eſt.
   Sur l'autre banc paroiſt la contenance enorme
D'une impiteuſe More, à la bouche difforme,
Ses levres à gros bords, ſes yeux durs de travers,
Flambants, veineux, tremblants, ſes naſeaux hauts ouverts,
Les ſourcils joincts, eſpais, ſa voix rude, enroüee :
Tout convient à ſa robbe à l'eſpaule noüee,
Qui couvre l'un des bras, gros & nerveux, & courts :
L'autre tout nud paroiſt ſemé du poil d'un ours;
Ses cheveux mi bruſlez ſont friſez comme laine,
Entre l'œil & le nez s'enfle une groſſe veine;
Un pourtraict de Pitié à ſes pieds eſt jetté :
Deſſus ce throſne ſied ainſy la Cruauté.
   Aprés, la Paſſion, aſpre fuſil des ames,
Porte un manteau glacé ſur l'eſtomach de flammes;
Son cuir tout deſlié, tout doublé de fureurs,
Changé par les objects en diverſes couleurs :
La bruſque ſans repos, bruſle en impatience
Et n'attend pas ſon tour à dire ſa ſentence.
De morgues, de menace, & geſtes reſſerrés
Elle veut rallier les advis eſgarez,
Comme un joüeur badin qui d'eſpaule & d'eſchine
Eſſaie à corriger ſa boule qui chemine.
   La Haine partiſane auſſy avec courroux
Condamne les advis qui luy ſemblent trop doux,

Menace pour raiſon, ou du chef, ou du maiſtre :
Ce qui n'eſt violent eſt criminel ou traiſtre.
  Encores en changeant d'un & d'autre coſté
Tient là ſon rang la fade & ſotte Vanité,
Qui porte au ſacré lieu tout à nouvelle guiſe,
Ses cheveux affricquains, ſes chauſſes en valize,
La rotonde, l'empoix, double colet perdu,
La perruque du crin d'un honneſte pendu
Et de celuy qui part d'une honteuſe place.
Le poulet enlacé autour du bras s'enlace;
On l'ouvre aux compagnons, tout y ſent la putain,
Le geſte efféminé, le regard incertain :
Fard & ambre par tout, quoyqu'en la ſaincte chambre,
Le fard doibt eſtre laid, puant doibt eſtre l'ambre.
Maſchant le muſcadin, le begue on contrefaict,
On ſe peigne des mains, la gorge s'y deffaict;
Sur l'eſpaule ſe joüe une longue mouſtache.
Par fois le Conſeiller devient ſoldat bravache,
Met la robbe & l'eſtat à repos dans un coing,
S'arme d'eſprons dorez pour n'aller gueires loing,
Se fourre en un berlan, d'un procez il renvie,
Et s'il faut ſ'acquitter faict reſte d'une vie.
Le tout pour acquerir un vent moins que du vent.
La Vanité s'y trompe, & c'eſt elle ſouvent
Qui voulant plaire à tous, eſt de tous meſpriſee.
  Meſmes la Servitude à la teſte raſee,
Sert ſur le tribunal ſes maiſtres, & n'a loy
Que l'injuſte plaiſir ou deſplaiſir du Roy.
D'elle vient que noz loix ſont ridicules fables,
Le vent ſe joüe en l'air du mot « irrevocables. »
Le regiſtre à ſigner & biffer eſt tout preſt,
Et tout arreſt devient un arreſt ſans arreſt.
  Voicy deſſus les rangs une autre courtiſane,
Dont l'œil eſt attrayant, & la bouche eſt profane,

Prefte, beante à tout, qui rid & ne rid point,
Qui n'a de ferieux ni de feur un feul point,
C'eft la Bouffonnerie imperieufe, folle:
Son infame bouticque eft pleine de parolle
Qui delecte l'oreille en offenfant les cœurs:
Par elle ce Senat eft au banc des mocqueurs.

 Il fe faut bien garder d'oublier en ce compte
Le front de paffereau, fans cheveux & fans honte,
De la chauve Luxure, à qui l'object nouveau
D'une beauté promife a mis les yeux en eau.
Elle a pour faict & droict, & pour ame l'idee
Du but impatient d'une putain fardee.

 Et que faict la Foibleffe au tribunal des Rois!
Car tout luy fert de crainte, & fes craintes de loix.
Elle tremble, elle efpere, elle eft rouge, elle eft blefme,
Elle ne porte rien & tombe foubs foi-mefme.

 Faut-il que cette porque y tienne quelque rang,
La Pareffe accroupie au marchepied du banc,
Qui le menton au fein, les mains à la pochette,
Feint de voir, & fans voir, juge fur l'etiquette?

 Quel Demon fur le droict par force triomphant,
Dans le rang des viellards a logé cet enfant?
Quel Senat d'efcoliers, de bouillantes cervelles,
Qu'on choifit par exprés aux caufes criminelles?
Quel faux aftre produit, en ces fades faifons,
Des Confeillers fans barbe, & des lacquais grifons?
La Jeuneffe eft icy un juge d'advanture,
Au fein deboutonné, qui fans loix ni ceinture
Rit en faifant virer un moullinet de noix,
Donne dans ce Confeil fa temeraire voix,
Refve au jeu, court ailleurs, & refpond tout de mefmes
Des advis efgarez à l'un des deux extrefmes:
Son nom feroit Hebé fi nous eftions Païens;
C'eft cet efprit qui meut par chauds & prompts moïens

Noz jeunes Roboams à une injuste guerre :
C'est l'eschanson de sang pour les Dieux de la terre.
　Là soubs un sein d'acier, tient son cœur en prison
La taciturne, froide & lasche Trahison,
De qui l'œil esgaré à l'autre ne s'affronte :
Sa peau de sept couleurs faict des tasches sans compte;
De voix sonore & douce, & d'un ton feminin,
La magicque en l'oreille attache son venin,
Prodigue avec serment, chere & fausse monnoye,
Et des ris de despit, & des larmes de joye.
　Sans desir, sans espoir a volé dans ce train,
De la plus vile bouë au throsne souverain,
Qui mesme en s'y voiant, encor ne s'y peut croire,
L'Insolence camuze & honteuse de gloire.
Tout vice fache autruy, chacun le veut oster;
Mais l'insolent ne peut soi-mesme se porter.
　Quel monstre voi-je encor? Une dame bigotte,
Macquerelle du gain, malitieuse & sotte :
Nulle peste n'offusque & ne trouble si fort,
Pour subvertir le droict, pour establir le tort,
Pour jetter dans les yeux des juges la poussiere,
Que cette enchanteresse, autrefois estrangere.
Son habit de couleurs & chiffres bigarré,
Soubs un vieil chaperon, un gros bonnet quarré,
Ses faux poids, sa fausse aulne, & sa reigle tortuë
Deschiffrent son ænigme, & la rendent connuë
Pour present que d'Enfer la discorde a porté
Et qui difforme tout, c'est la Formalité :
Erreur d'authorité, qui par normes enormes
Oste l'estre à la chose au contraire des formes.
Qui la hait, qui la fuit n'entend pas le Palais.
Honorable reproche à ces doctes Harlais,
De Thou, Gillot, Thurin, & autres que je laisse,
Immunes de ces maux, hormis de la foiblesse,

Foiblesse qui les rend esclaves & contraincts,
Bien que tordant le col, faire signe des mains,
Ce qu'abhorre le sens ; mains qui font de la plume
Un outil de bourreau qui destruit & consume.
Ces plumes sont stilets des assassins gagez,
Dont on escrit au dos des captifs affligez
Le noir Theta qui tuë & le tueur tourmente.
Cette Formalité eut pour pere un pedante,
Un charlattan vendeur, porteur de rogatons,
Qui debvoit de son dos user tous les bastons.

 Au dernier coing se sied la miserable Crainte :
Sa pastissante veuë est des autres esteinte,
Son œil morne & transy en voiant ne void pas,
Son visage sans feu a le teinct du trespas.
Alors que tout son banc en un amas s'assemble,
Son advis ne dit rien qu'un triste ouy qui tremble :
Elle a soubs un tetin la plaie où le Malheur
Ficha ses doigts crochus pour luy oster le cœur.

 Mais encor pour mieux voir entiere la bouticque
Où de vie & de biens l'Injustice trafficque,
L'occasion s'offrit que Henry second Roy
En la Mercuriale ordonna pour sa loy
Le feu pour peine deuë aux ames plus constantes.
Là parurent en corps, & en robbes sanglantes,
Ceux qui furent jadis Juges & Senateurs,
Puis du plaisir des Rois lasches executeurs :
De là se peut la Cour, en se faisant esgalle
A Mercure macqreau, dire Mercurialle.
Ce jour noz Senateurs, à leur maistre vendus,
Luy presterent serment en esclaves tondus.

 Ce Palais, du grand Juge avoit tiré la veuë
Par le lustre & l'esclat qui brilloit dans la nuë.
En voicy un second, qui se fit par horreur
Voir de tous Empereurs au supresme Empereur :

Un funeste chasteau, dont les tours assemblees
Ne monstroient par dehors que grilles redoublees,
Tout obscur, tout puant ; c'est le palais, le fort
De l'Inquisition, le logis de la mort :
C'est le taureau d'airain dans lequel sont esteintes
Et les justes raisons & les plus tendres plaintes.
Là, mesme aux yeux de Dieu, l'homme veut estouffer
La priere & la foy : c'est l'abbregé d'Enfer.
Là parmy les crapaux, en devinant leurs fautes,
Trempent les enchainés ; des prisons les plus hautes
Est banny le Sommeil, car les grillons ferrez
Sont les tappis velus & matras embourrez.
La faim, plus que le feu, esteint en ces tasnieres
Et la vie & les pleurs des ames prisonnieres :
Dieu au funeste jour de leurs actes plus beaux
Void leurs throsnes levez, l'amas de leurs posteaux,
Les arcs, les eschaffauts, dont la pompe estoffee
Des parements dorez preparoit un trophee.
Puis il vid demarcher à trois ordres divers
Les rangs des condamnez de sambenits couverts :
Dessoubs ces parements, les heritiers insignes
Du manteau, du roseau, & couronne d'espines,
Portent les Diables peints ; les Anges en effect
Leur vont tenant la main autrement qu'en pourtraict.
Les hommes sur le corps desploient leurs injures,
Mais ne donnent le Ciel ne l'Enfer qu'en peintures.
A leur Dieu de papier il faut un appareil
De Paradis, d'Enfer, & Dæmons tout pareil.
L'idolatre qui faict son salut en image,
Par images anime & retient son courage,
Mais l'idolle n'a peu le fidelle troubler,
Qui n'en rien esperant, n'en peut aussy trembler.
 Aprés, Dieu vid marcher de contenances graves
Ces guerriers hasardeux dessus leurs mules braves ;

Les trompettes devant : quelque plus vieil foldat
Porte dans le millieu l'infernal eftendart,
Où eft peint Ferdinand, fa compagne Yfabelle,
Et Sixte Pape, autheurs de la fecte bourrelle.
Cet oriftan fuperbe en ce poinct arboré,
Eft du peuple tremblant à genoux adoré.
Puis au fond de la troupe, à l'orgueil efquipee,
Entre quatre heraux porte un Comte l'efpee :
Ainfy fleurit le choix des artifans cruels,
Hommes defnaturez, Caftillans naturels :
Ces mi-mores hautains, honorez, effroyables,
N'ont d'autre point d'honneur que d'eftre impitoyables,
Nourris à exercer l'aftorge dureté,
A voir d'un front tetric la tendre humanité,
Corbeaux courants aux morts & aux gibets en joye,
S'efgaiants dans le fang, & joüants de leur proye.
 Dieu vid non fans fureur ces triomphes nouveaux
Des pourvoieurs d'Enfer, magnificques bourreaux,
Et receut en fon fein les ames infinies
Qu'en fecret, qu'en public trainoient ces tragedies,
Où le pere en l'orcheftre a produit fans effroy
L'heritier d'un Royaume & l'unicque d'un Roy.
 Les docteurs accufez du changement extrefme
Qui parut à la mort du grand Charles cinquiefme,
Marchent de ce troupeau : Comtes & grands Seigneurs,
Dames, filles, enfans, compagnons en honneurs
D'un triomphe fans luftre & de plus d'efficace,
Font au Ciel leur entree où ils trouvent leur place.
Tremblez, Juges ; fachez que le Juge des Cieux
Tient de chacun des fiens le fang trés precieux :
Quand vous fignez leur mort, cette claufe eft fignee :
Que leur fang foit fur nous & fur notre lignee.
 Et vous, qui le faux nom de l'Eglife prenez,
Qui de faicts criminels fobres vous abftenez,

Qui en oſtez les mains, & y trempez les langues,
Qui tirez pour couteau voz meurtrieres harangues,
Qui jugez en ſecret, publics ſolliciteurs,
N'eſtes-vous pas Juifs, race de ces Docteurs
Qui confeſſoient tousjours, en criant « Crucifie, »
Que la loy leur defend de juger une vie :
Ou bourreaux, ne vivants que de mort & de ſang,
Qui en executant mettent dans un gant blanc
La deſtruiſante main aux meurtres acharnee,
Pour tüer ſans toucher à la peau condamnee.
Pour faire auſſy jurer à ces doctes brigands
Que de leur main ſacree ils n'ont pris que des gants,
On en donne un plein d'or ſur la bonne eſperance,
Et l'autre ſuit aprés, loyer de la ſentence.
 Ce venin Eſpagnol aux autres nations
Communicque en courant telles inventions.
L'Europe ſe monſtra : Dieu vid ſa contenance,
Fumeuſe par les feux eſmeus de l'innocence,
Vid les publiques lieux, les palais les plus beaux
Pleins de peuples bruiants, qui pour les jeux nouveaux,
Eſtalloient à la mort les plus entieres vies
En ſpectacles plaiſants & feintes tragedies.
Là le peuple amaſſé n'amolliſſoit ſon cœur ;
L'eſprit preoccupé de faux zelle d'erreur,
D'injures & de cris eſtouffoit la priere
Et les plains des mourants : là, de meſme maniere
Qu'aux theatres on vid s'eſchauffer les Romains,
Ce peuple desbauché applaudiſſoit des mains ;
Meſme au lieu de vouloir la ſentence plus douce,
En Romains ils tournoient vers la terre le poulce.
Ces barbares, eſmeus des tiſons de l'Enfer
Et de Rome, ont crié : « Qu'ilz reçoivent le fer ! »
 Les corps à demi morts ſont trainez par les fanges,
Les enfants ont pour jeu ces paſſe-temps eſtranges :

Les satellites fiers, tout autour arrangez,
Estouffoient de leurs cris les cris des affligez.
Puis les empoisonneurs des esprits & des ames,
Ignorants, endurcis, conduisent jusqu'aux flammes
Ceux qui portent de Christ en leurs membres la croix.
Ils la souffrent en chair, on leur presente en bois.
De ces bouches d'erreur les orgueilleux blasphemes
Blessent l'agneau lié, plus fort que la mort mesme.
Or de peur qu'à ce poinct les esprits delivrez,
Qui ne sont plus de crainte ou d'espoir enyvrez,
Desjà proches du Ciel, lesquels par leur constance
Et le mespris du monde ont du Ciel connoissance,
Comme cygnes mourants ne chantent doucement,
Les subtils font mourir les voix premierement :
Leur priere est muette, au Pere seul s'envolle,
Gardans pour le loüer le cœur, non la parolle.
Mais ces hommes, cuidans avoir bien arresté
Le vray par un baillon, preschent la verité.
La verité du Ciel ne fut onc baillonnee,
Et cette race a veu (qui l'a plus estonnee)
Que Dieu à ses tesmoings a donné maintefois,
La langue estant couppee, une celeste voix,
Merveilles qui n'ont pas esté au siecle vaines.

 Les cendres des bruslez sont precieuses graines,
Qui aprés les hyvers noirs d'orage & de pleurs,
Ouvrent au doux printemps d'un million de fleurs
Le baume salutaire, & sont nouvelles plantes
Au millieu des parvis de Sion fleurissantes.
Tant de sang que les Roys espanchent à ruisseaux
S'exhale en douce pluie & en fontaines d'eaux,
Qui coulantes aux pieds de ces plantes divines,
Donnent de prendre vie & de croistre aux racines.
Des obscures prisons les plus amers souspirs
Servent à ces beautez de gratieux zephyrs.

L'Ouvrier parfaict de tous, cet Artisan supresme,
Tire de mort la vie, & du mal le bien mesme;
Il resserre noz pleurs en ses vases plus beaux,
Escrit en son regist eternel tous noz maux :
D'Italie, d'Espagne, Albion, France & Flandres,
Les Anges diligents vont ramasser noz cendres :
Les quatre parts du monde & la terre & la mer
Rendront compte des morts qui luy plaira nommer.
Ceux-là mesmes seront voz tesmoings sans reproches :
Juges, où seront lors voz fuittes, vos accroches,
Voz exoines, delaiz, de chicane les tours?
Serviront-ils vers Dieu qui tiendra ses Grands Jours,
Devant un jugement si absolu, si ferme,
Lequel vous ne pourriez mespriser pour le terme?
Si vous sçaviez comment il juge dés icy
Ses bien aymez enfants, & ses haineux aussy !
Sachez que l'innocent n'i perdra point sa peine,
Vous en avez chez vous une marque certaine.
Dans vostre grand Palais, où vous n'avez point leu,
Oyants vous n'oiez point, voiants vous n'avez veu
Ce qui pend sur vos chefs en sa voute effacee,
Par un Prophete ancien une histoire tracee,
Dont les traicts par dessus d'autres traicts desguisez
Ne se descouvrent plus qu'aux esprits advisez.

 C'est la mutation qui se doibt bien tost faire
Par la juste fureur de l'esmeu populaire,
Accidents tous pareils à ceux-là qu'ont soufferts
Les prestres de Babel, pour estre descouverts
Non seulement fauteurs de l'ignorance inicque,
Mais sectateurs ardents du meurtrier Dominicque.

 C'est le triomphe sainct de la sage Themis,
Qui abbat à ses pieds ses pervers ennemis :
Themis vierge au teinct net, son regard tout ensemble
Faict qu'on desire & craint, qu'on espere & qu'on tremble.

Elle a un trifte & froid, non un rude maintien :
La loy de Dieu la guide & luy fert d'entretien.
On void aux deux coftez, & devant, & derriere
Des gros de cavalliers de diverfe maniere.
Les premiers font Anciens, Juges du peuple Hebrieu,
Qui n'ont point defmenti leur eftat ni leur lieu,
Mais juftement jugé ; premier de tous Moyfe,
Qui n'avoit que la loy de la nature apprife,
Puis apporta du haut de l'effroiant Sina
Ce que le doigt de Dieu en deux pierres figna ;
Et puis executant du Seigneur les vengeances,
Prend en un poing l'efpee, en l'autre les balances :
Phineez zelateur, qui d'ire s'embraza
Et qui par fon courroux le celefte appaifa ;
Le vaillant Jofué, de fon peuple le Pere,
De l'interdit d'Achan puniffeur trés fevere,
Doux envers Ifraël ; Jephthé que la rigueur
De fon vœu efchappé fit defolé vainceur.
Samuel tient fon rang, Juge & Prophete fage,
A qui ce peuple fot, friand de fon dommage,
Demande un Roy ; luy donc inftituant les Roix,
Annonce leurs deffauts que l'on prend pour leurs droicts.

David s'avance aprés, gueres loing de la tefte,
Salomon decidant la douteufe requefte ;
Là font peintes les mains qui font mefme ferment :
L'une jufte dit vray, l'autre perfidement.
On void l'enfant en l'air par deux foldats fufpendre,
L'affamé coutelas qui brille pour le fendre ;
Des deux meres le front, l'un pafle & fans pitié,
L'autre la larme à l'œil, tout en feu d'amitié :
De ce Roy qui pecha point n'empefche le vice
Qu'il ne paroiffe au rang des maiftres de juftice.
Jofaphat, Ezechie, & Jofias en font :
Nehemias, Efdras, la retraitte parfont ;

*Avec eux Daniel, des condamnez refuge,
Espeluchant les cœurs, bon & celeste juge,
Trouveur des veritez, inquisiteur parfaict,
Procedent sans reproche en question de faict.
 A la troupe des Grecs je voy luire pour guide,
Sa coquille en la main, l'excellent Aristide,
Agesilas de Sparte, Ochus l'Ægyptien,
Thomiris à sa place avec ce peuple ancien :
Cræsus y boit l'or chaud; Crassus, farouche beste,
Noie dedans le sang son impiteuse teste;
Solon legislateur, & celuy qui eut deuil
Esbrancher une loy plus qu'arracher son œil;
Cyrus est peint au vif, prés de luy Assuere;
Agatocle se rend dessoubs cette banniere,
Qui grand Juge, grand Roy, dans l'argille traité,
Exerce en son repas la loy d'humilité;
Puis ferme le troupeau la bande juste & sage
Qui pour cloistre habitoit le sainct Areopage.
 Aussy de ceux qui ont gardez les droicts humains,
En un autre scadron desmarchent les Romains :
La race des Catons, de justice l'escolle,
Manlius qui gagna son nom de Capitolle,
Ces Fabrices contents, ces Princes laboureurs
Qu'on tiroit de l'aree à les faire Empereurs;
Pour autruy & pour soy le trés heureux Auguste
Qui regna justement en sa conqueste injuste,
Posseda par la paix ce qu'en guerre il conquit.
Soubs luy le Redempteur, le seul juste, naquit.
Les Brutes, Scipions, Pompees & Fabies
Qui, de Rome, prenoient les causes & les vies
Des Orphelins d'Ægypte, & des vefves qu'un Roy
Des Bactres veut priver de ce que veut la loy.
Justinian se void, legislateur severe,
Qui clost la troupe avec Antonin & Severe;*

Les Adrians, Trajans, seroient bien de ce rang
S'ils ne s'estoient pollus des fideles au sang.
J'en voy qui n'aians point les sainctes loix pour guides,
Furent justes mondains, ceux-là sont les Druydes ;
Charlemaigne s'esgaie entre ces vieux François,
Les Saliens, autheurs de nos plus sainctes loix :
Loix que je voy briser en deux siecles infames,
Quand les masles seront plus lasches que les femmes,
Quand on verra les lis en pillules changer,
Le Tusque estre Gaulois, le François estranger.
De ces premiers Gaulois entre les mains fidelles
Les Princes estrangers deposoient leurs querelles;
Les procez plus doubteux, & mesmes ceux en quoy
Il avoient pour partie, & la France & le Roy.

Voicy venir aprés des Modernes la bande,
Qui plus elle est moderne, & moins se trouve grande.
Que rares sont ceux-là, qui sont au grand besoing
De l'outragé servir l'addresse du tesmoing !
Vous y voiez encor un viel juge d'Alsace
Auquel l'amy privé ne peut trouver de grace
Du perfide larcin que, par un lache tour,
Ce Daniel second mit de la nuict au jour.
La Bourguongne a son Duc, qui de ruse secrette
Employe un chicaneur pour estouffer sa debte :
Le fraudeur le promit ; voulant appareiller
Ses faussetés, le Duc pendit son Conseiller.

Le mesme visitant trouvé au bout d'un village
Une vefve esploree, en desastré visage,
Qui luy cria : « Seigneur, mes ausmonniers amis
M'ont donné un linceul, où mon espoux est mis ;
Mais le pasteur avare, à faute de salaire,
Contraint le corps aimé pourrir dans le suaire. »
Le Duc prend le Curé, luy denonce comment
Il voulut honorer ce pauvre enterrement :

Qu'il fit de tous coſtez des paroiſſes voiſines
Accourir la preſtraille aux hipocrites mines :
Le Prince fit, aux yeux de l'avare troupeau,
Lier le Preſtre vif & le mort, peau à peau,
Front à front, bouche à bouche, & le Clergé qui tremble
Abria de ſes mains ces deux horreurs enſemble.
Où es-tu, juſte Duc, au temps pernicieux
Qui refuſe la terre aux heritiers des Cieux ?
Encor les nations de ces Alpes cornuës
De ces fermes cerveaux ne ſont pas deſpourveuës.
Un Sforce continent eſt au rang des Anciens,
Et de cet ordre on void les libres Vénitiens.
Le bon Prince de Melphe apparoiſt davantage,
Excellent ornement, mais rare de noſtre acge :
Un indigne mary força de ſa moitié
Par larmes le grand cœur, l'honneur par la pitié ;
Un Tyran fit ſa foy & le coulpable pendre,
Diffamant un renom ; lors ſceut le Prince rendre
Juſtice entiere à Dieu, vengeance à la douleur,
L'honneur à la ſurpriſe, & la mort au volleur.
 Enfin à train de dueil, le vieil peintre & prophete,
Produit en froid maintien la trouppe de retraitte :
Ceux qui vont reprochants à leur juge leur ſang,
Couronnez de cyprez, enſevelis de blanc ;
Leurs mains tendent au Ciel, & les ardentes veuës
Regardent preparer un throſne dans les nuës,
Tribunal de triomphe en gloire appareillé,
Un regard de haſnial, de feu entortillé.
Des quatre coings ſortoient comme formes nouvelles
D'animaux qui portoient quatre faces, quatre aiſles ;
Leurs pieds eſtoient pilliers, leurs mains preſtes ſortoient,
Leurs fronts d'airain poliz quatre eſpeces portoient,
Tournants en quatre endroicts quatre ſemblances, comme
De l'aigle, du taureau, du lyon & de l'homme :

Effraiants animaux, qui de toutes les parts
Où en charbons de feu ils lançoient leurs regards,
Repartoient comme esclairs sans destourner la face,
Et foudroioient au lieu sans partir d'une place.
　Salomon fit armer son throsne droict-disant
Par douze fiers lions de metail reluisant,
Affin que chaque pas apportast une crainte;
Mais le siege pompeux de la Majesté saincte
Foule aux pieds cent degrez & cent lions vivans,
Qui à la voix de Dieu descochent comme vents.
　La bande que je dicts paroissoit esblouie,
Et puis tocquer des mains de nouveau resjouie,
Quand au throsne flambant dans le Ciel arboré,
Ils voioient arriver le grand Juge adoré :
Et comme elle marchoit soubs la splendeur nouvelle,
Brillante sur leurs chefs & qui marche avec elle,
Ils relevent en haut leurs appellations,
Procureurs avouez de seize nations :
Là les foudres & feux, prompts au divin service,
S'offrent à bien servir la celeste justice.
Là s'avancent les vents diligents & legers
Pour estre les herauts, postes & messagers.
Là les esprits aislez adjournent de leurs aisles
Les Juges criminels aux peines eternelles.
On pense remarquer en cet humble troupeau
Cavagne & Briquemault, signalés du cordeau;
Mongommery y va appuié d'une lance,
Le trés vaillant Montbrun puni de sa vaillance;
Et mesmes à troupeau marche le demeurant
De ceux qui ont gagné leur procez en mourant.
　Encor aux inhumains Nemezis inhumaine
Traine sa forte, longue & trés pesante chaine
Qui loge en son grand tour un Senat prisonnier,
Que faict trotter devant un clerc marchant dernier.

Une autre bouche tient une foule de Juges,
Fugitifs & cerchants leur cliens pour refuges.
Que dis-je, leurs cliens? la haute Majesté
Les meine aux prisonniers cercher la liberté,
Du pain aux confisquez, aux bannis la patrie,
L'honneur aux diffamez, aux condamnez la vie.
Puis un nœud entre deux, d'un pas triste & tardif,
Suivoient Brisson le docte, & l'Archer & Tardif.
Ils tirent leurs meurtriers bien fraisez d'un chevaistre,
Boucher, & Pragenat, & le sanglant Inceste.
Juges, sergents, curez, confesseurs & bourreaux,
Tels artisans un jour, par changements nouveaux,
Metamorphoseront leurs temples venerables
En cavernes de gueux, les cloistres en estables,
En criminels tremblants les Senateurs grisons,
En gibet le Palais, & le Louvre en prisons.
 De la Fille du Ciel telle paroist l'escorte,
A plus d'heur que d'esclat, moins pompeuse que forte :
Avec tels serviteurs & fideles amis
Rien n'arreste le pas de la blanche Themis.
Son charriot vainceur, effroyable & superbe,
Ne foulle en cheminant ni le pavé ni l'herbe,
Mais roulle sur les corps, & va faisant un bris
Des monstres avortez par l'infidelle Ubris,
Ubris, fille d'Até, que les forces & fuites
N'ont peu sauver devant les poursuivantes Lites,
Que le vray Juppiter decoupla sur ses pas.
Les joyaux de Mammon à cette fois n'ont pas
Corrompu les soldats qui font cette jonchee ;
Ce sont les Cherubins, par qui fut detranchee
La grand force d'Assur. Voiez comme ces corps
De leurs boiaux crevez ne jettent que thresors!
Quel grincement de dents & rechigneuses mouës
Les visages mourants font soubs les quatre rouës!

L'une des dextres prend au poinct du droict pouvoir,
L'autre meine des loix la reigle & le sçavoir:
Des gauches la plus grande au poinct du faict s'engage,
Et va pouffant la moindre, où eft le tesmoignage.
La Fille de la terre & du Ciel met ses poix
En sa juste balance, & ses poix sont ses loix;
Elle a sous le bandeau sur les choses la veuë,
Mais là personne n'est à ses beaux yeux connuë;
Encor par les presents ne s'ouvre le bandeau,
Son glaive tousjours prest n'est jamais au fourreau:
Elle met à la fange & biens-faicts & injures.
Qui tire ce grand char? quatre licornes pures.
La vefve l'accompagne, & l'orphelin la fuit,
L'ufurier tire ailleurs, le chicaneur la fuit,
Et fuit sans que derriere un des fuiards regarde
De la Formalité la race babillarde:
Tout interlocutoire, arrest, appoinctement
A plaider, à produire un gros enfantement
De procez, d'interdits, de griefs ; un compulsoire,
Puis le desrogatoire à un desrogatoire,
Visa, pareatis, replicque, exceptions,
Revisions, duplicque, objects, salvations,
Hipotecques, guever, deguerpir, prealables,
Fin de non recepvoir. Fi des puants vocables
Qui m'ont changé mon style & mon sens à l'envers!
Cerchez les au parquet, & non plus en mes vers.
Tout fuit, les uns tirans en Basse Normandie,
Autres en Avignon, où ce mal prit sa vie
Quand un contre-Antechrist de son style romain
Paya noz Rois bigots qui luy tenoient la main.
Je crain bien que quelqu'un plus viste & plus habile
Dans le Poictou plaideur cerchera son azyle.
Vous ne verrez jamais le train que nous disons
Se sauver en la Suisse ou entre les Grisons,

Nation de Dieu seul, & de nulle autre serfve,
Et qui le droict divin sans autre droict observe.
Ces vices n'auront point de retraitte pour eux
Chez l'invincible Anglois, l'Escossois valeureux :
Car les Nobles & Grands la justice y ordonnent,
Les estats non vendus comme charges se donnent :
Mais comme il n'i a rien sous le haut firmament
Perdurable en son estre & franc du changement;
Souïsses & Grisons & Anglois & Bataves,
Si l'Injustice un jour vous peut voir ses esclaves :
Si la vile Chicane administre vos loix,
Alors Grison, Souïsse, & Batave & Anglois,
N'atten point que la peur en tes esprits se jette
Par le regard affreux d'un menaçant comete;
Pren ta mutation pour comete au malheur,
Ainsi que tu l'as eu pour astre de bonheur.
Heureuse Elizabeth, la justice rendant,
Et qui n'a point vendu tes droicts en la vendant!

 Et puis que ce nom sainct, de tous bons Rois l'idee,
Prend sa place en ce rang, qui luy estoit gardee
Au roolle des martyrs, je diray en ce lieu
Ce que sur mon papier dicte l'esprit de Dieu.
 La main qui te ravit de la geolle en ta salle,
Qui changea la sellette en la chaire Royalle,
Et le sueil de la mort en un degré si haut,
Qui fit un tribunal d'un funeste eschaffaut :
L'œil qui vit les desirs aspirans à la flamme,
Quand tu gardas ton ame en voulant perdre l'ame :
Cet œil vid les dangers, sa main porta le faix,
Te fit heureuse en guerre, & ferme dans la paix;
Le Paraclet t'apprit à respondre aux harangues
De tous Ambassadeurs, mesme en leurs propres langues.
C'est luy qui destourna l'encombre & le meschef
De vingt mortels desseins du reigne & de ton chef,

T'acquit le cœur des tiens, & te fit par merveilles
Tes lions au dehors domesticques oüeilles :
Ces braves abbatus au throsne où tu te sieds,
Sont les lions que tient prosternez à tes pieds
La tendre humilité. Ton giron est la dorne
De la vierge à qui rend ses armes la Licorne.
Tels anticques tableaux predisoient son sçavoir,
Ta vertu virginalle & ton secret pouvoir.
Par cet esprit tu as repos en tes limites,
Tes haineux à tes bords brisent leurs exercites ;
Les mers avec les vents, l'air haut, moien & bas,
Et le Ciel, partisans liez à tes combats,
Les foudres & les feux chocquent pour ta victoire,
Quand les tonnerres sont trompettes de ta gloire.
Tes guerriers hazardeux perdent joyeux pour toy
Ce que tu n'as regret de perdre pour la foy.
La Rose est la premiere heureuse sans seconde
Qui a repris ses pas, circuïsant le monde :
Tes triomphantes nefs vont te faire nommer,
En tournoiant le tout, grand Royne de la mer.
Puis il faut qu'en splendeur neufs lustres te maintiennent,
Et qu'aprés septante ans (à quoy noz jours reviennent)
Debora d'Israël, Cherub sur les pervers,
Fleau des Tyrans, flambeau luisant sur l'Univers,
Pour regner bien plus haut, tout achevé, tu quitte
Dans les sçavantes mains d'un successeur d'eslitte
Ton estat, au dehors & dedans appuié,
Le cœur soullé de vivre, & non pas ennuyé.

Bien au rebours promet l'Eternel aux faussaires
De leur rendre sept fois & sept fois leurs salaires.
Lisez, Persecuteurs, le reste de mes chants,
Vous y pourrez gouster le breuvage aux meschants :
Mais, aspics, vous avez pour moy l'oreille close.
Or, avant que de faire à mon œuvre une pose,

Entendez ce qui suit tant d'outrages commis ;
Vous ne m'escoutez plus stupides endormis !
Debout, ma voix se taist : oyez sonner pour elle
La harpe qu'animoit une force eternelle :
Oyez David esmeu sur des juges plus doux ;
Ce qu'il dit à ceux-là, nous l'addressons à vous :
Et bien, vous, Conseillers de grandes compaignies,
Fils d'Adam, qui jouez & des biens & des vies,
Dictes vray, c'est à Dieu que comptes vous rendez :
Rendez-vous la justice, ou si vous la vendez ?

 Plustot, ames sans loy, perjures, desloyalles,
Voz balances, qui sont balances inesgalles
Pervertissent la terre & versent aux humains
Violence & ruine, ouvrages de voz mains.

 Voz meres ont conçeu en l'impure matrice,
Puis avorté de vous tout d'un coup & du vice ;
Le mensonge qui fut vostre laict au berceau
Vous nourrit en jeunesse, & abeche au tombeau.

 Ils semblent le serpent à la peau marquettee
D'un jaune transparent, de venin mouchettee,
Ou l'aspic embuché qui veille en sommeillant,
Armé de foy, couvert d'un tortillon grouillant.

 A l'aspic cauteleux cette bande est pareille,
Alors que de la queue il s'estouppe l'oreille :
Luy contre les jargons de l'enchanteur sçavant,
Eux pour chasser de Dieu les parolles au vent.

 A ce troupeau, Seigneur, qui l'oreille se bousche
Brise leurs grosses dents en leur puante bouche :
Prend ta verge de fer, fracasse de tes fleaux
La machouere puante à ces fiers lionceaux.

 Que comme l'eau se fond, ces orgueilleux se fondent ;
Au camp leurs ennemis sans peine les confondent :
S'ils bandent l'arc, que l'arc avant tirer soit las,
Que leurs traicts sans frapper s'envollent en esclats.

La mort en leur printemps ces chenilles suffocque,
Comme le limaçon seiche dedans la coque,
Ou comme l'avorton qui naist en perissant,
Et que la mort reçoit de ses mains en naissant.
Brusle d'un vent mauvais jusques dans les racines
Les boutons les premiers de ces tendres espines;
Tout perisse, & que nul ne les preine en ses mains
Pour de ce bois maudit reschauffer les humains.

 Ainsy faut que le juste après ses peines voye
Desploier du grand Dieu les salaires en joie,
Et que baignant ses pieds dans le sang des pervers,
Il le jette dans l'air en esclattant ces vers.

 Le bras de l'Eternel, aussy doux que robuste,
Faict du mal au meschant, & faict du bien au juste,
Et en terre icy bas exerce jugement,
En attendant le jour de peur & tremblement.

 La main qui fit sonner cette harpe divine
Frappa le Goliath de la gent Philistine,
Ne trouvant sa pareille au rond de l'univers,
En düel, en bataille, en propheticques vers.

 Comme elle nous crions : « Vien, Seigneur, & te haste,
Car l'homme de peché ton Eglise degaste. »
« Vien, dict l'esprit, accours, pour deffendre le tien. »
« Vien, » dict l'espouse, & nous avec l'espouse: « Vien. »

LIVRE QUATRIEME.

LES FEUX.

Voicy marcher de rang par la porte sacree
L'enseigne d'Israël dans le Ciel arboree,
Les vainqueurs de Sion, qui au prix de leur sang,
Portans l'escharpe blanche, ont pris le caillou blanc.
Ouvre, Hierusalem, tes magnificques portes :
Le Lion de Juda, suivi de ses cohortes,
Veut regner, triompher & planter dedans toy
L'estendart glorieux, l'auriflan de la foy.
Valeureux Chevaliers, non de la Table ronde,
Mais qui estes, devant les fondements du monde,
Au roolle des esleus, allez, suivez de rang
Le fidelle, le vray, monté d'un cheval blanc.
Le Paradis est prest, les Anges sont voz guides,
Les feux qui vous brusloient vous ont rendus candides.
Tesmoins de l'Eternel, de gloire soiez ceints,
Vestus de crespe noir (la justice des Saincts)
De ceux qui à Satan la bataille ont livree,
Robbe de nopce, ou bien casaque de livree.

Condui mon œuvre, o Dieu, à ton nom ; donne-moy
Qu'entre tant de martyrs, champions de la foy,
De chaque sexe, estat ou aage, à ton sainct temple
Je puisse consacrer un tableau pour exemple.
　　　Dormant sur tel dessein en mon esprit ravi,
J'eus un songe un matin, parmy lequel je vi
Ma conscience en face, ou au moins son image,
Qui au visage avoit les traicts de mon visage.
Elle me prend la main, en disant : « Mais comment
De tant de dons de Dieu ton foible entendement
Veut-il faire le choix? oses-tu bien eslire
Quelques martyrs choisis, leur triomphe descrire,
Et laisser à l'oubly, comme moins valeureux,
Les vainqueurs de la mort, comme eux victorieux?
J'ay peur que cette bande ainsy par toy choisie
Serve au style du siecle & à sa poësie,
Et que les rudes noms, d'un tel style ennemis,
Aient entre les pareils la difference mis. »
　　　Je responds : « Tu sçais bien que mentir je ne t'ose,
Miroüer de mon esprit ; tu as touché la cause,
La premiere du choix, joinct que ma jeune ardeur
A de ce haut dessein espoinçonné mon cœur,
Pour au siecle donner les boutons de ces choses
Et l'envoyer ailleurs en amasser les roses.
Que si Dieu prend à gré ces premices, je veux,
Quand mes fruicts seront meurs, lui payer d'autres vœux,
Me livrer aux travaux de la pesente histoire,
Et en prose coucher les hauts faicts de sa gloire.
Alors ces heureux noms, sans eslite & sans choix,
Luiront en mes escrits plus que les noms des Rois. »
Aiant faict cette paix avec ma conscience,
Je m'avance au labeur avec cette asseurance
Que, plus riche & moins beau, j'escris fidellement
D'un style qui ne peut enrichir l'argument.

Ames deſſous l'autel victime des idolles,
Je preſte à voz courroux le fiel de mes parolles,
En attendant le jour que l'Ange delivrant
Vous aille les portaux du Paradis ouvrant.
  De qui puis-je choiſir l'exemple & le courage?
Tous courages de Dieu, j'honoreray voſtre aage :
Vieillards, de qui le poil a donné luſtre au ſang,
Et de qui le ſang fut decoré du poil blanc :
Hus, Hyeroſme de Prague, images bien cognuës
Des teſmoings que Sodome a trainé par les ruës,
Couronnez de papier, de gloire couronnez
Par le Siege qui a d'or mitrez & ornez
Ceux qui n'eſtoient Paſteurs qu'en papiers & en tiltres,
Et aux Eveſques d'or faict de papier les mitres.
Leurs cendres qu'on jetta au vent, à l'air, en l'eau,
Profiterent bien plus que le puant monceau
Des charongnes des Grands, que morts on empriſonne
Dans un marbr' ouvragé : le vent leger nous donne
De ces graines partout ; l'air preſqu'en toute part
Les eſparpille, & l'eau à ſes bords les depart.
  Les pauvres de Lyon avoient mis leur ſemence
Sur les peuples d'Alby ; l'invincible conſtance
Des Albigeois, frappez de deux cent mille morts,
S'eſpandit par l'Europe & en peupla ſes bords.
L'Angleterre eut ſa part, eut Gerard & ſa bande,
Condamnez de mourir à la rigueur plus grande
De l'impiteux hyver, ſans que nul cœur eſmeu
Leur oſaſt donner pain, eau, ni couvert, ni feu :
Ces dix-huict tout nuds, à Londres, par les ruës,
Ravirent des Anglois les eſprits & les veuës,
Et chanterent ce vers juſqu'au poinct de mourir :
« Heureux qui pour juſtice a l'honneur de ſouffrir ! »
  Ainſy la verité, par ces mains deſvoilée,
Dans le Septentrion eſtendit ſa volée ;

*Dieu ouvrit sa prison & en donna la clef,
La clef de liberté, à ce vieillard Wiclef :
De luy fut l'ouverture aux tesmoings d'Angleterre,
Encor plus honnoree en martyre qu'en guerre.
Là on vid un Bainan, qui de ses bras pressoit
Les fagots embrazez, qui mourant embrassoit
Les outils de sa mort, instruments de sa gloire,
Baisant victorieux les armes de victoire.
D'un celeste brasier ce chaud brasier esmeu
Renflamma ces fagots par la bouche de feu.
Frich aprés l'imita, quand sa main desliee
Fut au secours du feu ; il prit une poignee
De bois & la baisa, tant luy semblerent beaux
Ces eschallons du Ciel comm' ornements nouveaux.
   Puis l'Eglise accoucha comme d'une ventree
De Thorb, de Bewerlan, de l'invaincu Sautree,
Les uns doctes Prescheurs, les autres Chevaliers,
Tous à droict couronnez de celestes lauriers.
   Bien que trop de hauteur esbranlast ton courage,
(Comme les monts plus hauts souffrent le plus d'orage),
Ta fin pourtant me faict en ce lieu te nommer,
Excellent Conseiller & grand Primat Krammer ;
Pour ta condition plus haute & plus aimable,
La vie te fut douce, & la mort detestable.
A quoy semblent les cris dont esclattent si fort
Ceux qui, à col retors, sont trainez à la mort,
Sinon aux plaintes qu'ont les enfans à la bouche,
Quand ils quittent le jeu pour aller à la couche ?
Les laboureurs lassez trouvent bien à propos
Et plus doux que le jeu le temps de leur repos :
Ainsy ceux qui sont las des langoureuses vies
Sont ravis de plaisirs quand elles sont ravies ;
Mais ceux de qui la vie a passé comme un jeu,
Ces cœurs ne sont point cœurs à digerer le feu :*

*C'est pourquoy de ces Grands les noms dedans ce temple
Ne font pour leur grandeur, mais pour un rare exemple,
Rare exemple de Dieu, quand par le chaz eftroict
D'un efguille il enfile un cable qui va droict.
 Pourfuivons l'Angleterre, où les vertus eftranges
La font nommer païs, non d'Angles, mais des Anges.
Tu as icy ton rang, o invincible Haux,
Qui pour avoir promis de tenir les bras hauts
Dans le millieu du feu, fi du feu la puiffance
Faifoit place à ton zele & à ta fouvenance :
Sa face eftoit bruflee, & les cordes des bras
En cendres & charbons eftoient cheutes en bas,
Quand Haux, en octroiant aux freres leur requefte,
Des os qui furent bras fit couronne à fa tefte.
 O quels cœurs tu engendre! o quels cœurs tu nourris,
Ifle faincte qui eus pour nourriffon Norris!
On dict que le Chreftien qui à gloire chemine
Va le fentier eftroict qui eft jonché d'efpine :
Cettuy-cy, fans figure, a pieds nuds cheminé
De l'huis de fa prifon au fupplice ordonné :
Sur ces tappis aigus ainfy jufqu'à fa place
A ceux qui la fuivront il a rougi la trace,
Vraie trace du Ciel, beau tappis, beau chemin,
A qui veut emporter la couronne à la fin :
Les pieds deviennent cœur, l'ame du Ciel apprife
Faict mefprifer les fens, quand le Ciel les mefprife.
 Dieu vid en mefme temps (car le prompt changement
De cent ans, de cent lieux, ne luy eft qu'un moment),
Deux rares cruautez, deux conftances nouvelles
De deux cœurs plus que d'homme, en fexe de femelles,
Deux cœurs Chreftiens Anglois, deux precieux tableaux,
Deux fpectacles piteux, mais fpecieux & beaux.
L'une croupit long temps en la prifon obfcure,
Contre les durs tourments elle fut la plus dure :*

Elle fit honte au Diable & aux noires prisons :
Elle alloit appuiant d'exemple & de raisons
Les esprits deffaillants; nul inventeur ne treuve
Nul tourment qui ne soit surmonté par Askeuve.
Quand la longueur du temps, la laide obscurité
Des cachots eut en vain sondé sa fermeté,
On presente à ses yeux l'espouventable gehenne,
Et elle avoit pitié, en souffrant, de la peine
De ces faux Justiciers, qui aiants essayé
Sur son corps delicat leur courroux desploié,
Elle se teut, & lors furent bien entenduës,
Au lieu d'elle, crier les cordes trop tenduës,
Achevé tout l'effort de tout leur appareil,
Non pas troublé d'un pleur le lustre de son œil
(OEil qui fiché au Ciel, au torment qui la tuë
Ne jette un seul regard pour esloigner sa veuë
D'un seul bien qu'elle croit, qu'elle aspire & pretend),
Le Juge se despite, & luy mesme retend
La corde à double nœud, il met à part sa robbe;
L'Inquisiteur le suit; la passion desrobbe
La pitié de leurs yeux; ils viennent remonter
La gehenne, tourmentez en voulant tourmenter;
Ils dissipent les os, les tendrons, & les veines,
Mais ils ne touchent point à l'ame par les gehennes :
La foy demeure ferme, & le secours de Dieu
Mit les tourments à part, le corps en autre lieu.
Sa plainte seulement encor ne fut ouïe,
Hors l'ame toute forcé en elle esvanouïe;
Le corps fut emporté des prisons comme mort :
Les membres deffaillants, l'esprit devint plus fort.
Du lict elle instruisit & consola ses freres
Du discours animé de ses douces miseres;
La vie la reprit, & la prison auffy ;
Elle acheva le tout, car auffy tost voicy,

Pour du faux Justicier couronner l'injustice,
De gloire le martyr, on dresse le supplice.
Quatre martyrs trembloient au nom mesme du feu :
Elle leur departit des presents de son Dieu,
Avec son ame encor elle mena ces ames
Pour du feu de sa foy vaincre les autres flammes.
   Où est ton aiguillon? où est ce grand effort?
O Mort! où est ton bras (disoit-elle à la Mort)?
Où est ton front hideux du quel tu espouvantes
Les hures des sangliers, les bestes ravissantes?
Mais c'est ta gloire, o Dieu, il n'y a rien de fort
Que toy, qui sçais tuer la peine avec la mort :
Voicy les yeux ouverts, voicy son beau visage;
Freres, ne tremblez pas; courage, amis, courage! »
(Elle disoit ainsy) & le feu violent
Ne brusloit pas encor son cœur en la bruslant;
Il court par ses costez, enfin leger il volle
Porter dedans le Ciel & l'ame & la parolle.
   Or l'autre, avec sa foy, garda aussy le rang
D'un esprit tout royal, comme royal le sang.
Un royaume l'attend, un autre Roy luy donne
Grace de mespriser la mortelle couronne
En cerchant l'immortell', & luy donna des yeux
Pour trocquer l'Angleterre au royaume des Cieux :
Car elle aima bien mieux regner sur elle mesme,
Plutôt que vaincre tout, surmonter la Mort blesme.
Prisonniere çà bas, mais Princesse là haut,
Elle changea son throsne empour un eschaffaut,
Sa chaire de parade en l'infime sellette,
Son carrosse pompeux en l'infame charette,
Ses perles d'Orient, ses brassarts esmaillez
En cordeaux renouez & en fers tous rouillez.
Ce beau chef couronné d'opprobres & d'injures,
Et ce corps enlacé de chaînes pour ceintures.

*Par miracle fit voir que l'amour de la Croix
Au sang des plus chetifs mesla celuy des Rois.
Le peuple gemissant portoit part de sa peine,
En voiant, demi-mort, mourir sa jeune Royne,
Qui dessus l'eschaffaut se voiant seulement
Ses gands & son livret pour faire testament,
Elle arrache ses mains & maigres & menuës
Des cordes avec peine, & de ses deux mains nuës
Fit present de ses gands à sa Dame d'atour,
Puis donna son livret aux gardes de la tour,
Avec ces mots escrits :* « *Si l'ame deschargee
Du fardeau de la terre, au Ciel demi-changee,
Prononce verité sur le sueil du repos,
Si tu faicts quelque honneur à mes derniers propos,
Et lors que mon esprit pour le monde qu'il laisse,
Desja vivant au Ciel tout plein de sa richesse,
Doibt monstrer par la mort qu'il aime verité,
Pren ce dernier present, sceau de ma volonté ;
C'est ma main qui t'escrit ces dernieres parolles :
Si tu veux suivre Dieu, fuy de loing les idolles ;
Hay ton corps pour l'aimer, apprens à le nourrir
De façon que pour vivre il soit prest de mourir.
Qu'il meure pour celuy qui est remply de vie,
N'aiant pourtant de mort ni crainte, ni envie ;
Tousjours reigle à sa fin de ton vivre le cours,
Chacun de tes jours tende au dernier de tes jours.
De qui veut vivre au Ciel l'aise soit la souffrance
Et le jour de la mort celuy de la naissance.* »
*Ces doigts victorieux ne graverent cecy
En cire seulement, mais en l'esprit aussy :
Et faut que son geolier, captif de la captive,
Bien tost à mesme cause & mesme fin la suive.
Achevant ces presents, l'executeur vilain,
Pour la joindre au posteau voulut prendre sa main :*

*Elle eut horreur de rompre encor la modeſtie
Qui juſqu'au beau mourir orna ſa belle vie ;
Elle apprehenda moins la mort & le couteau
Que le ſalle toucher d'un infame bourreau :
Elle appelle au ſecours ſes paſles Damoyſelles
Pour deſcouvrir ſon col ; ces fillettes nouvelles
Au funeſte meſtier, ces piteux inſtruments
Sentirent juſqu'au vif leur part de ces tourments.
 Cæſar voiant, ſentant ſa poictrine bleſſee,
Et non ſa gravité par le fer abbaiſſee,
Le ſein & non l'eſprit par les coups enferré,
Le ſang plus tot du corps que le ſens retiré,
Par honneur, abbria de ſa robbe percee
Et ſon cœur offenſé & ſa grace offenſee :
Et ce cœur d'un Cæſar, ſur le ſueil inhumain
De la mort, choiſiſſoit non la mort, mais la main.
Les mains qui la paroient la parerent encore :
Sa grace & ſon honneur, quand la mort la devore,
N'abandonne ſon front, elle prend le bandeau ;
Par la main on la meine embraſſer le poſteau,
Elle demeure ſeulle en agneau deſpouillee :
La lame du bourreau de ſon ſang fut mouillee :
L'ame s'envolle en haut, les Anges gratieux
Dans le ſein d'Abraham la ravirent aux Cieux.
 Le ferme doigt de Dieu tient celuy de Bilnee,
Qui à ſa penultieſme & craintive journee,
Voulut prouver au ſoir s'il eſtoit aſſez fort
Pour endurer le feu inſtrument de la mort.
Le geolier, ſur le ſoir, en viſitant le treuve
Faiſant de la chandelle & du doigt ſon eſpreuve :
Ce feu lent & petit, d'indicible douleur,
A la premiere fois luy affoiblit le cœur,
Mais aprés il ſouffrit bruſler à la chandelle
La peau, la chair, les nerfs, les os & la moëlle.*

Le vaillant Gardiner me contraint cette fois
D'animer mon discours de ce courage Anglois :
Tout son sang escuma, luy reprochant son ayse
En souffrant adorer l'idolle Portugaise.
Au magnificque apprest des nopces d'un grand Roy,
La loy de Dieu luy fit mettre aux pieds toute loy,
Toute crainte & respect, les tourments & sa vie,
Et puis il mit aux pieds & l'idolle & l'hostie
Du Cardinal sacrant : là, entre mille fers,
Il desdaigna le front des portes des Enfers :
Il vainquit en souffrant les peines les plus dures,
Les serfs des questions il lassa de tortures :
Contre sa fermeté reboucha le tourment,
Le fer contre son cœur de ferme diamant ;
Il avalla trois fois la serviette sanglante :
Les yeux qui le voioient souffroient peine evidente.
Il beut plus qu'en humain les inhumanitez,
Et les supplices lents finement inventez ;
On le traine au supplice, on couppe sa main dextre,
Il la porte en la bouche avecque sa senestre,
La baise ; l'autre poing luy est couppé soudain,
Il met la bouche à bas & baise l'autre main :
Alors il est guindé d'une haute poulie,
De cent nœuds à cent fois son ame se deslie :
On brusle ses deux pieds, tant qu'il eut le sentir,
On cherche sans trouver en lieu le repentir.
La mort à petit feu luy oste son escorce,
Et luy à petit feu oste à la mort la force.

Passeray-je la mer, de tant de longs propos,
Pour enrooller icy ceux-là qui en repos
Sont morts sur les tourments de gehennes desbriƷantes,
Par la faim sans pitié, par les prisons puantes,
Les tenailles en feu, les enflambez couteaux,
Les pleurs d'un jeune Roy, trois AgneƷ, trois agneaux ?

Ailleurs nous cueillirons ces fleurons d'Angleterre,
Lions qui ont faict voir aux peuples de la terre
Des Anges en vertus, mais ces vainqueurs Anglois
Me donneront congé de detourner ma voix
Aux barbares esprits d'une terre deserte.
    Dieu poursuivit Satan, & luy fit guerre ouverte
Jusques en l'Americ, où ces peuples nouveaux
Ont esté spectateurs des fruicts de noz bourreaux.
Leurs flots ont sceu noier, ont servi de supplices,
Et leurs rochers hautains presté leurs precipices.
Ces agneaux eslongnez en ce sauvage lieu
N'estoient pas esgarez, mais dans le sein de Dieu,
Lors qu'eslevez si haut, leurs languissantes veuës
Vers leur païs natal furent de loing tenduës.
Leurs desseins impuissants pour n'estre assez legers,
Eurent secours des vents; ces aislez messagers
En apporterent l'air aux rives de la France.
La mer ne devora le fruict de leur constance;
Ce n'est en vain que Dieu desploia ses thresors
Des bestes du Bresil aux solitaires bords,
Affin qu'il n'i ait cœur, ni ame si sauvage,
Dont l'oreille il n'ait peu frapper de son langage.
    Mais l'œil du Tout-Puissant fut enfin ramené
Aux spectacles d'Europe, il la vit, retourné,
A soy-mesme estrangere, à ses bourgeois affreuse,
De ses meurtres rouillee, de ses braziers fumeuse.
Son premier object fut un laboureur caché.
Treize mois par moitié en un cachot panché,
Duquel la voute estroitte avoit si peu de place
Qu'entre ses deux genoux elle ployoit la face
Du pauvre condamné. Ce naturel trop fort
Attendit treize mois la trop tardive mort.
    Venot, quatre ans lié, fut enfin six sepmaines
En deux vaisseaux poinctus, continuelles gehennes;

Ses deux pieds contremont avoient ploié leurs os ;
En si rude posture il trouva du repos.
On vouloit desrober au public & aux veuës
Une si claire mort, mais Dieu trouva les gruës
Et les tesmoings d'Irus. Il demandoit à Dieu
Qu'au bout de tant de maux il peut au beau millieu
Des peuples l'anoncer, en monstrant ses merveilles
Aux regards aveuglez & aux sourdes oreilles :
Non que son cœur voguast aux flots de vanité,
Mais bruslant il falloit luire à la verité.
L'homme est un cher flambeau : tel flambeau ne s'allume
Affin que sous le muys sa lueur se consume.
Le Ciel du triomphant fut le daiz, le soleil
Y presta volontiers les faveurs de son œil :
Dieu l'ouït, l'exauça, & sa peine cachée
N'eut peu jamais trouver heure mieux recerchee :
Il fut la belle entree & spectacle d'un Roy,
Aiant Paris entier spectateur de sa foy.

Dieu des plus simples cœurs estoffa ses loüanges,
Faisant revivre au Ciel ce qui vivoit aux fanges :
Il mit des cœurs de Rois aux seins des artisans,
Et aux cerveaux des Rois des esprits de paisans.
Il se choisit un Roy d'entre les brebiettes :
Il frappe un Pharaon par les mousches infectes :
Il esveilla celuy dont les discours si beaux
Donnerent cœur aux cœurs des quatorze de Meaux,
Qui (en voiant passer la charrette enchainee
En qui la saincte trouppe à la mort fut menee)
Quitta là son mestier, vint les voir, s'enquerir,
Puis instruit de leur droict les voulut secourir,
Se fit leur compagnon & enfin il se jette,
Pour mourir avec eux, luy mesme en la charrette.

C'est Dieu qui point ne laisse au millieu des tourments
Ceux qui souffrent pour luy. Les Cieux, les elements,

Sont serfs de cettuy-là qui a ouy le langage
Du paumier d'Avignon, lié dans une cage
Suspenduë au plus haut de la plus haute tour.
La plus vive chaleur du plus chaud & grand jour,
Et la nuict de l'hyver la plus froide & cuisante
Luy furent du primtemps une haleine plaisante.
L'appuy le plus douillet de ses rudes carreaux
Estoit le fer trenchant des endurcis barreaux.
Mais quand c'est pour son Dieu que le fidelle endure,
Lors le fer s'amollit & sa peau vient plus dure;
Sur ce corps nud la bize attiedist ses glaçons;
Sur la peau le soleil rafraichit ses rayons,
Tesmoin deux ans six mois qu'en chaire si hautaine
Ce prescheur effraia ses juges de sa peine :
De vers continuels, joieux, il prioit Dieu;
S'il s'amassoit quelqu'un pour le voir en ce lieu,
Sa voix forte preschoit : le franc & clair ramage
Des pures veritez sortoit de cette cage;
Mais sur tout on oioit ses exhortations
Quand l'idolle passoit, en ses professions,
Sous les pieds de son throsne, & le peuple prophane
Trembloit à cette voix plus qu'à la tramontane.
Les hommes cauteleux vouloient laisser le tort
De l'inicque sentence & de l'injuste mort
Au Ciel, aux vents, aux eaux ; que de l'air les injures
Servissent de bourreaux, mais du Ciel les mains pures
Se ploierent au sein, & les trompeurs humains
Parfirent le procez par leurs impures mains,
Au bout de trente mois, estouffant cette vie
Qu'ils voioient par les Cieux trop longuement cherie :
Mains que contre le Ciel arment les mutinez,
Quand la faveur du Ciel couvre les condamnez :
Non pas que Dieu ne puisse accomplir son ouvrage,
Mais c'est pour reprocher à ces mutins leur rage.

Les Lyonnois auffy refifterent à Dieu,
Lors que deux freres faincts fe virent au millieu
Des feux eftincellans, où le Ciel & la Terre
Par contraires deffeins fe livrerent la guerre.
Un grand feu fut pour eux aux Terreaux preparé;
Chacun donna du bois dont l'amas afferré
Sembloit debvoir pouffer la flamme & la fumee
Pour rendre des hauts Cieux la grand voute allumee.
Ce qui fit monftrueux ce monceau de fagots,
C'eft que ces jacobins, envenimez cagots,
Crioient, vrais efcolliers du meurtrier Dominique :
« Bruflons mefme le Ciel s'il faict de l'hereticque! »
Ces deux freres prioient, quand pour rompre leur voix,
Le peuple forçenant porta le feu au bois.
Le feu leger s'envolle, & bruiant fe courouce,
Quand contre luy un vent s'efleve & le repouffe,
Mettant ce mont de feu & fa rage à l'efcart.
Les freres, achevant leurs prieres à part,
Demeurent fans ardeur. La priere finie,
Le vulgaire animé entreprend fur leur vie,
Perce de mille coups des fidelles les corps,
Les couvre de fagots. Ceux qu'on tenoit pour morts,
Quand le feu eut bruflé leurs cables, fe leverent,
Et leurs poulmons bruflans, pleins de feu, s'efcrierent
Par plufieurs fois : Chrift, Chrift, & ce mot, bien fonné
Dans les coftez fans chair, fit le peuple eftonné :
Contre ces faicts de Dieu dont les fpectateurs vivent
Eftonnez, non changez, leur fureur ils pourfuivent.

Autres cinq de Lyon, liez des mefmes nœuds,
Ne furent points diffouts par les fers & les feux :
Au fort de leurs tourments ils fentirent de l'aife,
Franchife en leurs liens, du repos en la braize.
L'amitié dans le feu vous fceut bien embrazer,
Vous baifaftes la mort tous cinq d'un fainct baifer,

Vous baisastes la mort ; cette mort gratieuse
Fut de vostre union ardemment amoureuse.

 C'estoient (ce diroit-on) des hommes endurcis,
Accablez de labeurs & de poignans soucis ;
Mais cerchons d'autres cœurs nez & nourris plus tendres,
Voiez si Dieu les peut endurcir jusqu'aux cendres ;
Que rien ne soit exempt en ce terrestre lieu
De la force, du doigt, & merveilles de Dieu.

 Heureuse Graveron, qui ne sceut ton courage ?
Qui ne congneut ton cœur non plus que ton voiage ?
L'hommage fut à Dieu qu'en vain tu apprestois
A un vain Cardinal, ce fut au Roy des Rois,
Qui en ta foy mi-morte, en ame si craintive
Trouva si brave cœur & une foy si vive.

 Dieu ne donna sa force à ceux qui sont plus forts :
Le present de la vie est pour les demi-morts.
Il depart les plaisirs aux vaincus de tristesse,
L'honneur aux plus honteux, aux pauvres la richesse.
Cette-cy, en lisant avec frequents souspirs
L'incroyable constance & l'effort des Martyrs,
Doubtoit la verité en mesurant la crainte :
L'Esprit la visita, la crainte fut esteincte.
Prise, elle abandonna dés l'huis de sa prison
Pour les raisons du Ciel la mondaine raison.
Sa sœur la trouve en pleurs finissant sa priere,
Elle se relevant dict en telle maniere :
« Ma sœur, voy-tu ces pleurs, voy-tu ces pleurs, ma sœur ?
Ces pleurs sont toute l'eau qui me restoit au cœur :
Ce cœur aiant jetté son humide foiblesse,
Tout feu, saute de joye & volle d'allegresse. »
La brave se para au dernier de ses jours,
Disant : « Je veux jouir de mes sainctes amours,
Ces joyaux sont bien peu, l'ame a bien d'autre gage
De l'espoux qui luy donne un si haut mariage.

*Son visage luisit de nouvelle beauté
Quand l'arrest luy fut leu : le bourreau presenté,
Deux qui l'acompagnoient furent pressez de tendre
Leurs langues au couteau; ils les vouloient deffendre
Aux termes de l'arrest : elle les mit d'accord,
Disant : « Le tout de nous est sacré à la mort :
N'est-ce pas bien raison que les heureuses langues
Qui parlent avec Dieu, qui portent les harangues
Au sein de l'Eternel, ces organes que Dieu
Tient pour les instruments de sa gloire en ce lieu,
Qu'elles, quand tout le corps à Dieu se sacrifie,
Sautent dessus l'autel pour la premiere hostie?
Noz regards parleront, noz langues sont bien peu
Pour l'esprit qui s'explicque en des langues de feu. »
Les trois donnent leur langue, & la voix on leur bousche :
Les parolles de feu sortirent de leur bouche,
Chaque goutte de sang que le vent fit voller
Porta le nom de Dieu, & aux cœurs vint parler.
Leurs regards violents engraverent leurs zelles
Aux cœurs des assistans, horsmis des infidelles.
   Le feu tant mesprizé par ces cœurs indomptez
Fit à ces leopards changer de cruautez,
Et pour tout esprouver, les inventeurs infames
Par un exquis supplice enterrerent les femmes,
Qui, vives, sans paslir, & d'un cœur tout nouveau,
D'un œil non effrayé regardoient leur tombeau,
Prenoient à gré la mort dont cette gent faussaire
Diffamoit l'estomach de la terre, leur mere.
Le feu avoit servi tant de fois à brusler,
Ils avoient fait mourir par la perte de l'air,
Ils avoient changé l'eau à donner mort par elle;
Il falloit que la terre aussy fust leur bourelle.
   Parmy les roolles saincts dont les noms glorieux,
Reproches de la terre, ont esjoüy les Cieux,*

Je veux tirer à part la conſtante Marie,
Qui (voiant en meſpris le tombeau de ſa vie
Et la terre, & le coffre, & les barres de fer
Où elle alloit le corps, & non l'ame eſtouffer)
« C'eſt (ce dit-elle) ainſy que le beau grain d'eſlite
Et s'enterre & ſe ſeme afin qu'il reſuſcite.
Si la moitié de moy pourrit devant mes yeux;
Je diray que cela va le premier aux Cieux :
La belle impatience & le deſir du reſte,
C'eſt de haſter l'effect de la ierre celeſte :
Terre, tu es legere & plus douce que miel,
Saincte terre, tu es le droict chemin du Ciel. »
Ainſy la noire mort donna la claire vie,
Et le Ciel fut conquis par la terre à Marie.
 Entre ceux dont l'eſprit peut eſtre traverſé
De l'eſpoir du futur, du loyer du paſſé,
Du Bourg aura ce rang ; ſon cœur pareil à l'aage,
A ſa condition l'honneur de ſon courage,
Son eſprit indompté au Seigneur des Seigneurs
Sacrifia ſon corps, ſa vie & ſes honneurs.
Des promeſſes de Dieu il vainquiſt les promeſſes
Des Rois, & ſage à Dieu, des hommes les ſageſſes.
En allant à la mort, tout plein d'authorité,
Il prononça ces mots : « O Dieu de verité,
Monſtre à ces Juges faux leur ſtupide ignorance,
Et je prononceray, condamné, leur ſentence :
Vous n'eſtes, compagnons, plus Juges, mais Bourreaux,
Car en nous ordonnant tant de tourments nouveaux,
Vous preſtez voſtre voix : voſtre voix inhumaine
Souffre peine en donnant la ſentence de peine :
Comme à l'executeur le cœur s'oppoſe en vain
Au coup forcé qui ſort de l'execrable main.
Sur le ſiege du Droict voz faces ſont tranſies,
Quand, demi-vifs, il faut que vous oſtiez les vies

Qui feules vivent bien : je prends tefmoings voz cœurs
Qui de la confcience ont reffenti les pleurs :
Mais ce pleur vous tourmente & vous eft inutile,
Et ce pleur n'eft qu'un pleur d'un traiftre crocodile.
La crainte vous domine, o juges criminels !
Criminels eftes vous, puis que vous eftes tels :
Vous dictes que la loy du Prince publiee
Vous a lié les mains : l'ame n'eft pas liee ;
Le front du Juge droict, fon fevere fourcy,
Deuft-il fouffrir ces mots : Le Roy le veut ainfy ?
Ainfy as-tu, Tyran, par ta fin miferable
En moy fini le coup d'un regne lamentable. »
Dieu l'avoit abbatu, & cette heureufe mort
Fut du perfecuteur tout le dernier effort :
Il avoit faict mentir la fuperbe parolle,
Et faict voller en vain le jugement frivolle
De ce Roy qui avoit juré que de fes yeux
Il verroit de Du Bourg & la mort & les feux ;
Mais il faut advoüer que prés de la bataille,
Ce cœur tremblant revint à la voix d'une Caille :
Pauvre femme, mais riche, & fi riche que lors
Un plus riche trouva l'aufmone en fes threfors.
  O combien d'efficace eft la voix qui confole,
Quand le confeiller joinct l'exemple à fa parolle,
Comme fit celle-là, qui pour ainfy prefcher,
Fit en ces mefmes jours fa chaire d'un bufcher !
  Du Bourg prés de la mort, fans qu'un vifage blefme
L'habillaft en vaincu, fe deveftit foy mefme
La robbe, en s'efcriant : « Ceffez vos bruflements,
Ceffez, o Senateurs ! tirez de mes tourments
Ce proffit, le dernier, de changer de courage
En repentance à Dieu. » Puis tournant fon vifage
Au peuple, il dit : « Amis, meurtrier je ne fuis point :
C'eft pour Dieu l'immortel que je meurs en ce poinct. »

Puis comme on l'eſlevoit, attendant que ſon ame
Laiſſaſt ſon corps heureux au licol, à la flamme :
« Mon Dieu, vray Juge & Pere, au millieu du treſpas
Je ne t'ay point laiſſé, ne m'abandonne pas :
Tout puiſſant de ta force aſſiſte ma foibleſſe :
Ne me laiſſe, Seigneur, de peur que je te laiſſe. »

   O François, o Flamans, (car je ne fais de vous
Qu'un peuple, qu'un humeur, peuple benin & doux),
De voz braves teſmoings noz hiſtoires ſont pleines !
Anvers, Cambray, Tournay, Mons & Valenciennes,
Pourroy-je deſployer voz morts, voz brulements,
Voz tenailles en feu, voz vifs enterrements !
Je ne fay qu'un indice à un plus gros ouvrage,
Auquel vous ne pourrez qu'admirer davantage
Comment ce peuple tendre a trouvé de tels cœurs,
Si fermes en conſtance ou ſi durs en rigueurs.

   Mais Dieu voulut encor à ſa gloire immortelle
Preſcher dans l'Italie & en Rome infidelle,
Donner à ces felons les cœurs de ſes agneaux
Pour mourir par leurs mains, prophetes de leurs maux.
Vous avez veu du cœur, voulez-vous de l'adreſſe,
Et voir le fin Satan vaincu par la fineſſe ?
[Montalchine, l'honneur de Lombardie, il faut
Qu'en ce lieu je t'eſleve un plus brave eſchafaut
Que celuy ſur lequel, aux portes du grand temple,
Tu fus martyr de Dieu & des martyrs l'exemple.]

   L'Antechriſt deſcouvrant que peu avoient ſervi
Les vies que ſa main au jour avoit ravi,
Voiant qu'aux lieux publics de Dieu les teſmoignages,
Au lieu de donner peur, redoubloient leurs courages,
Reſolut de cacher ſes meurtres deſormais
De la ſecrette nuict ſoubs les voiles eſpais.
Le geolier qui alors detenoit Montalchine,
Voiant que contre luy l'injuſtice machine

Une secrette mort, l'en voulut advertir :
Ce vieil soldat de Christ feignit un repentir,
Faict ses juges venir, & après la sentence
Leur promet d'annoncer l'entiere repentance
De ses fausses erreurs, & que publicquement
Il se desisteroit de ce que faussement
Il avoit enseigné : on asseura sa vie,
Et sa promesse fut de promesses suivie.
Or pour tirer de luy un plus notable fruict,
On publia partout sur les aisles du bruit
L'heure & le lieu choisi : chacun vient pour s'instruire,
Et Montalchine fut conduit pour se desdire
Sur l'eschaffaut dressé : là du peuple il fut veu
En chemise, tenant deux grands torches de feu :
Puis, aiant obtenu l'oreille & le silence
Du grand peuple amassé en ce poinct, il commence :

« *Mes freres en amour & en soing mes enfans,*
Vous m'avez escouté desjà par divers ans
Preschant & enseignant une ardente doctrine,
Qui a troublé voz sens; vous voiez Montalchine,
Lequel homme & pecheur subject à vanité,
Ne peut avoir tousjours prononcé verité :
Vous orrez sans murmure à la fin la sentence
De deux opinions & de leur difference.

Trois mots feront partout le vray departement
Des contraires raisons; SEUL, SEULE, SEULEMENT.
J'ay presché que Jesus nous est SEUL pour hostie,
SEUL sacrificateur, qui SEUL se sacrifie :
Les docteurs autrement disent que le vray corps
Est sans pain immolé pour les vifs & les morts,
Que nous avons besoing que le prestre sans cesse
Resacrifie encor Jesus-Christ en la messe.
J'ay dit que nous prenons, prenants le sacrement,
Cette manne du Ciel par la foy SEULEMENT ;

Les Docteurs que le corps en chair & en sang entre,
Ayant souffert les dents, aux offices du ventre.
J'ay dict que Jesus SEUL est nostre intercesseur,
Qu'à son Pere l'accez par luy SEUL nous est seur :
Les Docteurs disent plus, & veulent que l'on prie
Les Saincts mediateurs & la vierge Marie.
J'ay dit qu'en la foy SEULE on est justifié,
Et qu'en la SEULE grace est le salut fié :
Les Docteurs autrement, & veulent que l'on fasse
Les œuvres pour aider & la foy & la grace.
J'ay dit que Jesus SEUL peut la grace donner,
Q'autre que luy ne peut remettre & pardonner :
Eux, que le Pape tient soubs ses clefs & puissances
Tous thresors de l'Eglise, & toutes indulgences.
J'ay annoncé l'Ancien & Nouveau Testament
Pour la SEULE doctrine & le SEUL fondement :
Les Docteurs veullent plus que ces reigles certaines,
Et veulent adjouster les doctrines humaines.
J'ay dit que l'autre siecle a deux lieux SEULEMENT,
L'un le lieu des heureux, l'autre lieu de tourment :
Les Docteurs trouvent plus, & jugent qu'il faut croire
Le Limbe des enfants, des grands le Purgatoire.
J'ay presché que le Pape en terre n'est point Dieu
Et qu'il est SEULEMENT Evesque d'un SEUL lieu :
Les Docteurs, luy donnant du monde la maistrise,
Le font visible chef de la visible Eglise.
Le Tyran des esprits veut noz langues changer,
Nous forçant de prier en langage estranger :
L'Esprit distributeur des langues nous appelle
A prier SEULEMENT en langue naturelle.
C'est cacher la chandelle en secret soubs un muy :
Qui ne s'explicque pas est barbare à autruy.
Mais nous voions bien pis en l'ignorance extreme
Que qui ne s'entend pas est barbare à soy mesme.

O Chrestiens, choisissez : vous voiez d'un costé
Le mensonge puissant, d'autre la verité :
D'une des parts l'honneur, la vie & recompense :
De l'autre ma premiere & derniere sentence ;
Soiez libres ou serfs soubs les dernieres loix
Ou du vray, ou du faux : pour moy j'ay faict le choix.
Vien, Evangille vray ; va t'en, fausse doctrine !
Vive Christ, vive Christ, & meure Montalchine ! »
 Les peuples tous esmeus commançoient à troubler :
Il jette gayement ses deux torches en l'air,
Demande les liens, & cette ame ordonnee
Pour l'estouffer de nuict triomphe de journee.
 Tels furent de ce siecle en Syon les agneaux
Armez de la priere, & non point des couteaux.
Voicy un autre temps, quand des pleurs & des larmes
Israël irrité courut aux justes armes.
On vint des feux aux fers ; lors il s'en trouva peu,
Qui de lions agneaux, vinssent du fer au feu :
En voicy qui la peau du fier lion poserent,
Et celle des brebis encores espouserent.
 Vous, Gastine & Croquet, sortez de voz tombeaux :
Icy je planteray voz chefs luisants & beaux :
Au milieu de vous deux je logeray l'enfance
De vostre commun fils, beau mirouer de constance.
Il se fit grand Docteur en six mois de prisons :
Dans l'obscure prison, par les claires raisons
Il vainquit l'obstiné, redressa le debile ;
Asseuré de sa mort il prescha l'Evangile.
L'escolle de lumiere, en cette obscurité,
Donnoit aux enferrez l'entiere liberté :
Son ame, de l'Enfer au Paradis ravie,
Aux ombres de la mort eut la voix & la vie ;
A Dieu il consacra sa premiere fureur,
Il fut vif & joyeux : mais la jeune verdeur

De son enfance tendre, & l'aage coustumiere
Aux folles gayetez n'eust sa vigueur premiere
Qu'à consoler les bons, & s'esjouir en Dieu.
Cette estoile si claire estoit au beau millieu
Des compagnons captifs, quand du seuil d'une porte
Il se haussa des pieds pour dire en cette sorte :
 « Amis, voicy le lieu d'où sortirent jadis
De l'Enfer des cachots dans le haut Paradis
Tant de braves tesmoings, dont la mort fut la vie,
Les tourments les plaisirs, gloire l'ignominie.
Icy on leur donnoit nouvelle du trespas :
Marchons sur leurs desseins ainsy que sur leurs pas.
Noz pechez ont chassé tant de braves courages,
On ne veut plus mourir pour les saincts tesmoignages :
De nous s'enfuit la honte & s'approche la peur :
Nous nous ventons de cœur, & perdons le vray cœur.
Degeneres enfants, à qui la fausse crainte
Dans le foyer du sein glace la braize esteinte,
Vous perdez le vray bien pour garder le faux bien,
Vous craignez un exil qui est rien, moins que rien,
Et pensans conserver ce que Dieu seul conserve,
Aux serfs d'iniquité vendez vostre ame serfve :
Ou vous qui balancez dans le choisir doubteux
De l'un & l'autre bien, connoissez bien les deux :
Vous perdez la richesse & vaine & temporelle :
Choisissez, car il faut perdre le Ciel, ou elle :
Vous serez appauvris en voulant servir Dieu,
N'estes-vous point venus pauvres en ce bas lieu ?
Vous aurez des douleurs, voz douleurs & voz doutes
Vous lairront sans douleurs, ou vous les vaincrez toutes.
Car de cette tourmente il n'y a plus de port
Que les bras estendus du havre de la mort.
Cette mort des Paiens bravement desprisee,
Quoy qu'elle fut d'horreur fierement desguisee,

N'espouvantoit le front, mais ils disoient ainsy :
Si elle ne faict mieux, elle oste le soucy,
Elle esteint noz tourments, si mieux ne peut nous faire,
Et n'i a rien si doux pour estre necessaire.
L'ame cerche tousjours de ses prisons les huis
D'où, pour petits qu'ils soient, on trouve les pertuis.
Combien de peu de peine est grand ayse ensuivie,
A moins de mal on sort que l'on entre en la vie :
La coustume rend douce une captivité :
Nous trouvons le chemin bref à la liberté ;
L'amere mort rendra toute amertume esteinte !
Pour une heure de mort avoir vingt ans de crainte !
Tous les pas que tu fais pour entrer en ce port
Ce sont autant de pas au chemin de la mort.
Mais tu crains les tourments, qui à ta derniere heure
Te font mourir de peur avant que tu te meure ?
S'ils sont doux à porter, la peine n'est qu'un jeu,
Ou s'ils sont violents, ils dureront fort peu.
Ce corps est un logis par nous pris à loüage,
Que nous debvons meubler d'un fort leger mesnage,
Sans y cloüer noz biens, car après le trespas,
Ce qui est attaché nous ne l'emportons pas.

 Toy donc, disoit Seneque, avec tes larmes feintes
Qui vas importunant le grand Dieu de tes plaintes,
Par toy tes maux sont maux, qui sans toy ne sont tels :
Pourquoy te fasches-tu ? car entre les autels
Où tu ouvres de cris ta poictrine entamee,
Où tu gastes le bois, l'encens & la fumee,
Venge-toy de tes maux, & au lieu des odeurs,
Fais y fumer ton ame avec tous tes malheurs.
Par là ces braves cœurs devindrent autochires :
Les causes seulement manquoient à leurs martyres.
Cet ignorant troupeau estoit precipité
De la crainte de craindre en l'autre extremité :

Sans sçavoir quelle vie iroit aprés leurs vies,
Ils mouroient doucement pour leurs douces patries.
Par là Caton d'Utique & tant d'autres Romains
S'occirent (mais malheur!) car c'estoit par leurs mains.
Quels signalez tesmoings du mespris de la vie
De Lucresse le fer, les charbons de Porcie!
Le poison de Socrate estoit pure douceur :
Quel vin qui ait cerché la plus froide liqueur
Des glaçons enterrez, & quelle autre viande
De cent desguisements se fit onc si friande ?

 Mais vous, qui d'autres yeux que n'avoient les Païens
Voiez les Cieux ouverts, les vrais maux, les vrais biens,
Quels vains noms de l'honneur, de liberté, de vie
Ou d'aise vous ont peu troubler la fantaisie ?
Serfs de Satan le serf, estes-vous en honneur?
Aurez-vous liberté, enchainans vostre cœur ?
Deslivrez-vous voz fils, voz filles & voz femmes,
Se livrant à la gehenne, aux Enfers & aux flammes?
Si la prosperité dont le meschant jouit
Vous trompe & vous esmeut, vostre sein s'esblouit,
Comme l'œil d'un enfant, qui en la tragedie
Voit un coquin pour Roy : cet enfant porte envie
Aux habits empruntez que, de peur de soüiller,
Mesme à la catastrophe il faudra despouiller.
Ce meschant de qui l'heur à ton dueil tu compare
N'est pas en liberté, c'est qu'il court & s'esgare :
Car si tost qu'il pecha, en ce temps, en ce lieu,
Pour jamais il fut clos en la prison de Dieu :
Cette prison le suit, quoy qu'il court à la chasse,
Quoy que mille païs comme un Caïn il trasse,
Qu'il fende au gré du vent les fleuves & les mers,
Sa conscience n'est sans cordes & sans fers :
Il ne faut esgaller à l'eternelle peine
Et aux souspirs sans fin un poinct de courte haleine.

Vous regardez la terre & vous laissez le Ciel !
Vous succez le poizon, & vous crachez le miel !
Vostre corps est entier, & l'ame est entamee !
Vous sautez dans le feu, esquivans la fumee !
Hayssez les meschants, l'exil vous sera doux :
Vous estes bannis d'eux, bannissez-les de vous :
Joyeux que de l'idolle encor ilz vous bannissent,
Des sourcils des Tyrans qu'en menace ils herissent,
De leurs pieges, aguets, ruzes & trahisons,
De leur devoir la vie, & puis de leurs prisons.
Vous estes enferrez, ce qui plus vous consolle,
L'ame, le plus de vous, où elle veut s'envolle.
S'ilz vous ostent voz yeux, voz esprits verront Dieu,
Vostre langue s'en va, le cœur parle en son lieu :
L'œil meure sans avoir eu peur de la mort blesme,
La langue soit couppee avant qu'elle blaspheme.
Or si d'exquises morts les rares cruautez,
Si tourments sur tourments à voz yeux presentez
Vous troublent, c'est tout un. Quel front, quel esquipage
Rend à la laide mort encor plus laid visage ?
Qui mesprise la mort, que luy fera de tort
Le regard asseuré des outils de la mort ?
L'ame, des yeux du Ciel, voit au Ciel l'invisible,
Le mal horrible au corps ne luy est pas horrible ;
Les ongles de la mort n'apporteront que jeu
A qui se souviendra de ce qu'elle oste peu :
Un caterre nous peut ravir chose pareille,
Nous en perdons autant d'une douleur d'oreille ;
Vostre humeur corrompuë, un petit vent mauvais,
Une veine picquee, ont de pareils effects.
Et ce fascheux apprest, pour qui le poil nous dresse,
C'est ce qu'à pas contez traine à soy la vieillesse.
L'assassin condamné à souffrir seulement
Sur chaque membre un coup, pour souffrir longuement,

*Demande le cinquiefme à l'eftomach, & penfe
Par ce coup plus mortel addoucir la fentence :
La mort à petit feu eft bien autre douleur
Qu'un prompt embrazement, & c'eft une faveur,
Quand pour faire bien toft l'ame du corps diffoudre,
On met foubs le menton du patient la poudre :
Les feveres prevofts choififfans les tourments,
Tiennent les courts plus doux, & plus durs les plus lents,
Et quand la mort à nous d'un brave coup fe joué,
Nous defirons languir longtemps fur noftre roué.
Le fang de l'homme eft peu, fon mefpris eft beaucoup :
Qui le mefprifera pourra voir tout à coup
Les canons, la fumee & les fronts des batailles,
Ou mieux les fers, les feux, les couteaux, les tenailles,
La roué & les cordeaux ; cettuy-là pourra voir
Le precipice bas, dans lequel il doit cheoir,
Mefprifer la montagne, & de libre fecouffe,
En regardant en haut, fauter quand on le pouffe.
  Nos freres bien inftruicts ont l'appel refuzé,
Et Le Brun, Dauphinois, doctement advifé,
Quand il eut fa fentence avec plaifir ouïe,
Refpondit qu'on l'avoit condamné à la vie.
  « Tien ton ame en tes mains : tout ce que les tyrans
Prennent n'eft point la chofe, ains feulement le temps.
Que le nom de la mort autrement effroyable,
Bien conneu, bien pefé, nous vienne aggreable.
Heureux qui la connoift ! or il faut qu'en ce lieu,
Plein de contentement, je donne gloire à Dieu.
O Dieu, quand tu voudras cette charongne prendre,
Par le fer à morceau, ou par le feu en cendre,
Difpofe, o Eternel ! il n'y a nul tombeau
Qui à l'œil & au cœur ne foit beau s'il t'eft beau. »
  Il faifoit ces leçons, quand le geolier l'appelle
Pour recevoir fentence en la noire chappelle.*

L'œil de tous fut troublé, le sien en fut plus beau,
Ses yeux devindrent feu, ceux des autres de l'eau :
Lors serenant son front & le teinct de sa face,
Il rit à ses amis, pour adieu les embrasse,
Et à peu de loisir, redoubloit ce propos :
« Amis, vous me voiez sur le seuil du repos :
Ne pleurez pas mon heur : car la mort inhumaine
A qui vaincre la sçait ne tient plus rang de peine :
La douleur n'est le mal, mais la cause pourquoy.
Or je voy qu'il est temps d'aller prouver par moy
Le propos de ma bouche; il est temps que je treuve
En ce corps bienheureux la praticque & l'espreuve. »
Il vouloit dire plus, l'huissier le pressa tant
Qu'il courut tout dispos vers la mort en sautant.

 Mais dés le seuil de l'huis, le pauvre enfant advise
L'honorable regard & la vieillesse grise
De son pere & son oncle à un posteau liez.
Alors premierement les sens furent ploiez :
L'œil si gay laisse en bas tomber sa triste veuë,
L'ame tendre s'esmeut, encores non esmeuë :
Le sang sentit le sang, le cœur fut transporté,
Quand le pere, rempli de mesme gravité
Qu'il eut en un Conseil, d'une voix grosse & grave
Fit à son filz pleurant cette harangue brave :
« C'est donc en pleurs amers que j'iray au tombeau,
Mon filz, mon cher espoir, mais plus cruel bourreau
De ton pere affligé : car la mort pasle & blesme
Ne brise point mon cœur, comme tu fais toy mesme :
Regretteray-je donc le soing de te nourrir ?
N'as-tu peu bien vivant apprendre à bien mourir ? »

 L'enfant rompt ces propos : « Seulement mes entrailles
Vous ont senti, dit-il, & les rudes batailles
De la prochaine mort n'ont point espouvanté
L'esprit instruit de vous, le cœur par vous planté.

Mon amour eſt eſmeu, l'ame n'eſt pas eſmeuë;
Le ſang, non pas le ſens, ſe trouble à voſtre veuë :
Voſtre blanche vieilleſſe a tiré de mes yeux
De l'eau, mais mon eſprit eſt un fourneau de feux,
Feux pour bruſler les feux que l'homme nous appreſte.
Que puiſſé-je trois fois pour l'un' & l'autre teſte
De vous & de mon oncle, & plus jeune & plus fort,
Aller faire mourir la mort avec ma mort ! »
« Donc, dit l'autre viellard, o que ta force eſt molle,
O Mort, à ceux que Dieu entre tes bras conſolle!
Mon nepveu, ne plains pas tes peres periſſans,
Ilz ne periſſent pas; ces cheveux blanchiſſants,
Ces vieilles mains ainſy en malfaicteurs liéez
Sont de la fin des bons à leurs fins honorees.
Nul grade, nul eſtat ne nous leve ſi haut
Que donner gloire à Dieu au haut d'un eſchafaut. »
« Mourons, peres, mourons, ce dit l'enfant à l'heure.
L'homme eſt ſi inconſtant à changer de demeure,
La nouveauté luy plaiſt, & quand il eſt au lieu
Pour changer cette fange à la gloire de Dieu,
L'homme commun ſe plaint de pareille parolle :
Ils conſolent leur filz & leur filz les conſolle. »
 Voicy entrer l'amas des ſophiſtes Docteurs
Qui au front endurcy s'approchent ſeducteurs,
Pour vaincre d'arguments les pretieuſes ames
Que la raiſon celeſte a mené dans les flames.
Mais l'eſprit tout de feu du brave & docte enfant
Voloit deſſus l'erreur d'un ſçavoir triomphant,
Et malgré leurs diſcours, leurs fuittes & leurs ruzes,
Il laiſſoit les caphards ſans mot & ſans excuſes.
La mort n'appelloit point ce bel entendement
A regarder ſon front, mais ſur chaque argument
Prompt, aigu, adviſé, ſans doubte & ſans refuge,
En les rendant tranſis, il eut grace de juge.

A la fin du combat ces deux Eleazards
Sur l'enfant à genoux couchant leurs chefs vieillards;
Sortirent les premiers du monde & des miseres,
Et leur filz en chantant courut aprés ses peres.
 O cœurs mourants à vie indomptez & vainqueurs,
O combien vostre mort fit revivre de cœurs!
 Nostre grand Beroalde a veu, docte Gastine,
Avant mourir, ces traicts fruicts de sa discipline;
Ton privé compagnon d'escholles & de jeux
L'escrit : le fasse Dieu ton compagnon de feux!
 O bienheureux celuy, qui quand l'homme le tuë,
Arrache de l'erreur tant d'esprits par sa veuë :
Qui monstre les thresors & graces de son Dieu,
Qui butine en mourant tant d'esprits au millieu
Des spectateurs esleus : telle mort est suivie
Presque tousjours du gain de mainte belle vie;
Mais les martyrs ont eu moins de contentement,
De qui la laide nuict cache le beau tourment.
Non que l'ambition y soit quelque salaire :
Le salaire est en Dieu à qui la nuict est claire,
Pourtant beau l'instrument de qui l'exemple sert
A gaigner en mourant la brebis qui se perd.
 Je ne t'oublieray pas, o ame bien heureuse;
Je tireray ton nom de la nuict tenebreuse;
Ton martyre secret, ton exemple caché
Sera par mes escrits des ombres arraché.
Du berceau, du tombeau, je releve une fille,
De qui je ne diray le nom ni la famille :
Le pere encor vivant plein de graces de Dieu,
En païs estranger lira en quelque lieu
Quelle fut cette mort dont il forma la vie.
Ce pere avoit tiré de la grand boucherie
Sa fidelle moitié d'une tremblante main,
Et un de leurs enfans qui lui pendoit au sein.

Deux filles qui cuidoient que le nœud de la race
Au sein de leurs parents trouveroit quelque place,
Se vont jetter aux bras de ceux de qui le sang
De la tendre pitié debvoit brusler le flanc.
Ces parents, mais bourreaux, par leurs douces parolles,
Par menaces aprés contraignoient aux idolles
Ces cœurs vouez à Dieu, puis l'aveugle courroux
Des inutiles mots les fit courir aux coups.
Par trente jours entiers ces filles dechirees
De verges & fers chauds demeurent asseurees :
La nuict on les espie, & leurs sanglantes mains
Joinctes tendoient au Ciel. Ces proches inhumains
Dessus ces tendres corps impiteux s'endurcirent,
Si que hors de l'espoir de les vaincre ils sortirent.
En plus noire mi-nuict ilz se jettent dehors :
La plus jeune n'aiant place entiere en son corps
Est prise de la fiebvre & tombe à demi-morte,
Sans poulx, sans mouvement, sur le seuil d'une porte ;
L'autre s'enfuit d'effroy, & ne peut ce discours
Poursuivre plus avant le succés de ses jours.
Le jour estant levé, le peuple esmeu advise
Cet enfant que les coups & que le sang desguise,
Inconneu, pour autant qu'en la nuict elle avoit
Fuy de son logis plus loing qu'elle pouvoit.
On porte à l'hospital cette ame esvanouye,
Mais si tost qu'elle eut pris la parolle & la vie,
Elle crie en son lict : « O Dieu, double ma foy,
C'est par les maux aussy que les tiens vont à toy :
Je ne t'oublieray point, mais, mon Dieu, fay en sorte
Qu'à la force du mal je devienne plus forte. »
Ce mot donna soupçon : on pense incontinent
Que les esprits d'erreur n'alloient pas enseignant
Les enfans de neufs ans, pour des chansons si belles,
Donner gloire au grand Dieu, au sortir des mamelles.

Jesus Christ, vray berger, sçait ainsy faire choix
De ses tendres brebis, & les marque à la voix.
Au bout de quelques mois desjà la maladie
Eut pitié de l'enfant, & luy laissoit la vie :
La fiebvre s'enfuit, & le dard de la mort
Laissa ce corps si tendre avec un cœur si fort.
L'aveugle cruauté enflamma au contraire
A commettre la mort que la mort n'a peu faire
Les gardes d'hospital, qui un temps par prescheurs,
Par propos importuns d'impiteux seducteurs,
Par menaces après, par picquantes injures,
S'essaierent plonger cette ame en leurs ordures.
L'enfant aux seducteurs disoit quelques raisons,
Contre les menaçans se targuoit d'oraisons :
Et comme ces tourments changeoient de leur maniere,
D'elle mesme elle avoit quelque propre priere.
Pour dernier instrument, ils osterent le pain,
La vie à la mi-morte, en cuidant par la faim
En ses plus tendres ans l'attirer ou contraindre.
Il fut plus malaysé la forcer que l'esteindre :
La vie & non l'envie ils presserent si fort
Qu'elle donne en trois jours les signes de la mort.
Cet enfant, non enfant, mais ame desjà saincte,
De quelque beau discours, de quelque belle plainte,
Estonnoit tous les jours, & n'amollissoit pas
Les vilains instruments d'un languissant trespas.
Il avint que ses mains encores deschirees
Receloient quelque sang aux playes demeurees :
A l'effort de la mort sa main gauche saigna,
Entiere dans son sang innocent se baigna :
En l'air elle haussa cette main desgouttante,
Et pour derniere voix elle dit, gemissante :
« O Dieu, prens-moy la main, prens-la, Dieu secourant,
Soustien-moy, condui-moy au petit demeurant

De mes maux achevez : il ne faut plus qu'une heure
Pour faire qu'en ton sein à mon ayse je meure,
Et que je meure en toy, comme en toy j'ay vescu.
Le mal gaigne le corps, prens l'esprit invaincu. »
Sa parolle affoiblit, à peine elle profere
Les noms demi sonnez de sa sœur & sa mere;
D'un visage plus gay elle tourna les yeux
Vers le ciel de son lict, les plante dans les Cieux :
Puis à petits souspirs, l'ame vive s'advance
Et après les regards & après l'esperance.
Dieu ne refusa point la main de cet enfant,
Son œil vid l'œil mourant, le baisa triomphant,
Sa main luy prit la main, & sa derniere haleine
Fuma au sein de Dieu, qui present à sa peine,
Lui souftint le menton, l'esveilla de sa voix;
Il larmoya sur elle, il ferma de ses doigts
La bouche de loüange, achevant sa priere,
Baissant des mesmes doigts pour la fin la paupiere :
L'air tonna, le Ciel plut, les simples elements
Sentirent à ce coup tourment de ces tourments.

 O François desreiglez, où logent voz polices,
Puis que voz hospitaux servent à tels offices?
Que feront voz bourdeaux & voz brelans pilleurs,
La forest, le rocher, la caverne aux voleurs?

 Mais quoy, des saincts tesmoings la constance affermie
Avoit lassé les poingts de la gent ennemie,
Noyé l'ardeur des feux, seiché le cours des eaux,
Emoussé tous les fers, usé tous les cordeaux,
Quand des autels de Dieu l'inextinguible zelle
Mit au feu l'estomach de maint & maint fidelle,
Sur tout de trois Anglois qui en se complaignant
Que des affections le grand feu s'esteignant,
Avec luy s'estouffoit l'autre flamme ravie,
Qui est l'ame de l'ame & l'esprit de la vie.

Ces grands cœurs ne voulants que l'ennemy rusé
Par un siecle de guerre eut, plus fin, desguisé
En des combats de fer le combat de l'Eglise,
Poussez du doigt de Dieu ilz firent entreprise
D'aller encor livrer un assaut hazardeux
Dans le nid de Sathan : mais de ces trois, les deux
Prescherent en secret, & la ruse ennemie
En secret estouffa leur martyre & leur vie.
Le tiers aprés avoir essayé par le bruict
A cueillir sur leur cendre encore quelque fruict,
Rendit son coup public & publicque sa peine.

 Humains, qui prononcez une sentence humaine
Contre cette action, nommant temerité
Ce que le Ciel depart de magnanimité,
Vous dictes que ce fut un effort de manie
De porter de si loing le thresor de sa vie,
Aller jusques dans Rome, & aux yeux des Romains
Attacquer l'Antechrist, luy arracher des mains
L'idolle consacree, aux pieds l'ayant foulee;
Consacrer à son Dieu son ame consolee ;
Vous qui, sans passion, jugez les passions,
Dont l'esprit tout de feu esprend noz motions,
Lians le doigt de Dieu aux principes ethicques,
Les tesmoignages saincts ne sont pas politicques
Assez à vostre gré : vous ne connoissez point
Combien peut l'Esprit sainct, quand les esprits il poinct.
Que blasmez-vous icy ? l'entreprise bouillante,
Le progrez sans changer, ou la fin triomphante ?
Est-ce entreprendre mal d'aller annoncer Dieu
Du grand siege d'erreur au superbe millieu ?
Est-ce mal avancé la chose encommencee
De changer cinq cents lieux sans changer de pensee ?
Est-ce mal achever de piller tant de cœurs
Dedans les seins tremblants des pasles spectateurs ?

Nous avons veu les fruicts, & ceux que cette escole
Fit en Rome quitter & Rome & son idole.
Ouy, mais c'est desespoir avoir la liberté
En ses mains, & choisir une captivité.
Les trois enfants vivoient libres & à leur ayse :
Mais l'aise leur fut moins douce que la fornaise.
On refusoit la mort à ces premiers Chrestiens
Qui recerchoient la mort sans fers & sans liens :
Paul mis en liberté d'un coup du Ciel, refuse
La douce liberté : qui est-ce qui l'accuse?
Apprenez, cœurs transis, esprits lents, juges froids,
A prendre loy d'enhaut, non y donner des loix :
Admirez le secret que l'on ne peut comprendre :
En loüant Dieu, jettez des fleurs sur cette cendre.
 Ce tesmoing endura du peuple esmeu les coups,
Il fut laissé pour mort, non esmeu de courroux,
Et puis voyant cercher des peines plus subtiles
Et rengrener sa peine, il dit : « Cerchez, Perilles,
Cerchez quelques tourments longs & ingenieux,
Le coup de l'Eternel n'en paroistra que mieux :
Mon ame, contre qui la mort n'est gueres forte,
Aime à la mettre bas de quelque brave sorte. »
Sur un asne on le lie, & six torches en feu
Le vont de ruë en ruë asseichant peu à peu.
On brusle tout premier & sa bouche & sa langue;
A un des boutte-feux il fit cette harangue :
« Tu n'auras pas l'esprit : Qui t'a, chetif, appris
Que Dieu n'entendra point les voix de noz esprits? »
Les flambeaux traversoient les deux joües rosties
Qu'on entendit : Seigneur, pardonne à leurs follies.
Ils bruslent son visage, ils luy crevent les yeux,
Pour chasser la pitié en le monstrant hideux :
Le peuple s'y trompoit, mais le Ciel de sa place
Ne contempla jamais une plus claire face :

Jamais le Paradis n'a ouvert ſes threſors
Plus riant à eſprit ſeparé de ſon corps.
Chriſt luy donna ſa marque, & le voulut faire eſtre
Imitateur privé des honneurs de ſon maiſtre,
Monté deſſus l'aſnon, pour entrer tout en paix
Dans la Hieruſalem permanente à jamais.
  Ouy, le Ciel arrouſa ces graines eſpanduës,
Les cendres que fouloit Rome parmy ſes ruës :
Teſmoing ce blanc viellard, que trois ans de priſons
Avoient mis par delà le roolle des griſons,
Qui à ondes couvroit de neiges ſans froidure
Les deux bras de cheveux, de barbe la ceinture.
Ce cygne fut tiré de ſon obſcur eſtuy
Pour gagner par l'effroy ce que ne peut l'ennuy :
De prés il vit briſer ſi douloureuſe vie,
Et tout au lieu de peur anima ſon envie :
Le docte confeſſeur qui au feu l'aſſiſta,
Changé, le lendemain en chaire preſenta
Sa vie au meſme feu, maintenant l'innocence
De ſon viellard client : la paiſible aſſiſtance
Sans murmure eſcouta les nouvelles raiſons,
Apprit de ſon preſcheur comment, dans les priſons,
Celuy qui eut de ſolde un eſcu par journee,
Avoit entre les fers ſa depence ordonnee,
Vivant d'un ſol de pain : ainſy le priſonnier
En un pauvre crotton le fit riche auſmonier.
Ce peuple pour ouir ces choſes eut oreilles,
Mais n'eut pour l'accuſer de langue ; les merveilles
De Dieu font quelquefois en la conſtante mort
Ou en la liberté quelque fois leur effort.
  De meſme eſcolle vint, aprés un peu d'eſpace,
Le Maigre capucin : ceſtuycy en la face
Du Pape non clement l'appella ante-Chriſt,
Faiſant de vive voix ce qu'autre par eſcrit.

Il avoit recerché dedans le cloiſtre immonde
La ſeparation des ordures du monde :
Mais y aiant trouvé du monde les retraicts,
Quarante jours entiers il deſploia les traicts,
En la chaire d'erreur, de la verité pure,
La robbe de menſonge eſtant ſa couverture.
Un ſien juge choiſy, par luy jugé, appris
Et depuis fugitif, nous donna dans Paris
La ſuitte de ces morts, à eſclorre des vies,
Pour l'honneur des Anglois contre les calomnies :
Mais il ſe raviſſoit ſur ce qu'avoit preſché
L'eſprit ſans corps, par qui le corps bruſlé, ſeiché,
N'eſtoit plus ſa maiſon, mais quelque tendre voile,
Comme un guerrier parfaict campant deſſoubs la toile.
Qu'on menace de feu ces corps desjà briſez :
O combien ſont ces feux par ceux-là meſpriſez !
Ceux-là battent au champ, ces ames militantes
Pour aller au combat mettent le feu aux tentes.

 Le primptemps de l'Egliſe & l'eſté ſont paſſez,
Si ſerez-vous par moy, verds boutons, amaſſez;
Encor eſclorrez-vous, fleurs ſi franches, ſi vives,
Bien que vous paroiſſiez dernieres & tardives :
On ne vous lairra pas, ſimples de ſi grand prix,
Sans vous voir & flairer au celeſte pourpris;
Une roſe d'automne eſt plus qu'une autre exquiſe :
Vous avez esjoui l'automne de l'Egliſe :
Les grands feux de la Chienne oublioient à bruſler,
Le froid du Scorpion rendoit plus calme l'air,
Ceſt air doux qui tout autre en malices excede
Ne fit tiedes voz cœurs en une ſaiſon tiede.
Ce fut lors que l'on vid les Lions embraẓer
Et chaſſer, barriquez, leur Nabucadneẓer,
Qui à ſon vieil Bernard remonſtra ſa contrainte
De l'expoſer au feu, ſi mieux n'aymoit par feinte

S'accommoder au temps : le viellard chevelu
Respond : « Sire, j'estois en tout temps resolu
D'exposer sans regret la fin de mes annees,
Et ores les voiant en un temps terminees
Où mon grand Roy a dit : Je suis contrainct, ces voix
M'osteroient de mourir le deuil si j'en avois.
Or vous & tous ceux-là qui vous ont peu contraindre,
Ne me contraindrez pas, car je ne sçay pas craindre,
Puis que je sçay mourir. » La France avoit mestier
Que ce potier fut Roy, que ce Roy fut potier.
De cest esprit royal la bravade gentille
Mit en fiebvre Henry. De ce temps la Bastille
N'emprisonnoit que Grands : mais à Bernard il faut
Une grande prison & un grand eschaffaut.
Vous eustes ce viellard compagnon en voz peines,
Compagnon de liens, ames Parisiennes.
On vous offrit la vie aux despens de l'honneur :
Mais vostre honneur marcha soubs celuy du Seigneur
Au triomphe immortel, quand du Tyran la peine
Plustot que son amour vous fit choisir la haine.
Nature s'emploiant sur cette extremité
En ce jour vous para d'angelicque beauté :
Et pource qu'elle avoit en son sein preparees
Des graces pour vous rendre en voz jours honorees,
Prodigue, elle versa en un pour ses enfans
Ce qu'elle reservoit pour le cours de voz ans.
Ainsy le beau soleil monstre un plus beau visage,
Faisant un soutre clair soubs l'espaiz du nuage,
Et se faict par regrets & par desirs aimer,
Quand ses raions du soir se plongent en la mer.
On dit du pelerin quand de son lict il bouge,
Qu'il veut le matin blanc & avoir le soir rouge :
Vostre naissance, enfance, ont eu le matin blanc,
Vostre coucher heureux rougit en vostre sang.

Beautez, vous advanciez d'où retournoit Moyse
Quand sa force parut si claire & si exquise.
D'entre les couronnez, le premier couronné
De telz raions se vid le front environné :
Tel en voiant le Ciel fut veu ce grand Estienne,
Quand la force de Dieu brilla dedans la sienne.
O astres bienheureux, qui rendez à nostre œil
Ses mirouers & rayons, lunes du grand soleil!
 Dieu vid donc de ses yeux, d'un moment, dix mil ames
Rire à sa verité, en despitant les flammes :
Les uns qui tout chenus d'ans & de saincteté,
Mouroient blancs de la teste & de la pieté;
Les autres mesprisans au plus fort de leur aage
L'effort de leurs plaisirs, eurent pareil courage
A leurs virilitez; & les petits enfans,
De qui l'ame n'estoit tendre comme les ans,
Donnoient gloire au grand Dieu, & de chansons nouvelles
S'en couroient à la mort au sortir des mamelles.
Quelques uns des plus grands, de qui Dieu ne voulut
Le salut impossible, & d'autres qu'il esleut,
Pour prouver par la mort constamment recerchee
La docte verité comme ilz l'avoient preschee.
Mais beaucoup plus à plain qu'aux Doctes & aux Grands,
Sur les pauvres abjects sainctement ignorants
Parut sa grand bonté, quand les braves courages,
Que Dieu voulut tirer des fanges des villages,
Vindrent faire rougir devant les yeux des Roys
La folle vanité; l'esprit donna des voix
Aux muets pour parler, aux ignorants des langues,
Aux simples des raisons, des preuves, des harangues,
Ne les fit que l'organe à prononcer les mots
Qui des Docteurs du monde effaçoient les propos.
Des inventeurs subtils les peines plus cruelles
N'ont attendri le sein des simples damoiselles :

Leurs membres delicats ont souffert en maint lieu
Le glaive & les fagots en donnant gloire à Dieu ;
Du Tout-Puissant la force aux cœurs mesme des femmes
Donna vaincre la mort & combattre les flammes :
Les cordes des geoliers deviennent leurs carquans,
Les chaines des posteaux leurs mignards jaserans :
Sans plaindre leurs cheveux, leur vie & leurs delices,
Elles les ont à Dieu rendus en sacrifices.
 Quand la guerre, la peste & la faim s'approchoient,
Les trompettes d'Enfer plus eschauffez preschoient
Les armes, les fagots, &, pour appaiser l'ire
Du Ciel, on presentoit un fidelle au martyre :
« Nous serions, disoient-ilz, paisibles, saouls & sains,
Si ces meschants vouloient faire priere aux Saincts. »
Vous eussiez dit plus vray, langues fausses & folles,
En disant : ce mal vient de servir aux idolles :
Parfaicts imitateurs des abusez Païens,
Appaisez-vous le Ciel par si tristes moiens ?
Vous deschirez encor & les noms & les vies
Des inhumanitez & mesmes calomnies
Que Rome la payenne infidelle inventa,
Lors que le filz de Dieu sa banniere y planta.
Nous sommes des premiers images veritables :
Imprudents, vous prenez des Nerons les vocables.
Encontre ces Chrestiens tout s'esmeut par un bruit
Qu'ils mangeoient les enfants, qu'ils s'assembloient la nuict
Pour tüer la chandelle & faire des meslanges
D'inceste, d'adultere & des crimes estranges.
Ils voioient tous les jours ces Chrestiens accusez
Ne cercher que l'horreur des grands feux embrasez,
Et Cyprian disoit : « Les personnes charnelles
Qui aiment leurs plaisirs, cerchent-ils des fins telles ?
Comment pourroit la mort loger dans les desirs
De ceux qui ont pour Dieu la chair & les plaisirs ? »

Jugez de quel crayon, de quelle couleur vive
Nous portons dans le front l'Eglise primitive.
 O bienheureux esprits qui en changeans de lieu,
Changez la guerre en paix, & qui aux yeux de Dieu,
Souffrez, mourez pour tel de qui la recompense
N'a le vouloir borné, non plus que la puissance!
Ce Dieu là vous a veus, & n'a aimé des Cieux
L'indicible plaisir, pour approcher ses yeux
Et sa force de vous : cette constance extresme
Qui vous a faict tuër l'Enfer & la Mort blesme,
Qui a fait les petits resister aux plus grands,
Qui a fait les bergers vainqueurs sur les Tyrans,
Vient de Dieu, qui present au millieu de voz flammes,
Fit mespriser les corps pour delivrer les ames.
Ainsy en ces combats, ce grand Chef souverain
Commande de la voix & combat de la main :
Il marche au rang des siens; nul champion en peine
N'est sans la main de Dieu, qui par la main le meine.
 Quand Dieu eut tournoyé la terre toute en feu
Contre sa verité, & aprés qu'il eut veu
La souffrance des siens, au contraire il advise
Ceux qui tiennent le lieu & le nom de l'Eglise,
Yvres de sang, de vin, qui enflez au millieu
Du monde & des malheurs, blasphement contre Dieu,
Presidants sur le fer commandent à la guerre,
Possedants les grandeurs, les honneurs de la terre,
Portoient la croix en l'or, & non pas en leurs cœurs,
N'estoient persecutez, mais bien persecuteurs :
Au Conseil des Tyrans ils eslevoient leurs crestes,
Signoient & refusoient des peuples les requestes,
Jugeoient & partageoient, en grondans comme chiens,
Des pauvres de l'Eglise & les droicts & les biens :
Sel sans saveur, bois verd qui sans feu rends fumee,
Nuage sans liqueur, abondance affamee,

Comme l'arbre enterré au deſſus du nombril,
Offuſqué par ſa graiſſe eſt par elle ſteril :
D'ailleurs leurs fautes ſont deſcouvertes & nuës :
Dieu les vid au travers leurs feuilles mal couſuës,
Se diſans Conſeillers, deſquels l'ordre & le rang
Ne permet de tuër & de juger au ſang :
Ceux-là changeans de nom, & ne changeants d'office,
Aprés ſolliciteurs, nos juges des ſupplices,
Furent trouvez ſortants des jeux & des feſtins
Ronſler aux ſeins enſlez de leur paſles putains.
 Dieu voulut en voir plus, mais de regret & d'ire
Tout ſon ſang eſcuma : il fuit, il ſe retire,
Met ſes mains au devant de ſes yeux en courroux.
Le Tout-Puiſſant ne peut reſider entre nous,
Sa barbe & ſes cheveux de fureur heriſſerent,
Les ſourcils de ſon front en rides s'enfoncerent,
Ses yeux changez en feu jetterent pleurs amers,
Son ſein enflé de vent vomiſſoit des eſclairs.
 Il ſe repentit donc d'avoir formé la terre :
Tantoſt il prit au poing une maſſe de guerre,
Une boeſte de peſte, & de famine un vent,
Il veut meſler la mer & l'air en un moment,
Pour faire encor un coup, en un arche recloſe,
L'eſlection des ſiens. Il penſe, il ſe propoſe
Son alliance ſaincte : il veut garder ſa foy
A ceux qui n'en ont point, car ce n'eſt pas un Roy
Tel que les Tyranneaux qui remparent leur vie
De glaives, de poiſons & de la perfidie.
Il tient encor ſerrez les maux, les eaux, les feux,
Et pour laiſſer combler le vice au vicieux,
Souffrit & n'aima pas, permit & ne fut cauſe
Du reſte de noz maux : puis d'une longue pauſe,
Penſant profondement, courba ſon chef dolent,
Finit un dur penſer d'un ſanglot violent :

Il croiza ses deux bras, vers le Ciel les releve :
Son cœur ne peut plus faire avec le monde treve.
Lors d'un pied depité refrappant par sept fois
La poudre, il fit venir quatre vents soubs les loix
D'un chariot volant, puis sans ouvrir sa veuë,
Il sauta de la terre en l'obscur de la nuë :
La terre se noircit d'espais aveuglement,
Et le Ciel rayonna d'heureux contentement.

LIVRE CINQUIEME.

LES FERS.

Dieu retira ses yeux de la terre ennemie :
La Justice & la Foy, la lumiere & la vie
S'envolerent au Ciel : des tenebres l'espais
Jouissoit de la terre & des hommes en paix.
Comme un Roy justicier quelque fois abandonne
La royalle cité, siege de sa couronne,
Pour en faisant le tour de son royaume entier,
Voir si ses Vices-Rois exercent leur mestier,
Aux lieux plus eslognez refrener la licence
Que les peuples mutins prenent en son absence :
Puis ayant poursuivy sa visite & son tour,
S'en reva desiré en son premier sejour.
Son Parlement, sa Cour, son Paris ordinaire,
A son heureux retour, ne sçavent quelle chere
Ne quels gestes mouvoir, pour au Roy tesmoigner
Que tout plaisir voulut avec luy s'eslogner,
Tout plaisir retourner au retour de sa face.
Ainsy (sans definir de l'Eternel la place,

Mais comme il est permis aux tesmoignages saincts
Comprendre le celeste aux termes des humains)
Ce grand Roy de tous rois, ce Prince de tous princes,
Lassé de visiter ses rebelles provinces,
Se rassit en son throsne, & d'honneur couronné
Fit au peuple du Ciel voir son chef rayonné.
Les celestes bourgeois affamez de sa gloire
Volants par millions à ce palais d'yvoire :
Les habitants du Ciel comparurent à l'œil
Du grand Soleil du monde, & de ce beau Soleil
Les Seraphins ravis le contemploient à veuë ;
Les Cherubins couverts (ainsy que d'une nuë)
L'adoroient soubs un voile : un chacun en son lieu,
Extatic reluisoit à la face de Dieu.
Cet amas bien heureux mesloit de sa presence
Clarté dessus clarté, puissance sur puissance :
Le haut pouvoir de Dieu sur tout pouvoir estoit,
Et son throsne eslevé sur les throsnes montoit.

 Parmy les purs Esprits survint l'Esprit immonde,
Quand Satan, halletant d'avoir tourné le monde,
Se glissa dans la presse : aussy tost l'œil divin
De tant d'Esprits benits tria l'Esprit malin.
Il n'esbloüit de Dieu la clarté singuliere,
Quoy qu'il fut desguisé en Ange de lumiere :
Car sa face estoit belle, & ses yeux clairs & beaux,
Leur fureur addoucie ; il desguisoit ses peaux
D'un voile pur & blanc de robbes reluisantes :
De ses reins retroussez les pennes blanchissantes
Et les aisles croissaient sur l'eschine en repos :
Ainsy que ses habits il farda ses propos,
Et composoit encor sa contenance douce,
Quand Dieu l'empougne au bras, le tire, se courrouce,
Le separe de tous, & l'interroge ainsy :
« D'ou viens-tu, faux Satan ? que viens-tu faire icy ? »

Lors le trompeur trompé d'asseuré devient blesme,
L'enchanteur se trouva desenchanté luy mesme;
Son front se seillonna, ses cheveux herissez,
Ses yeux flambants dessoubs les sourcils refroncez;
Le crespe blanchissant, qui les cheveux luy cœuvre,
Se change en mesme peau que porte la couleuvre
Qu'on appelle Coëffee, ou bien en telle peau
Que le serpent mué despouille au temps nouveau :
La bouche devint pasle, un changement estrange
Luy donna front du diable & osta celuy d'Ange :
L'ordure le flestrit, tout au long se respand,
La teste se descoëffe & se change en serpent :
Le pennache luisant & les plumes si belles
Dont il contrefaisoit les angelicques aisles,
Tout ce blanc se ternit : ces aisles, peu à peu
Noires, se vont tachant de cent marques de feu ;
En Dragon affricain lors sa peau mouchettee,
Comme un ventre d'aspic se trouve marquettee.
Il tomba sur la voute, où son corps s'allongeant,
De diverses couleurs & venin se changeant,
Le ventre jaunissant & noirastre la queuë,
Pour un Ange trompeur mit un serpent en veuë.
La parolle luy faut, le front de l'effronté
Ne pouvoit supporter la saincte Majesté.
Qui a veu quelque fois prendre un coupeur de bourse,
Son œuvre dans ses mains, qui ne peut à la course
Se sauver, desguiser ou nier son forfaict ?
Satan n'a plus les tours desquels il se deffaict :
S'il fuit, le doigt de Dieu par tout le monde vole :
S'il ment, Dieu juge tout & connoist sa parole.
Le Criminel pressé, repressé plusieurs fois,
Tout enroüé trouva l'usage de la voix,
Et respond en tremblant : « *Je viens de voir la terre,*
La visiter, la ceindre & y faire la guerre,

Tromper, tenter, ravir, tacher à decevoir
Le riche en ses plaisirs, le pauvre au desespoir :
Je viens de redresser emprise sur emprise,
Les fers aprés les feux encontre ton Eglise :
Je viens des noirs cachots tristes d'obscurité,
Piper les foibles cœurs du nom de liberté,
Fasciner le vulgaire en estranges merveilles,
Assieger de grandeur des plus grands les oreilles,
Peindre aux cœurs amoureux le lustre des beautez,
Aux cruels par mes feux doubler les cruautez,
Appaster (sans saouler) le vicieux du vice,
D'honneur l'ambition, de presents l'avarice.

« *Pourtant (dit l'Eternel), si tu as esprouvé*
La constance des miens, Satan, tu as trouvé
Toute confusion sur ton visage blesme,
Quand mes saincts champions en tuant la mort mesme,
Des cœurs plus abbrutis arrachent les souspirs :
Tu as grincé les dents en voiant ces martyrs
Te destruire la chair, le monde & ses puissances,
Et les tableaux hideux de leurs noires offences
Que tu leur affrontois, & quand je t'ay permis
De les livrer aux mains de leurs durs ennemis,
La peine & la douleur sur leur chair augmentee
A veu le corps destruit, non l'ame espouventee. »

Le Calomniateur respondit : « *Je sçay bien*
Qu'à un vivre facheux la mort est moins que rien
Ces cerveaux à qui l'heur & le plaisir tu ostes,
Seichez par la vapeur qui sort des fausses costes,
S'affligent de terreurs, font en soy des prisons
Qui ferment le guichet aux humaines raisons.
Ils sont chassez par tout, & si las de leur fuitte
Qu'au repos des crottons la peine les invite :
On leur oste les biens, ils sont pressez de faim,
Ils ayment la prison qui leur donne du pain.

*Puis vivants sans plaisir, n'auront-ils point envie
De guerir par la mort une mortelle vie?
Aux cachots estouffez on les va secourir
Quand on leur va donner un peu d'air pour mourir.
La pesanteur des fers, quand on les en delivre,
Leur est quelque soulas au changement de vivre :
L'obscur de leurs prisons à ces desesperez
Faict desirer les feux dont ils sont esclairez.
Mais si tu veux tirer la preuve de ces ames,
Oste les des couteaux, des cordeaux, & des flammes :
Laisse l'aize venir, change l'adversité
Au favorable temps de la prosperité,
Metz les à la fumee & au feu des batailles,
Verse de leurs haineux à leurs pieds les entrailles;
Qu'ils manient du sang, enflamme un peu leurs yeux
Du nom de conquerans ou de victorieux;
Pousse les Gouverneurs des villes & provinces,
Jette dans leurs troupeaux l'excellence des Princes,
Qu'ils soient solliciteurs d'honneur, d'or & de bien,
Meslons l'estat des Rois un peu avec le tien.
Le vent de la faveur passe sur ces courages;
Que je les ploie au gain & aux macquerelages;
Qu'ils soient de mes prudents, & pour le faire court,
Je leur montre le Ciel au mirouër de la Court :
Puis aprés tout soudain, que ta face changee
Abandonne sans cœur la bande encouragee,
Et lors pour essaier ces hauts & braves cœurs,
Laisse les chatouiller d'ongles de massacreurs,
Laisse les deschirer, ils auront leur fiance
En leurs Princes puissants, & non en ta puissance.
Des Princes les meilleurs au combat periront,
Les autres au besoing lasches le trahiront,
Ils ne connoistront point ni la foy, ni la grace,
Ains te blasphemeront, Eternel, en ta face.*

Si tout ne reüſſit, j'ay encor un tiſon
Dedans mon arcenal, qui aura ſa ſaiſon,
C'eſt la guerre d'argent qu'aprés tout je prepare.
Quand le regne ſera hors les mains d'un avare,
De tant de braves cœurs & d'excellents eſprits,
Bien peu refuſeront du ſang juſte le prix :
C'eſt alors que je tiens plus ſeure la deffaicte,
Quand le mal d'Iſrael viendra par le Prophete.
Que je faſſe toucher l'hypocrite Paſteur
L'impure penſion ; ſi bien qu'eſprit menteur,
J'entre aux chefs des Achabs par langues desbauchees,
De mes cornus donnans des ſoufflets aux Michées.
Ces faux Sedecias, puiſſants d'or & faveur,
Vaincront par doux propos ſoubs le nom de Sauveur :
Flatteurs, ils poliront de leurs friandes limes
Des diſcours æquivocques & les mots homonimes.
Deſchaine moy les poings, remets entre mes mains
Ces Chreſtiens obſtinez, qui parmy les humains
Font gloire de ton nom ; ſi ma force eſt eſteinte,
Lors je confeſſeray que ton Egliſe eſt ſaincte. »
  « Je te permets, Satan (diſt l'Eternel alors),
D'eſteindre par le fer la plus part de leur corps :
Fay ſelon ton deſſein les ames reſervees,
Qui ſont en mon conſeil avant les temps ſauvees.
Ton filet n'enclorra que les abandonnez
Qui furent nez pour toy premier que feuſſent nez :
Mes champions vainqueurs, vaiſſeaux de ma victoire,
Feront ſervir ta ruſe & ta peine à ma gloire. »
Le Ciel pur ſe fendit ; ſe fendant il eſlance
Ceſte peſte du Ciel aux peſtes de la France :
Il trouble tout, paſſant : car, à ſon devaller,
Son precipice eſmeut les malices de l'air,
Leur donne pour tambour & chamade un tonnerre :
L'air qui eſtoit en paix, confus ſe trouve en guerre.

Les esprits des humains agitez de fureurs
Eurent part au changer des corps superieurs.
L'esprit dans un Typhon piroüettant arrive
De Seine tout poudreux à l'ondoyante rive.
 Ce que premier il trouve à son advenement
Fut le preparatif du brave bastiment
Que desseignoit pour lors la peste Florentine :
De dix mille maisons il voüa la ruine
Pour estoffe au dessein : le serpent captieux
Entra dans cette royne, & pour y entrer mieux
Fit un corps aeré de colomnes parfaictes,
De pavillons hautains, de folles giroüettes,
De domes accomplis, d'escaliers sans noyaux,
Fenestrages dorez, pillastres & portaux,
Des salles, cabinets, des chambres, galeries,
En fin d'un tel project que sont les Thuileries.
Comme idee il gaigna l'imagination.
Du chef de Jesabel il print posession ;
L'ardent desir logé avorte d'autres vices :
Car ce que peut troubler ces desseins d'edifices
Est condamné à mort par ces volans desirs
A qui le sang n'est cher pour servir aux plaisirs.
Ce butin conquesté, cet œil ardent descouvre
Tant de gibier pour soy dans le palais du Louvre :
Il s'acharne au pillage, & l'enchanteur rusé,
Tantost en Conseiller finement desguisé,
En Prescheur penitent & en homme d'Eglise,
Il mutine aisement, il conjure, il attise.
Le sang, l'esprit, le cœur & l'oreille des Grands,
Rien ne luy est fermé, mesme il entre dedans
Le Conseil plus estroit : pour mieux filer sa trame.
Quelquefois il se vest d'un visage de femme,
Et pour pipper un cœur s'arme d'une beauté.
S'il faut s'authoriser, il prend l'authorité

D'un visage chenu qu'en rides il assemble,
Penchant son corps vouté sur un baston qui tremble,
Donne au proverbe vieux ce que peut faire l'art
Pour y accommoder le style d'un vieillard.
Pour l'œil d'un fat bigot l'affronteur hypocrite
De chapelets s'enchaine en guise d'un hermite,
Chaussé de capuchons & de frocs inconnus;
Se faict pallir de froid par les pieds demi nus;
Se faict frere ignorant, pour plaire à l'ignorance,
Puis souverain des Roys par poincts de conscience;
Faict le sçavant, depart aux siecles la vertu,
Ment le nom de Jesus : de deux robbes vestu,
Il faict le justicier pour tromper la justice,
Il se transforme en or pour vaincre l'avarice
Du grand temple Romain; il esleve aux hauts lieux
Ses esclaves gaignez, les faict rouer des yeux,
Les precipite au mal, où cet Esprit immonde
D'un haut mont leur promet les royaumes du monde.
Il desploie en marchand à ses jeunes Seigneurs,
Pour traffic de peché, de France les honneurs :
Cependant visitant l'ame de maint fidelle,
Il pippe un zelateur de son aveugle zelle :
Il desploie piteux tant de malheurs passez,
En donne un goust amer à ces esprits lassez :
Il desespere l'un, l'autre il perd d'esperance,
Il estrangle en son lict la blanche patience,
Et cette patience il reduit en fureur:
Il monstre son pouvoir d'efficace d'erreur :
Il faict que l'assaillant en audace persiste,
Et l'autre à la fureur par la fureur resiste.
 Ce project estably, Satan en toutes parts
Des regnes d'Occident despescha ses soldarts :
Les ordes legions d'Anges noirs s'envolerent,
Que les Enfers esmeus à ce poinct decouplerent :

Ce font ces Esprits noirs qui de subtils pinceaux
Ont mis au Vatican les excellens tableaux,
Où l'Antechrist faoulé de vengeance & de playe,
Sur l'effect de ses mains en triomphant s'esgaie.
　　Si l'Enfer fut esmeu, le Ciel le fut aussy.
Les Esprits vigilans, qui ont tousjours soucy
De garder leurs agneaux, le camp sacré des Anges
Destournoit des Chrestiens ces accidents estranges.
Tels contraires desseins produisirent çà bas
Des purs & des impurs les assidus combats.
Chacun des Esprits saincts ayant fourni sa tasche,
Et retourné au Ciel comme à prendre relache,
Representoit au vif d'un compas mesuré,
Dans le large parvis du haut Ciel azuré,
Aux yeux de l'Eternel, d'une science exquise,
Les hontes de Satan, les combats de l'Eglise.
Le Paradis plus beau de spectacles si beaux
Aima le parement de tels sacrez tableaux,
Si que du vif esclat de couleurs immortelles
Les voutes du haut Ciel reluiserent plus belles.
Tels serviteurs de Dieu, peintres ingenieux,
Par ouvrages divins representoient aux yeux
Des Martyrs bien heureux une autre saison pire
Que la saison des Feux n'avoit faict le martyre.
En cela fut permis aux Esprits triomphans
De voir l'estat piteux, ou l'heur de leurs enfans;
Les peres contemploient l'admirable constance
De leur posterité qui en tendrette enfance,
Pressoient les mesmes pas qu'ils leur avoient tracez:
Autres voioient du Ciel leurs portraicts effacez
Sur leur race doubteuse, en l'ame qui deteste
Les degenerez cœurs, jaçoit qu'il ne leur reste
De passion charnelle, & qu'en ce sacré lieu
Il n'i ait zelle aucun que la gloire de Dieu.

Encor pour cette gloire à leurs filz ils prononcent
Le redoutable arrest de celuy qu'ils renoncent,
Comme les dons du Ciel ne vont de rang en rang
S'attachans à la race, à la chair & au sang.
Tantost ils remarquoient les bras pesants de Moyse,
Et d'Israel fuiant l'enseigne en terre mise :
Puis Dieu leve ses bras & cette enseigne, alors
Qu'afoiblis aux moiens, par foy nous sommes forts :
Puis elle deperit, quand orgueilleux, nous sommes,
Sans le secours de Dieu, secourus par les hommes.
 Les zelateurs de Dieu, les citoyens peris
En combattant pour Christ, les loix & le païs,
Remarquoient aisement les batailles, les bandes,
Les personnes à part & petites & grandes.
Ceux qui de tels combats passerent dans les Cieux,
Des yeux de leurs esprits voient des autres yeux.
Dieu met en cette main la plume pour escrire
Où un jour il mettra le glaive de son ire :
Les conseils plus secrets, les heures & les jours,
Les actes & le temps sont par soigneux discours
Adjoutez au pinceau; jamais à la memoire
Ne fut si doctement sacré une autre histoire :
Car le temps s'y distingue, & tout l'ordre des faicts
Est si parfaictement par les Anges parfaicts
Escrit, desduit, compté, que par les mains sçavantes
Les plus vieilles saisons encor luy sont presentes.
La fureur, l'ignorance, un Prince redoubté,
Ne font en ces discours tort à la verité.
 Les yeux des bien heureux aux peintures advisent
Plus qu'un pinceau ne peut, & en l'histoire lisent
Les premiers Fers tirez & les emotions
Qui brusloient d'un subject diverses nations.
Dans le Ciel, desguisé historien des terres,
Ilz lisent en leurs paix les efforts de noz guerres :

Et les premiers objects de ses yeux saincts & beaux
Furent au rencontrer de ces premiers tableaux.
Le premier vous presente une aveugle Bellonne
Qui s'irrite de soy, contre soy s'enfellonne,
Ne souffre rien d'entier, veut tout voir à morceaux.
On la void deschirer de ses ongles ses peaux :
Ses cheveux gris, sans loy, sont sanglantes viperes,
Qui luy crevent le sein, dos & ventre d'ulceres,
Tant de coups qu'ils ne font qu'une playe en son corps
La Louve boit son sang, & faict son pain de morts.
Voicy de toutes parts du circuy de la France,
Du brave Languedoc, de la seiche Provence,
Du noble Daulphiné, du riche Lyonnois,
Des Bourguignons testus, des legers Champenois,
Des Picards hazardeux, de Normandie forte,
Voicy le Breton franc, le Poictou qui tout porte,
Le Xaintongeois heureux, & les Gascons soldarts,
Des bords à leur millieu branslent de toutes parts
Par troupeaux departis, & payés de leur zeles,
Gardent secret & foy en trois mille cervelles :
Secret rare aujourd'huy en trois fronts de ce temps ;
Et le zele & la foy estoient en leur printemps,
Ferme entre les soldats, mais sans foy & sans bride
En ceux qui respiroient l'air de la Cour perfide.

 Voicy les deux François l'un sur l'autre enragez,
D'ame, d'esprit, & sens & courage changez.

 Tel est l'hideux pourtraict de la guerre civille,
Qui produit soubs ses pieds une petite ville,
Pleine de corps meurtris en la place estendus,
Son fleuve de noiés, ses creneaux de pendus.
Là dessus l'eschaffaut qui tient toute la place :
Entre les condamnés un esleve sa face
Vers le Ciel, luy monstrant le sang fumant & chaud
Des premiers estestez, puis s'escria tout haut,

Hauſſant les mains du ſang des ſiens enſanglantees :
« *O Dieu, puiſſant vengeur, tes mains ſeront oſtees*
De ton ſein, car cecy du haut Ciel tu verras,
Et de cent mille morts à poinct te vengeras. »
Aprés ſe vient enfler une puiſſante armee,
Remarquable de fer, de feux & de fumee,
Où les Reiſtres, couverts de noir & de fureurs,
Departent des François les tragicques erreurs.
Les deux chefs y ſont pris, & leur dure rencontre
La defaveur du Ciel à l'un & l'autre monſtre.
Vous voiez la Victoire en la plaine de Dreux
Les deux favoriſer pour ruiner les deux.
Comme en large chemin le pantelant yvrogne
Ondoye çà & là, s'approchant il s'eſlongne,
Ainſy les deux coſtez heurte & fuit à la fois
La Victoire troublee, yvre du ſang françois :
L'Inſolence parmy les deux camps ſe pourmeine,
Les faict vaincre vaincus tout à la Cadmeene.
C'eſt le vaiſſeau noié, qui verſé au profond,
Ne laiſſe aux plus heureux que l'heur d'eſtre ſecond :
L'un ruine en vainquant ſa doubteuſe victoire,
L'autre au debris de ſoy & des ſiens prend ſa gloire.
Dieu eut à deſplaiſir tels moiens pour les ſiens,
Affoiblit leurs efforts pour montrer ſes moiens.
Comme on void en celuy qui prodigua ſa vie
Pour tüer Holoferne affligeant Bethulie,
Où, quand les abbatus ſuccomboient ſoubs le faix,
La mort des turbulents donne vie à la paix.

 L'homme ſage pour ſoy faict quelque paix en terre,
Et Dieu non ſatisfaict commance une autre guerre.
L'homme penſe eviter les fleaux du Ciel vengeur,
N'aiant la paix à Dieu, ni la paix en ſon cœur.

 Une autre grand peinture eſt plus loing arrangee
Où, pour le ſecond coup, Babel eſt aſſiegee.

Un fort petit troupeau, peu de temps, peu de lieu,
Font de trés grands effects ; celuy qui trompoit Dieu,
Son rang & ses amis, son sang & sa patrie,
Perdit l'estat, l'honneur, le combat & la vie.
Là vous voyez comment la chrestienne vertu
Par le doigt du grand Dieu a si bien combatu,
Que les meschants troublez de leurs succés estranges
Penserent esbahis faire la guerre aux Anges.

 Voicy renaistre encor des ordres tous nouveaux,
Des guerres icy-bas & au Ciel des tableaux,
Où s'est peu voir celuy qui là doublement Prince,
Mesprise soubs ses pieds le reigne & la province.
Il remarque Jarnac, & contemple joyeux
Pour qui, comment & quel il passe dans les Cieux :
Il void comme il perça une trouppe pressee,
Brisant encor sa jambe auparavant cassee ;
Aislé de sa vertu, il vole au Ciel nouveau,
Et son bourreau demeure à soy mesme bourreau.

 Les autres d'autre part marquent au vif rangees
Mille troupes en feu, les villes assiegees,
Les assauts repoussez & les saccagements,
Escarmouches, combats, meurtres, embrazements :
Combat de Saint-Yrier, icy tu fais paroistre
Que quand la pluye eut mis en fange le salpestre,
Le camp Royal aux mains aresté & battu,
Esprouva des Chrestiens le fer & la vertu.
Puis en grand marge luit, sans qu'un seul traict y faille,
Du sanglant Montcontour la sanglante bataille.
Là on joua de sang, là le fer inhumain,
Insolent besongna dans l'insolente main ;
Plus à souffrir la mort qu'à la donner habille,
Moins propre à guerroyer qu'à la fureur civille.

 Dieu fit la force vaine & l'appuy vain perir
Quand l'Eglise n'eut plus la marque de souffrir,

Connoiſſant les humains qui n'ont leur eſperance
En leur puiſſant ſecours que vaincus d'impuiſſance.
Ainſy d'autres combats moindres, mais violents,
Amoliſſent le cœur des Tyrans inſolents.
Des camps les plus enfleʒ les rencontres mortelles
Tournent en deſſaveur & en deuil aux fidelles;
Mais les petits troupeaux, favoriſeʒ des Cieux,
Choiſis des Gedeons chantent victorieux.
Auſſy Dieu n'a pas mis ſes vertus enfermees
Au nombre plus eſpais des puiſſantes armees :
Il veut vaincre par ſoy & rendre conſoleʒ
Les camps tout ruineʒ & les cœurs deſoleʒ;
Les tirer du tombeau affin que la victoire
De luy, & non de nous, eterniʒe la gloire;
C'eſt pourquoy Dieu maudit les Roys du peuple hebrieu
Qui contoient leurs ſoldats, non la force de Dieu.
  Icy prend ſon tableau la pieuſe Renee,
Fille de ce Louis, qui par la renommee
Fut dit Pere du peuple; entre les bras royaux
Eſtoient cachés de Dieu les ſerviteurs loyaux :
Mais le nombre eſtant creu juſqu'à mille familles,
Du grand puits infernal les puantes chenilles
Infecterent le ſein de Charles ſans pitié,
Luy firent mettre aux pieds l'honneur & l'amitié.
Il perdit le reſpect d'une tante ſi ſaincte;
Un meſſager de mort luy porta la contraincte
De degarnir cinq cents ou fouiers ou logis,
Et d'en vuider les murs du triſte Montargis.
Voicy femmes, viellards & enfants qui n'ont armes
Que des cris vers le Ciel, vers la terre des larmes,
Dans le chemin de mort. Telle qui autrefois
Avoit en grand langueur faict ſes couches d'un mois,
Les faict ſans s'arreſter, heureuſe & ſans peine :
Une tient d'une main un enfant qu'elle meine,

L'autre luy tient la robbe, & le tiers sur les bras :
Le quart s'appuye en vain sur son vieux pere las;
Le malade se traine ou par ordre se jette
Sur le rare secours d'une vile charrette.
Ce troupeau harassé & de vivre & d'aller
Vid sur les bords du Loire eslever dedans l'air
De poussiere un grand corps, & puis dans le nuage
Leur parut des meurtriers le hideux esquipage,
Trois cornettes, & soubs les funestes drappeaux
Brilloient les coutelas dans les mains des bourreaux :
Mais encor à la gauche une autre moindre trouppe
S'avance de plus prés & tout espoir luy couppe,
Horsmis celuy du Ciel. Là vont les yeux de tous,
Qui ploians cœurs & mains, atterrent les genoux.
Et le Pasteur Beaumont, comme on faict aux batailles,
Harangua de ces mots un escadron d'ouailles :
« Que fuyons-nous ? la vie. Que cerchons-nous ? la mort.
Cerchons-nous la tempeste ? avons nous peur du port ?
Tendons les mains à Dieu, puisqu'il nous les veut tendre,
Et luy disons : « Mon ame en tes mains je viens rendre,
Car tu m'as racheté, o Dieu de verité ! »
De gauche le troupeau s'estoit jà arresté,
Admirant le spectacle, & comme il s'avoisine,
L'un reconneust sa sœur, & l'autre sa cousine.
C'estoyent cent Chevaliers, qui depuis Montcontour
Avoient tracé de France un presque demi tour,
Vers leur païs natal à poinct se vindrent rendre
Pour des gorges des loups ces agnelets deffendre.
Leur loisir fut de faire une haye au devant
Des prosternez, & puis mettre l'espee au vent.
Bien que l'ennemy fut au double & davantage,
Au changer de gibier se fondit leur courage;
Ils s'estoyent apprestés à fendre du couteau
L'estamine, linomple & la tendrette peau :

Mais ils trouvent du fer, qui à peu de despence
Mit en pieces le tout horsmis un qui s'elance
Dedans un arbre creux, eschappant de ce lieu
Pour effrayer les siens des merveilles de Dieu.
Mais je voy Navarrin : sa delivrance estrange
Faict sonner de Bearn une voix de loüange ;
Le haut Ciel aujourd'huy a peint en ses pourpris
Dix mille hommes deffaicts, vingt & deux canons pris,
Une ville, un chasteau, dans l'effroy du desordre
Soubs trente cavalliers perdre l'honneur & l'ordre :
Un seul soleil esclaire à seize cent soldats
Qui conduits d'un lyon rendent tous ces combats.
 Lusson, tu y es peint avec la troupe heureuse
Qui dés le poinct du jour chante victorieuse :
Tes cinq cent renfermez dans l'estroit de ce lieu
Paroissent à genoux, levans les mains à Dieu.
Ils en rompent cinq mil choisis par excellence
Soubs les deux drappeaux blancs de Piedmont & de France.
 Ainsy voy je un combat de plus de dix contre un,
Les Suisses vaincus de la main de Montbrun :
Montbrun, qui n'a reçeu du temps & de l'histoire
Que Cæsar & François compagnons de victoire.
 Encor ay je laissé vers le Rhosne bruiant
Une ville assiegee & un camp s'enfuiant :
La fleur de l'Italie ayant quitté Sainct Gille,
Là trois cents & les eaux en font perir six mille.
Qui voudra se sauver de l'Ægypte infidelle,
Conquerir Canaan & habiter en elle,
O tribus d'Israël, il faut marcher de rang
Dedans le golfe rouge & dans la mer de sang,
Et puis à reins troussez, passer, grimper habilles !
Les deserts sans humeur & les rocs difficilles.
Le pillier du nuage à midi nous conduit,
La colonne de feu nous guidera la nuict.

Nous avons employé jufques icy noz carmes
Pour donner gloire à Dieu pour le fuccez des armes :
Il prend fa gloire encor aux funeftes pourtraicts,
Où les lyons armez de foudres & de traicts,
De la rufe du fiecle & falles perfidies,
Combattants fans party, fe font joué des vies :
Vous viftes oppofer les couteaux aux couteaux ;
Voyez entre les dents des tigres les agneaux,
Dieu benit les vertus comme Dieu des armees :
Les forces des mefchants par force confumees.
   D'un autre part, au Ciel, en fpectacles nouveaux
Luifoient les cruautez, vives en leurs tableaux,
En tableaux eternels, affin que l'ire efmeuë
Du Tout Puiffant vainqueur fume par telle veuë.
Ce ne font plus combats : le fang verfé plus doux
Eft d'odeur plus amere au celefte courroux.
   On void au bout d'un rang une trouppe fidelle
Qui oppofe à la peur la pieté, le zelle,
Qui au nez de Satan voulant louer fon Dieu,
Sacrifie en chantant fa vie au trifte lieu
Où la bande meurtriere arrive impitoyable,
Farouche de regards & d'armes effroyable,
Defchire le troupeau, qui humble ne deffend
Sa vie que de cris : l'un perce, l'autre fend
L'eftomach & le cœur & les mains & les teftes,
Qui n'ont fer que le pleur, & boucliers que requeftes.
Les autres de flambeaux embrazent en cent lieux
Le temple, à celle fin que les aveugles feux
Ne fentent la pitié des faces gemiffantes,
Qui troublent, fans changer, les ames paliffantes.
Là mefme on void flotter un fleuve dont le flanc
Du Chreftien eft la fource, & le flot eft le fang.
Un Cardinal fanglant, les trompettes, les preftres
Aux places de Vaffi & au haut des feneftres

Attifent leur ouvrage, & meurtriers de la voix,
Guettent les efchappez pour les montrer aux doigts.
Les Grands, qui autrefois avoient gravé leurs gloires
Au dos de l'Efpagnol, recerchent pour victoires
Les combats fans parti, recevans pour esbats
Des teftes, jambes, bras & des corps mis à bas :
Et de peur que les voix tremblantes, lamentables,
Ne tirent la pitié des cœurs impitoyables,
Comme au taureau d'airain du fubtil Phalaris,
L'airain de la trompette ofte l'air à leurs cris.

 Aprés, fe void encor une grand troupe armee
Sur les agneaux de Dieu qui paffe envenimee
La vielleffe, l'enfant & les femmes au fil
De leur acier trenchant : celuy eft plus fubtil,
Le plus loué de tous qui, fans changer de face,
Pouffe le fang au vent avec meilleure grace,
Qui brife fans courroux la loi d'humanité.
L'on void dedans le fein de l'enfant tranfporté
Le poignard chaud qui fort des poulmons de la mere :
Le filz s'oppofe au plomb, foudroyé pour le pere,
Donne l'ame pour l'ame, & ce traict d'amitié
Des brutaux impiteux eft mocqué fans pitié.

 Et toy, Sens infenfé, tu appris à la Seine
Premier à s'engraiffer de la fubftance humaine,
A faire fur les eaux un baftiment nouveau,
Preffer un pont de corps, les premiers cheuts dans l'eau,
Les autres fur ceux là. La mort ingenieufe
Froiffoit des tefts les tefts ; fa maniere doubteufe
Faifoit une difpute aux plaies du Martyr
De l'eau qui veut entrer, du fang qui veut fortir.

 Agen fe montre là puante, environnee
Des charongnes des fiens, bien pluftot eftonnee
De voir l'air peftifere empoifonné de morts
Qu'elle ne fut puante à eftrangler les corps.

Cahors y reprefente une infolente audace
D'un peuple desbauché, une nouvelle face.
Des ruiffeaux cramoifis, la pafle Mort couran
Qui crie à defpecher fon foible demeurant.
Puis Satan, efchauffant la beftife civille
A fouler foubs les piedz tout l'honneur de la ville,
N'efpargne le couteau fur ceux mefme des leur
Qui malheureux cuidoient moderer le malheur.
  Mais du tableau de Tours la marque plus bleufe
Effaçoit les premiers, auquel impetueufe
Couroit la multitude aux brutes cruautez
Dont les Scytes gelez feuffent efpouvantez.
Là de l'œil tout puiffant brilla la claire veuë,
Pour remarquer la main & le couteau qui tuë.
C'eft là qu'on void tirer d'un temple des faux-ourgs
Trois cent liez mi morts, affamez par trois jovs,
Puis delivrez ainfy, quand la bande bouchere
Les affomma couplez au bord de la riviere :
Là les tragicques voix l'air fans pitié fendoiet;
Là les enfans dans l'eau un efcu fe vendoient
Arrachez aux marchands, mouroient fans conniffance
De noms, erreurs & temps, marques & differnce.
Mais quel crime avant vivre ont-ils peu encouir?
C'eft affez pour mourir que de pouvoir mourir.
Il faut faire goufter les coups de la tuerie
A ceux qui n'avoient pas encor goufté la vie :
Ainfy bramans, tremblants, traifnez deffus le port
Du fleuve & de leurs jours eftallez à la mort,
Ils avifoient percer les tetins de leurs mères,
Embraffoient les genoux des tueurs de leurs peres;
Leurs petits pieds fuioient le fang, non plus es eaux :
D'un nanny, d'un jamais ils chantoient aux burreaux
Que la verge, fans plus, fupplice d'un tel age,
Les devoit anoblir du fang & du carnage.

Des meres qu'on fendoit un enfant avorté
S'en alla sur les eaux, & sur elles porté
Autant que les regards le pouvoient loing conduire,
Leva son bras au Ciel pour appaiser son ire.
Quelques uns, par pitié, vont reperçant les corps
Où les esprits & cœurs ont des liens trop forts;
Ces fendans aiant faict rencontre d'un visage
Qui de trop de beautez affligeoit leur courage,
Un moins dur laissa cheoir son bras, & puis son fer :
Un autre le releve, & tout plein de l'Enfer,
Deffiant la pitié de pouvoir sur sa veuë,
Despouilla la beauté pour la deschirer nuë,
Prit plaisir à souiller la naifve couleur,
Voiant ternir en mort cette vive blancheur.
Les jeunes gens repris autrefois de leur vice,
Fouilloient au ventre vif du chef de la justice
L'or qu'ils pensoient caché, comme on vid les Romains
Desmesler des Juifs les boyaux de leurs mains.
 Puis on void esclatter montant cette riviere
Un feu rouge qui peint Loire autrefois si claire;
L'eau d'Orleans devint un palais embrazé,
Par les cœurs attizez espris & atizé.
Ils brisent leurs prisons & leurs voix violees,
Pour y faire perir les ames desolees
Des plus paisibles cœurs, qui cerchoient en prison
Logis pour ne se voir taschez de trahison,
Trouvant dedans les bras de la fausse justice,
Pour autel de refuge, autel de sacrifice.
Là vous voyez jetter des eslevez crenaux
Par les meres les filz, guettez en des manteaux;
L'arquebusier tirant celle qui prend envie
De laisser aprés soy une orpheline vie;
Puis les picquiers bandez, tellement affustez
Qu'ils recevoient aux fers les corps precipitez.

Tout ce que Loire, Seine & la Garonne abbreuve,
Estoit par rang despeint comme va chaque fleuve;
Cinquante effects pareils flamboioient en leurs lieux,
Attirant jusqu'à soy par la suitte les yeux.
Le Rhosne n'est exempt, qui par sa fin nous guide
A juger quelle beste est un peuple sans bride.
Je laisse à part un pont rempli de condamnez,
Un Gouverneur aiant ses amis festinez,
Qui leur donne plaisir de deux cents precipices.
Nous voions de tels sauts, represailles, justices.
En suivant, l'œil arrive où deux divers pourtraicts
Representent un peuple armé de divers traicts
Bandez pour deschirer, l'un Mouvant, l'autre Tende.
Il faut que la justice & l'un & l'autre rende
Aux ongles acharnés des affamez mutins.
Ceux là veullent offrir leurs bergers aux mastins;
Mais les chiens, respectans le cœur & les entrailles,
Furent comme Chrestiens punis par ces canailles,
Qui en plusieurs endroicts ont rosty & masché,
Savouré, avalé telz cœurs en plain marché.
Si quelqu'un refusoit, c'estoit à son dommage
Qu'il n'estoit pas bien né pour estre antropophage.
 Point ne sont effacez, encor qu'ils soient plus vieux,
Les traicts de Merindol & Cabriere en feux.
L'œil, suivant les desirs, aux montagnes s'eslongne
Qu'il voioit tapisser des beaux combats d'Angrongne.
 Il contemploit changer en lions les agneaux,
Quand celuy qui jadis fut pasteur des troupeaux,
De l'agneau faict lion, Admiral admirable,
Sachant en autre part la suitte espouvantable
Des succés de sa mort, à ce poinct arriva
Que le troupeau ravy sur ses erres trouva.
Mais il leur fit quitter pour venir à noz aages,
Tels spectacles entiers qui d'image en images,

De pas en pas, menoient les celestes bourgeois
A voir Zischa, Boheme, enfin les Albigeois.
Ils quittent à regret cette file infinie
Des merveilles de Dieu, pour voir la tragedie
Qui efface le reste. Estans arrivé là,
De propheticque voix son ame ainsy parla :
 « *Venez voir comme Dieu chastia son Eglise,*
Quand sur nous, non sur luy, la force fut assize,
Quand devenus prudents, la paix & nostre foy
Eurent pour fondements la promesse du Roy.
Il se montra fidel en l'orde perfidie
De noz haineux, & fit en nous ostant la vie
Rester si abbatu & foible son troupeau,
Qu'en terre il ne trainoit que les os & la peau.
Nous voulions contraster du peuple les finesses,
Nous enfans du Royaume, & Dieu mit noz sagesses
Comme folie au vent : encor l'homme obstiné,
Voiant tout ce qui est des hommes condamné
Et les effets du Ciel loing de son esperance,
Ne peut jamais tirer du mortel sa fiance.
O humains insensez! o folz entendements!
O decrets bien certains des divins jugements! »
 Telle resta l'Eglise aux sangliers eschappee
Que d'un champ tout foullé la face dissipee,
Dont les riches espics tout meurs & jaunissants
Languissent soubs les pieds des chevaux fracassans :
Ou bien ceux que le vent & la foudre & la gresle
Ont haché à morceaux, paille & grain pesle mesle.
Rien ne se peut sauver du millieu des sillons :
Mais bien quelques espics levez des tourbillons
Dans les buissons plus forts, soubs qui la vive guerre
Que leur ont faict les vents les a fichez en terre.
Ceux cy, dessoubs l'abry de ces halliers espais,
Prennent vie en la mort, en la guerre la paix,

Se gardent au printemps puis leurs branches dreſſees,
Des tuteurs aubepins rudement careſſees,
Font paſſer leurs eſpics par la faſcheuſe main
Des buiſſons ennemis, & parviennent en grain :
La branche qui s'oppoſe au paſſer de leur teſtes
Les fache & les retient, mais les ſauve des beſtes.
C'eſt ainſy que ſeront gardez des inhumains,
Pour reſemer l'Egliſe, encore quelques grains
Armez d'afflictions, grains que les mains divines
Font naiſtre à la faveur des poignantes eſpines,
Moiſſon de grand eſpoir : car c'eſt moiſſon de Dieu
Qui la fera renaiſtre en ſon temps, en ſon lieu.

 Jà les vives ſplendeurs des diverſitez peintes
Tiroient, à l'aprocher, les yeux des ames ſainctes;
L'aſpect en arrivant plus fier apparoiſſoit,
L'eſclattante lueur prés de l'œil accroiſſoit.
Premierement entroit en Paris l'infidelle
Une trouppe funebre : on void au millieu d'elle
Deux Princes, des Chreſtiens l'humain & foible eſpoir;
Pour preſage & pour marque ils ſe paroient de noir,
Sur le coup de poizon qui de la tragedie
Joüa l'acte premier en arrachant la vie
A noſtre Debora : après eſt bien deſpeint
Le ſomptueux appreſt, l'amas, l'appareil feint,
La pompe, les feſtins des doubles mariages
Qui deſguiſoient les cœurs & maſquoient les viſages.
La fluſte qui joüa fut la publicque foy;
On pipa de la paix & d'amour de ſon Roy,
Comme un peſcheur, chaſſeur ou oiſeleur appelle
Par l'apas, le gaignage ou amour de femelle,
Soubs l'herbe, dans la naſſe, aux cordes, aux gluaux,
Le poiſſon abuſé, les beſtes, les oiſeaux.
Voicy venir le jour, jour que les deſtinees
Voioient à bas ſourcils gliſſer de deux annees,

Le jour marqué de noir, le terme des appaſts,
Qui voulut eſtre nuict & tourner ſur ſes pas :
Jour qui avec horreur parmy les jours ſe conte,
Qui ſe marque de rouge & rougit de ſa honte.
L'aube ſe veut lever, aube qui eut jadis
Son teinct brunet orné des fleurs de Paradis;
Quand par ſon treillis d'or la roſe cramoiſie
Eſclatoit, on diſoit : « Voicy ou vent, ou pluie. »
Cett' aube que la Mort vient armer & coëffer
D'eſtincellants braſiers ou de tiſons d'Enfer,
Pour ne deſmentir point ſon funeſte viſage,
Fit ſes vents de ſouſpirs, & de ſang ſon orage ;
Elle tire en tremblant du monde le rideau :
Et le Soleil, voyant le ſpectacle nouveau,
A regret eſleva ſon paſle front des ondes,
Tranſy de ſe mirer en noz larmes profondes,
D'y baigner ſes rayons, ouy, le paſle Soleil,
Preſta non le flambeau, mais la torche de l'œil,
Encor pour n'y montrer le beau de ſon viſage,
Tira le voile en l'air d'un louſche & noir nuage.
 Satan n'attendit pas ſon lever : car voicy,
Le front des ſpectateurs s'adviſe à coup tranſy,
Qu'en paiſible minuict, quand le repos de l'homme
Les labeurs & le ſoing en ſilence conſomme,
Comme ſi du profond des eſveilleʒ Enfers
Groüillaſſent tant de feux, de meurtriers & de fers,
La Cité où jadis la loy fut reveree,
Qui à cauſe des lois fut jadis honoree,
Qui diſpenſoit en France & la vie & les droicts,
Où fleuriſſoient les arts, la mere de nos Roys
Vid & ſouffrit en ſoy la populace armee
Trepigner la juſtice à ſes pieds diffamee.
Des bruteaux desbrideʒ les monceaux heriſſeʒ,
Des ouvriers mecanics les ſcadrons amaſſeʒ,

Diffament à leur gré trois mille cheres vies,
Tefmoings, juges & Roys, & bourreaux & parties.
Icy les deux partis ne parlent que françois;
Les Chefs qui redoubtez avoient faict autrefois
Le marchand, delivré de la crainte d'Espagne,
Avoir libre au traffic la mer & la campagne,
Par qui les eftrangers tant de fois combattus,
Le Roy deprifonné de peur de leurs vertus,
Qui avoient entamé les batailles rangees,
Qui n'avoient aux combats cœurs ni faces changees,
L'appuy des vrais François, des traiftres la terreur,
Moururent delaiffez de force, & non de cœur,
Aiants pour ceps leurs licts detenteurs de leurs membres,
Pour geolier leur hofte, & pour prifon leurs chambres,
Par les lievres fuiards armez à millions,
Qui trembloient en tirant la main à ces lions,
De qui la main poltrone & la craintive audace
Ne les pouvoit liez tuer de bonne grace.
Deffoubs le nom du Roy parricide des loix
On deftruifoit les cœurs par qui les Rois font Roys :
Le coquin, poffeffeur de royalle puiffance,
Dans les fanges trainoit le Senateur de France.
Tout riche eftoit profcrit; il ne falloit qu'un mot
Pour vanger fa rancœur foubs le nom d'Huguenot.
Des procés ennuieux fut la longueur finie :
La fille ofte à la mere & le jour & la vie :
Là le frere fentit de fon frere la main,
Le coufin efprouva pour bourreau fon germain :
L'amitié fut fans fruict, la connoiffance efteinte,
La bonne volonté utile comme feinte.

 D'un vifage riant noftre Caton tendoit
Noz yeux avec les fiens & le bout de fon doigt.
A fe voir tranfpercé; puis il nous montra comme
On le coupe à morceaux; fa tefte court à Rome;

Son corps sert de joüet aux badaux ameutez,
Donnant le bransle au cours des autres nouveautez.
La cloche qui marquoit les heures de justice,
Trompette des voleurs, ouvre aux forfaicts la lice :
Ce grand Palais du droict fut contre droict choisy
Pour arborer au vent l'estendart cramoisy :
Guerre sans ennemy, où l'on ne trouve à fendre
Cuirasse que la peau ou la chemise tendre.
L'un se deffend de voix, l'autre assaut de la main :
L'un y porte le fer, l'autre y preste le sein,
Difficille à juger qui est le plus astorge,
L'un à bien esgorger, l'autre à tendre la gorge.
Tout pendart parle haut, tout equitable craint,
Exalte ce qu'il hait ; qui n'a crime le feint.
Il n'est garçon, enfant, qui quelque sang n'espanche,
Pour n'estre veu honteux s'en aller la main blanche.
Les prisons, les palais, les chasteaux, les logis,
Les cabinetz sacrez, les chambres & les licts
Des Princes, leur pouvoir, leur secret, leur sein mesme
Furent marquez des coups de la tuerie extreme.
Rien ne fut plus sacré quand on vid par le Roy
Les autels violez, les pleiges de la foy.
Les Princesses s'en vont de leurs licts, de leurs chambres,
D'horreur, non de pitié, pour ne toucher aux membres
Sanglants & detranchez que le tragicque jour
Mena cercher la vie au nid du faux amour.
Libithine marqua de ses couleurs son siege,
Comme le sang des faons rouille les dents du piege,
Ces licts, pieges fumans, non pas licts, mais tombeaux
Où l'Amour & la Mort trocquerent de flambeaux.
Ce jour voulut monstrer au jour par telles choses
Quels sont les instruments, artifices & causes
Des grands arrests du Ciel. Or desjà vous voyez
L'eau couverte d'humains, de blessez mi noyez ;

Bruiant contre ſes bords la deteſtable Seine,
Qui de poiʒons du ſiecle a ſes deux chantiers pleine,
Tient plus de ſang que d'eau; ſon flot ſe rend caillé,
A tous les coups rompu, de nouveau reſouillé
Par les precipiteʒ : le premier monceau noye,
L'autre eſt tué par ceux que derniers on envoye :
Aux accidents meſleʒ de l'eſtrange forfaict
Le tranchant & les eaux debattent qui l'a faict.
Le pont, jadis conſtruit pour le pain de ſa ville,
Devint triſte eſchaffaut de la fureur civille ;
On voit à l'un des bouts l'huiʒ funeſte choiſi
Pour paſſage de mort, marqué de cramoiſi ;
La funeſte vallee, à tant d'agneaux meurtriere,
Pour jamais gardera le tittre de Miſere,
Et tes quatre bourreaux porteront ſur leur front
Leur part de l'infamie & de l'horreur du pont,
Pont, qui eus pour ta part quatre cent precipices.
Seine veut engloutir, Louvre, tes edifices.
Une fatale nuict en demande huict cents
Et veut aux criminels meſler les innocents.

Qui marche au premier rang des hoſties rangees?
Qui prendra le devant des brebis eſgarees ?

Ton nom demeure vif, ton beau teinct eſt terny,
Piteuſe, diligente & devote Yverny,
Hoſteſſe à l'eſtranger, des pauvres auſmoniere,
Garde de l'hoſpital, des priſons threſoriere.
Point ne t'a cet habit de Nonain garenty,
D'un patin incarnat trahy & dementi ;
Car Dieu n'approuva pas que ſa brebis d'eſlite
Deveſtit le mondain pour veſtir l'hypocrite ;
Et quand il veut tirer du ſepulchre les ſiens,
Il ne veut rien de ſalle à conferer ſes biens.

Mais qu'eſt-ce que je vois? Un chef qui s'entortille,
Par les volans cheveux, autour d'une cheville

Du pont tragicque, un mort qui semble encore beau,
Bien que pasle & transi demi caché en l'eau;
Ses cheveux, arrestans le premier precipice,
Levent le front en haut qui demande justice.
Non, ce n'est pas ce poinct que le corps suspendu
Par un sort bien conduit a deux jours attendu,
C'est un sein bien aimé qui traine encore en vie
Ce qu'attend l'autre sein pour chere compagnie.
Aussy voy je mener le mary condamné,
Percé de trois poygnards aussy tost qu'amené,
Et puis poussé en bas où sa moitié penduë
Receut l'aide de luy qu'elle avoit attenduë :
Car ce corps en tombant des deux bras l'empougna,
Avec sa douce prise accouplé se baigna.
Trois cent, precipitez droict en la mesme place,
N'aiant peu recevoir ni donner cette grace,
Apprens, homme de sang, & ne t'efforce point
A desunir le corps que le Ciel a conjoint.

Je voy le viel Rameau à la fertille branche,
Chappe, caducs rougir leur perruque si blanche;
Briou de pieté comme de poil tout blanc,
Son vieil col embrassé par un Prince du sang
Qui aux coups redoublez s'oppose en son enfance;
On le perce au travers de si foible deffence :
C'estoit faire perir une nef dans le port,
Desrober le mestier à l'aage & à la mort.

Or cependant qu'ainsy par la ville on travaille,
Le Louvre retentit, devient champ de bataille,
Sert aprés d'eschaffaut, quand fenestres, creneaux,
Et terrasses servoient à contempler les eaux,
Si encores sont eaux. Les Dames mi coëffees,
A plaire à leurs mignons s'essayent eschauffees,
Remarquant les meuriris, les membres, les beautez,
Bouffonnent sallement sur leurs infirmitez.

A l'heüre que le Ciel fume de sang & d'ames,
Elles ne plaignent rien que les cheveux des Dames :
C'est à qui aura lieu à marquer de plus prés
Celles que l'on esgorge & que l'on jette aprés.
Les unes qu'ils forçoient avec mortelles poinctes
D'elles mesmes tomber, pensant avoir esteintes
Les ames quand & quand que Dieu ne pouvant voir
Le martyre forcé, prendroit pour desespoir
Le cœur bien esperant. Nostre Sardanapale
Ridé, hideux, changeant, tantost feu, tantost pasle,
Spectateur, par ses cris tous enrouez servoit
De trompette aux maraux ; le hasardeux avoit
Armé son lasche corps : sa valeur estonnee
Fut, au lieu de Conseil, de putains entournee ;
Ce Roy non juste Roy, mais juste arquebusier,
Giboioit aux passans trop tardifs à noier,
Vantant ses coups heureux ; il deteste, il renie,
Pour se faire vanter à telle compagnie.
On voïoit par l'orchestre en tragicque saison
Des comicques Gnatons, des Taïs, un Trazon.
La Mere avec son train hors du Louvre s'eslogne,
Veut jouïr de ses fruicts, estimer la besongne.
Une de son troupeau trotte à cheval trahir
Ceux qui soubs son secret avoient pensé fuir.
En tel estat la Cour, au jour d'esjouïssance,
Se pourmeine au travers des entrailles de France.

 Cependant que Neron amusoit les Romains,
Au theatre & au cirque, à des spectacles vains,
Tels que ceux de Bayonne ou bien des Thuilleries,
De Bloys, de Bar le Duc, aux forts, aux mommeries,
Aux ballets, carrousels, barrieres & combats,
De la guerre naissant les efforts, les esbats,
Il fit par boutte-feux Rome reduire en cendre ;
Cet appetit brutal print plaisir à entendre

Les hurlements divers des peuples affolez,
Rioit sur l'affligé, sur les cœurs desolez,
En attisant tousjours la braise mi esteinte,
Pour sur les os cendreux tyranniser sans crainéte.
Quand les feux, non son cœur, furent saouls de malheurs,
Par les pleurs des martyrs il appaisa les pleurs
Des Romains abusez : car des prisons remplies
Arrachant les Chrestiens, il immola leurs vies,
Holocaustes nouveaux, pour offrir à ses Dieux
Les sainéts expiateurs & causes de ses feux.
Les esbats coustumiers de ses aprés-disnees
Estoient à contempler les faces condamnees
Des chers tesmoings de Dieu, pour plaisirs consommés
Par les feux, par les dents des lyons affamés.
Ainsy l'embrazement des masures de France
Humilie le peuple, esleve l'arrogance
Du Tyran : car au pris que l'impuissance naist,
Au pris peut il pour loy prononcer : Il me plaist.
Le peuple n'a des yeux à son mal ; il s'applicque
A nourrir son voleur en cerchant l'hereticque ;
Il fait les vrais Chrestiens cause de peste & faim,
Changeant la terre en fer & le Ciel en airain.
Ceux là servent d'hostie, injustes sacrifices
Dont il faut expier de noz Princes les vices,
Qui fronçants en ce lieu l'espais de leurs sourcils,
Resistent aux souspirs de tant d'hommes transis :
Comme un Domitian pourveu de telles armes,
Des Romains qui trembloient espouvantoit les larmes,
Devoyant la pitié, destournant autre part
Les yeux à contempler son flamboiant regard.
 Charles tenoit en peur par des regards semblables
De nos Princes captifs les regrets lamentables,
Tuoit l'espoir en eux en leur faisant sentir
Que le front qui menace est loing du repentir.

Aux yeux des prisonniers le fier changea de face,
Oubliant le desdain de sa fiere grimace,
Quand aprés la sepmaine il sauta de son lict,
Esveilla tous les siens pour entendre à minuict
L'air abboyant de voix, de tel esclat de plaintes,
Que le Tyran cuydant les fureurs non esteintes,
Et qu'aprés les trois jours pour le meurtre ordonnez,
Se seroient les felons encores mutinez,
Il despescha par tout inutiles deffences.
Il void que l'air seul est l'echo de ses offences,
Il tremble, il faict trembler par dix ou douze nuicts
Les cœurs des assistants quels qu'ils fussent, & puis
Le jour effraie l'œil, quand l'insensé decouvre
Les courbeaux noircissants les pavillons du Louvre.

Catherine au cœur dur par feinte s'esjouit,
La tendre Elisabeth tombe & s'esvanouit;
Du Roy jusqu'à la mort la conscience immonde
Le ronge sur le soir, toute la nuict luy gronde,
Le jour siffle en serpent; sa propre ame luy nuit,
Elle mesme se craint, elle d'elle s'enfuit.

Toy, Prince prisonnier, tesmoing de ces merveilles,
Tu as de tels discours enseigné noz oreilles;
On a veu à la table, en public, tes cheveux
Herisser en contant tels accidents affreux.
Si un jour oublieux tu en perds la memoire,
Dieu s'en souviendra bien à ta honte, à sa gloire.
L'homme ne fut plus homme, ains le signe plus grand
D'un excez sans mesure apparut quant & quant:
Car il ne fut permis aux yeux forcez du pere
De pleurer sur son filz; sans parolle la mere
Voyoit traisner le fruict de son ventre & son cœur;
La plainte fut sans voix, muette la douleur.

L'espion attentif, redoublé, prenoit garde
Sur celuy qui d'un œil moins furieux regarde.

L'oreille de la mouche espie en tous endroicts
Si quelque bouche preste à son ame la voix.
Si quelqu'un va cercher en la barge commune
Son mort, pour son tesmoing il ne prend que la lune.
Aussy bien au clair jour ces membres detranchez
Ne se discernent plus fidellement cerchez.
Que si la tendre fille ou bien l'espouse tendre
Cerchent pere ou mary, crainte de se mesprendre,
En tirent un semblable, & puis disent : « Je tien,
Je baise mon espoux ou du moins un Chrestien. »
 Ce fut crime sur tout de donner sepulture
Aux repoussés des eaux, somme que la nature,
Le sang, le sens, l'honneur, la loy d'humanité,
L'amitié, le debvoir & la proximité,
Tout esprit & pitié delaissez par la crainte,
Virent l'ame immortelle à cette fois esteinte.
 A ce luisant patron, au grand commandement
Pressé par les Amans, porté legerement,
Mille folles citez à faces desguisees
Se trouvent aussi tost à tuer embrazees.
Le mesme jour esmeut à mesmes choses Meaux
Qui pour se delecter de quelques traicts nouveaux,
Parmy six cent noiez, victimes immolees,
Vit au pas de la mort vingt femmes violees.
 On void Loire, inconneu tout farouche, laver
Les pieds d'une cité qui venoit d'achever
Seize cent pougnardez, attachez à douzaines ;
Le palais d'Orleans en vid les salles pleines
Dont l'amas fit une isle, une chaussee, un mont
Lequel fit refouller le fleuve contremont,
Et dessus & dessoubs, & les mains & les villes
Qui n'avoient pas trempé dans les guerres civilles,
Troublent à cette fois Loire d'un teinct nouveau,
Chacun aiant gagné dans ce rang un tableau.

Lion, tous les lions refuferent l'office;
Le vil executeur de la haute juftice,
Le foldat, l'eftranger, les braves garnifons
Dirent que leur valeur ne s'exerce aux prifons;
Quand les bras & les mains, les ongles detefterent
D'eftre les inftruments qui la peau dechirerent,
Ton ventre te donna de quoy percer ton flanc,
L'ordure des boyaux fe creva dans ton fang.

 Voila Tournon, Viviers & Vienne & Valance
Pouffant avec terreur de Lyon l'infolence,
Troublez de mille corps qu'ils eflongnent; & puis
Arles, qui n'a chez foy ne fontaines ne puits,
Souffrit mourir de foif, quand du fang le paffage
Dix jours leur deffendit du Rhofne le breuvage.
Icy, l'Ange troifiefme efpandit à fon rang
Au Rhofne fa phiole, & ce fleuve fut fang.
Icy l'Ange des eaux cria : « Dieu qu'on adore
Qui es, qui as efté & qui feras encore,
Icy tu as le droict pour tes Saincts exercé,
Verfant du fang à boire à ceux qui l'ont verfé. »
Seine le rencherit : fes deux cornes diftantes
Ne fouffrirent leurs gents demeurer innocentes;
Troye d'un bout, Roüan de l'autre fe font voir
Qui ouvrent leurs prifons pour un funefte efpoir,
Et puis par divers jours & par le roolle ils nomment
Huict cent teftes qu'en ordre & defordre ils affomment.

 Thouloufe y adjoufta la foy du Parlement,
Fit crier la feurté, pour plus defloyaument
Conferver le renom de Royne des cruelles.

 Mais tant d'autres citez jufques alors pucelles,
De qui l'air ou les arts amoliffent les cœurs,
De qui la Mort bannie hayffoit les douceurs,
N'ont en fin refifté aux dures influences
Qui leur donnent le branfle aux communes cadences.

Angers, tu l'as senti ; mere des escoliers,
Tu l'as senti courtois & delicat Poictiers.
   Favorable Bourdeaux, le nom de favorable
Se perdit en suivant l'exemple abominable.
Dax suivit mesme jeu ; leurs voisins belliqueux
Prirent autre patron & autre exemple qu'eux.
Tu as (dis-tu) soldats, & non bourreaux, Bayonne ;
Tu as de liberté emporté la couronne,
Couronne de douceur qui en si dur meschef,
De cloux de diamants est ferme sur ton chef.
   Où voulez-vous, mes yeux, courir ville aprés ville,
Pour descrire des morts jusques à trente mille ?
Quels mots trouverez-vous, quel style, pour nommer
Tant de flots renaissans de l'impiteuse mer ?
OEil, qui as leu ces traicts, si tu escoute, oreille,
Encor un peu d'haleine à sçavoir la merveille
De ceux que Dieu tira des ombres du tombeau.
Nous changeons de propos. Voy encore ce tableau
De Bourges : on y connoist la brigade constante
De quelques citoyens, bien contez pour quarante
Et recontez aprés, affin qu'il n'arrivast
Que par mesgarde aucun condamné se sauvast.
Au naistre du soleil, un à un on les tuë,
On les met cinq à cinq exposez à la veuë
Du transy magistrat ; le conte bien trouvé
Acertena la Mort que rien n'estoit sauvé.
Cette injuste justice au tiers jour amassee,
Oit le son estouffé, la voix triste & cassee
D'un gosier languissant. Ceux qui par plusieurs fois
Cercherent curieux d'où partoit cette voix,
Descouvrent à la fin qu'un viellard plein d'envie
D'alonger les travaux, les peines & la vie,
S'estoit precipité dans un profond pertuis.
La faim fit resonner l'abysme de son puits,

Eſtant un des bouchers depeſché en ſa place.
Ces juges contemploient avec craintive face
Du ſiecle un vray pourtraict, du malheur un miroir;
Ils luy donnent du pain, pour en luy faire voir
Comment Dieu met la vie au peril plus extreme,
Parmy les os & nerfs de la Mort paſle & bleſme,
Releve l'eſtonné, affoiblit le plus fort,
Pour donner au meurtrier, par ſon couteau, la mort.

Caumont, qui à douze ans eus ton pere & ton frere
Pour cuiraſſe peſante, appren ce qu'il faut faire,
Quel Prince t'a tiré, quel bras fut ton ſecours :
Tes pere & frere ſont deſſus toy tous les jours.
Nature vous forma d'une meſme ſubſtance,
La Mort vous aſſembla comme fit la naiſſance;
Couſu, mort avec eux & vif, tu as de quoy
Tes compagnons de mort faire vivre par toy.
Ton ſein eſt pour jamais teinct du ſang de tes proches,
Dieu t'a ſauvé par grace, ou bien c'eſt pour reproches :
Grace, en mettant pour luy l'eſprit qui t'a remis,
Reproche, en te faiſant ſerf de tes ennemis.

De pareille façon on void couché en terre
Celuy qu'en trente lieux ſon ennemi enferre :
Une trouppe y accourt dont chacun fut laſſé
De repercer encor le ſeing deſjà percé :
Puis l'ennemy retourne, & couché face à face
Il met de ſon poignard la poincte ſur la place
Où il juge le cœur; en redoublant trois fois
Du goſier blaſphemant luy ſortit cette voix :
« Va t'en dire à ton Dieu qu'il te ſauve à cette heure. »
Mais, homme, tu mentis, car il faut que tu meure
De la main du meurtry : certes le Dieu vivant
Pour ame lui donna de ſa bouche le vent,
Et cette voix qui Dieu & ſa force deffie
Donne mort au meurtrier & au meurtry la vie.

*Voicy, de peur d'Achas, un Prophete caché
En un lieu hors d'accez, en vain trois jours cerché.
Une poulle le treuve, & sans faillir prend cure
De pondre dans sa main trois jours de nourriture.
O Chrestiens fugitifs, redoubtez-vous la faim?
Le pain est don de Dieu, qui sçait nourrir sans pain :
Sa main despechera commissaires de vie,
La poulle de Merlin ou les corbeaux d'Helie.
 Reniers eut tel secours & vid un corbeau tel,
Quand Vessins furieux, son ennemy mortel,
Luy fit de deux cent lieux escorte & compagnie;
Il attendoit la mort dont il receut la vie,
N'aiant tout le chemin ni propos ni devis,
Sinon, au separer, ce magnifique advis :
« Je te reprocheray, Reniers, mon assistance
Si du faict de Paris tu ne prens la vengeance. »
 Moy, qui rallie ainsy les eschappez de mort,
Pour prester voix & mains au Dieu de leur support,
Qui chante à l'advenir leurs frayeurs & leurs peines,
Et puis leurs libertez, me tairai-je des miennes?
 Parmy ces apres temps, l'esprit ayant laissé
Aux assassins mon corps en divers lieux percé,
Par l'Ange consolant mes ameres blessures,
Bien qu'impur fut mené dans les regions pures.
Sept heures lui parut le celeste pourpris
Pour voir les beaux secrets & tableaux que j'escris :
Soit qu'un songe au matin m'ait donné ces images,
Soit qu'en la pasmoison l'esprit fit ces voyages,
Ne t'enquiers (mon lecteur) comment il vid & fit,
Mais donne gloire à Dieu en faisant ton profit;
Et cependant qu'en luy extaticq je me pasme,
Tourne à bien les chaleurs de mon entousiasme.
 Doncques, le front tourné vers le Midi ardent,
Paroissoient du Zenith, panchant vers l'Occident,*

Les spectacles passez qui tournoient sur la droicte.
Ce qui est audevant est cela qui s'exploicte.
Là esclattent encor cent pourtraicts eslongnez,
Où se monstrent les filz du siecle embesognez :
On void qu'en plusieurs lieux les bourreaux refuserent
Ce que bourgeois, voisins & parents acheverent.
L'esprit, lassé par force, advisa le monceau
Des Chrestiens condamnez qui (nuds jusqu'à la peau)
Attendent par deux jours quelque main ennemie
Pour leur venir oster la faim avec la vie.
Puis voicy arriver secours aux enfermez,
Les bouchers aux bras nuds, au sang accoustumez,
Armez de leurs couteaux qui apprestent les bestes,
Et ne font qu'un corps mort de bien quatre cent testes.

 Les temples de Baalims estoient remplis de cris
De ceux de qui les corps, comme vuides d'esprits,
Vivans du seul sentir, par force, par paroles,
Par menaces, par coups s'enclinoient aux idoles;
Et à pas regrettez les infirmes de cœur,
Pour la peur des humains, de Dieu perdoient la peur.
Ces desolez, transis par une aveugle envie
D'un vivre malheureux, quittoient l'heureuse vie,
La pluspart preparans, en se faisant ce tort,
Les ames à la gehenne & les corps à la mort,
Quand Dieu juste permit que ces piteux exemples
N'allongeassent leurs jours que sur le sueil des temples.
Non pourtant que son œil de pitié fut osté,
Que le Sainct Esprit fut blessé d'infirmité :
Sa grâce y mit la main. Tels estoient les visages
Des jugements à terme accomplis en noz aages.

 A la gauche du Ciel, au lieu de ces tableaux,
Esblouissent les yeux les astres clairs & beaux,
Infinis millions de brillantes estoilles
Que les vapeurs d'en bas n'offusquent de leurs voiles.

En lignes, poincts & ronds, parfaicts ou imparfaicts
Font ce que nous lisons après dans les effects.
L'Ange m'en faict leçon (disant) : « Voila les restes
Des hauts secrets du Ciel : là les Bourgeois celestes
Ne lisent qu'aux rayons de la face de Dieu ;
C'est de tout l'advenir le registre, le lieu
Où la harpe royalle estoit lors eslevee
Qu'elle en sonna ces mots : Pour jamais engravee
Est dedans le haut Ciel que tu creas jadis
La vraye eternité de tout ce que tu dis.
C'est le registre sainct des actions secrettes,
Fermé d'autant de sceaux qu'il y a de planettes.
Le Prophete domteur des lyons indomptez
Le nomme en ses escrits l'escrit de veritez ;
Tout y est bien marqué, nul humain ne l'explicque.
Ce livre n'est ouvert qu'à la trouppe angelicque,
Puis aux esleus de Dieu, quand en perfection
L'ame & le corps goustront la resurrection.
Cependant ces pourtraicts leur mettent en presence
Les biens & maux presents de leur très chere engeance. »
Je romps pour demander : « Quoy ! les resuscitez
Pourront-ils discerner de leurs proximitez
Les visages, les noms, se souvenans encore
De ceux là que la Mort oublieuse devore ? »
L'Ange respond : « L'estat de la perfection
Ravit à l'Eternel toute l'affection :
Mais puis qu'ils sont parfaicts en leur comble, faut croire
Parfaicte connoissance & parfaicte memoire. »
 Cependant sur le poinct de ton heureux retour,
Esprit, qui as de Dieu eu le zele & l'amour,
Vois-tu ce rang si beau de luisants caracteres ?
C'est le cours merveilleux des succez de tes freres.
Voila un camp maudit, à son malheur planté,
Aux bords de l'Occean, abbayant la cité,

La saincte Bethulie aux agnelets defence,
Des petits le bouclier, des hautains la vengeance.
Là finissent leurs jours, l'espoir & les fureurs,
Tuez, mais non au lict, vingt mille massacreurs.
Dieu fit marcher, voulant delivrer sans armee
La Rochelle poudreuse & Sancerre affamee,
Les visages nouveaux des Sarmates razez,
Secourables aux bons, pour eux mal advisez :
Que voy-je? L'Ocean à la face inconnuë,
Qui en contrefaisant la nourriciere nuë,
D'où le desert blanchit par les celestes dons
Veut blanchir le rivage abrié de sourdons.
Dictes, Physiciens, qui faictes Dieu nature,
Comment la mer, n'aiant mis cette nourriture
Dans ce havre jamais, trouva ce nouveau pain
Au poinct que dans le siege entroit la pasle faim?
Et pourquoy cette manne & pasture nouvelle,
Quand la faim s'en alla, s'enfuit avec elle?
Le Ciel prend à plaisir, Rochelois, voz tableaux,
Memoire du miracle, & en faict de plus beaux.

Vois-tu dessous noz pieds une flamme si nette,
Une estoille sans nom, sans cheveux un comette,
Phanal sur le Bethleem, mais funeste flambeau
Qui meine par le sang Charle Herode au tombeau.
Jesabel par poizons & par prisons besongne
Pour sur le throsne voir le fuitif de Polongne:
Il trouve à son retour, non des agneaux craintifs,
Mais des lyons trompez, retraitte aux fugitifs.

De la mer du Midy & des Alpes encore,
L'esprit va resveiller qui en esprit adore
Aux costeaux de la Clergue, aux Pirenes gelez,
Aux Sevennes d'Auvergne : en voyla d'appelez.
Les cailloux & les rocs prenent & forme & vie,
Pour guerroyer de Dieu la lignee ennemie,

*Pour eſtre d'Abraham tige continuel,
Et relever ſur pied l'enſeigne d'Iſraël;
Conduits par les bergers, deſtituez de Princes,
Partagent par moitié du regne les provinces;
Contre la vanité les filz des vanitez
S'arment, leurs confidents par eux ſont tourmentez.*

 *Je voy l'amas des Rois & Conſeillers de terre
Qui changent une paix aux progrez d'une guerre,
Un Roy mangeant l'hoſtie & l'idolle, en jurant
D'achever des Chreſtiens le foible demeurant,
Ni eſpargner le ſang du peuple ni la vie,
Les promeſſes, les voix, la foy, la perfidie.*

 *François, mauvais François, de l'affligé troupeau
Se faict le conducteur, & puis, traiſtre & bourreau,
Porte au Septentrion ſes infidelles trames;
Vaincu par les agneaux, il engage les ames
Complices des autheurs de ſes deſſeins pervers,
A paver en un jour de charongnes Anvers:
Car Dieu faict tout mentir, menaces & injures;
Tant de ſubtils conſeils ſont tous ces Rois parjures,
Frappez d'eſtonnement, & bien punis dequoy
Ils ont mis en meſpris la parolle & la foy,
Par la force il les rend perfides à eux meſmes;
Le vent fit un joüet de leurs braves blaſphemes.*

 *Voila vers le Midy trois Rois en pieces mis,
Les ennemis de Dieu pris par ſes ennemis.
Le venin de la Cour preparé s'achemine
Pour mener à Sanſon Dalila Philiſtine.*

 *Un Roy, cerchant ſecours parmy les ſerfs, n'a rien
Que pour rendre vainqeur le grand Iberien:
Celuy là prend de l'or, en faict une ſemence
Qui contre les François reconjure la France,
Ses peuples toſt aprés contre luy conjurez,
Par contraintes vertus vengez & delivrez.*

Celuy qui de regner sur le monde machine
S'engraisse pour les poux, curee à la vermine.
  Voy deux camps, dont l'un prie & soupire en s'armant,
L'autre presomptueux menace en blasphemant.
O Coutras! combien tost cette petite pleine
Est de cinq mille morts & de vengeance pleine!
  Voicy Paris armé soubs les loix du Guysard :
Il chasse de sa Cour l'hypocrite renard,
Qui tire son chasseur aprés en sa tasniere.
Les noieurs n'ont tombeau que la trouble riviere,
Les maistres des tueurs perissent de poignards,
Les supposts des bruslans par les brusleurs sont ards.
Loire, qui fut bourrelle, aura le soing de rendre
Les brins esparpillés de leur infame cendre.
Aussy tost leur boucher de ses bouchers pressé,
Des proscripts secouru, se void des siens laissé ;
Son Procureur, jadis des martirs la partie,
Procure & meine au Roy le trancheur de sa vie,
Au mois, jour & logis, à la chambre & au lieu
Où à mort il jugea la famille de Dieu ;
Faict gibier d'un cagot vilain porte-besace,
Il quitte au condamné ses fardeaux & sa place.
  Arques n'est oublié, ny le succez d'Yvry.
Connois par qui tu fus victorieux, Henry ;
Tout ploye soubs ton heur, mais il est predit comme
Ce qu'on debvoit à Dieu fut pour le Dieu de Rome.
  Paris, tu es reduitte à digerer l'humain ;
Trois cent mille des tiens perissent par la faim
Dans le tour de dix lieuës, qu'à chasque paix frivolle
Tu donnois pour limitte au pain de la parolle.
  Si tu pouvois connoistre, ainsy que je connois,
Combien je voy lier de Princes & de Roys
Par les venins subtils de la bande hypocrite,
Par l'arsenic qu'espand l'engeance Loyolite !

O Suede, o Mosco, Polongne, Austriche, helas!
Quels changements premier que vous en soiez las!
　　Que te diray-je plus? Ces estoilles obscures
Escrivent à regret les choses plus impures.
O qu'aprés long travail, long repos, longue nuict
La lassitude en France & à ses bords produit!
Que te profitera, mon enfant, que tu voye
Quelque peu de fumee au fond de la Savoye,
Un sursaut de Geneve, un catarreux sommeil,
Venise voir du jour une aube sans soleil?
Quoy plus? la main de Dieu, douce, docte & puis rude
A parfaire trente ans l'entiere ingratitude,
Et puis à la punir : o funestes apprests!
Flambeau luisant esteint ne void rien de plus prés.
　　Tu verrois bien encor, aprés un tour de sphere,
Un double dueil forcé, le filz de l'adultere,
Berceau, tombeau, captifs, gouster tout & vomir,
Albion degeneree, endormie endormir,
Perdre les siens & faire aux assassins la planche,
Perir tant de citez & sur toutes la blanche;
Les Bataves aprés un faux pas relever;
Les Germains atterrez & leur reste sauver :
Ceux là trouvent en soy l'abandonné remede :
Voy en Septentrion l'Orient de Suede;
On tire d'Occident au lieu des morts les biens;
Un grand Roy du Midi dechassé par les siens;
Vers l'Inde une grandeur qui en naissant renverse
Celle des Ottomans, du Tartare & du Perse :
Voiez prendre & coëffer au Cerbere d'Enfer
De fer le caducee & la mitre de fer.
Lors la porque Italie à son rang fume & souffre
L'odeur qui luy faschoit de la mitre & du souphre,
Et l'Europe d'un coup peut porter & armer
Trente armees sur terre & sept dessus la mer.

Voy de Hierufalem la nation remife,
L'Antechrift abbatu, en triomphe l'Eglife.
Holà! car le grand Juge en fon throfne eft affis
Si toft que l'aere joint à noz mille trois fix.
 Retourne à ta moitié, n'attache plus ta veuë
Au loifir de l'Eglife, au repos de Capuë.
Il te faut retourner fatisfaict en ton lieu,
Employer ton bras droict aux vengeances de Dieu.
Exerce tout le jour ton fer & ton courage,
Et ta plume de nuict : que jamais autre ouvrage,
Bien que plus delicat, ne te femble plaifant
Au prix des hauts fecrets du firmament luifant.
Ne chante que de Dieu, n'oubliant que luy mefme
T'a retiré : voila ton corps fanglant & blefme,
Recueilly à Thalcy, fur une table, feul,
A qui on a donné pour fuaire un linceul.
Rapporte luy la vie en l'amour naturelle
Que fon mafle tu dois porter à ta femelle.
Tu m'as montré, o Dieu, que celuy qui te fert
Sauve fa vie alors que pour toy il la perd :
Ta main m'a delivré, je te facre la mienne;
Je remets en ton fein cette ame qui eft tienne :
Tu m'as donné la voix, je te loueray, mon Dieu!
Je chanteray ton los & ta force, au milieu
De tes facrez parvis ; je feray tes merveilles,
Ta deffence & tes coups retentir aux oreilles
Des Princes de la terre, & fi le peuple bas
Sçaura par moy comment les Tyrans tu abbats.
Mais premier que d'entrer au prevoir & defcrire
Tes derniers jugements, les arrefts de ton ire,
Il faut faire une paufe & finir ces difcours
Par une vifion qui couronne fes jours,
L'efprit aiant encor congé, par fon extafe,
De ne fuivre, efcrivant, du vulgaire la phrafe.

L'Occean donc eſtoit tranquille & ſommeillant
Au bout du ſein Breton, qui s'enfle en recueillant
Tous les fleuves françois, la tournoyante Seine,
La Gironde, Charente & Loire & la Vilaine.
Ce viellard refoulloit ſes cheveux gris & blonds,
Sur un lict relevé dans ſon paiſible fonds,
Marqueté de coral & d'unions exquiſes,
Les ſachets d'ambre gris deſſous ſes treſſes griſes.
Les vents les plus diſcrets lui chatouilloient le dos;
Les Lymphes de leurs mains avoient faict ce repos,
La paillaſſe de mouſſe & les matras d'eſponge :
Mais ce profond ſommeil fut reſveillé d'un ſonge;
La lame de la mer eſtant comme du laict,
Les nids des Alcyons y nageoient à ſouhait :
Entre les flots ſalleʒ & les ondes de terre
S'eſmeut par accidens une ſubtile guerre :
Le dormant penſe ouïr un contraſte de vents,
Qui du bout de la mer juſqu'aux ſables mouvants,
Troubloient tout ſon Royaume, & ſans qu'il y conſente
Vouloient à ſon deceu ordonner la tourmente.
« Comment (dit le viellard) l'air volage & leger
Ne ſera-il jamais laſſé de m'outrager,
De ravager ainſy mes provinces proffondes ?
Les ondes font les vents, comme les vents les ondes;
Ou bien l'air pour le moins ne s'anime en fureurs
Sans le conſentement des corps ſuperieurs :
Je pouſſe les vapeurs cauſes de la tourmente,
L'air ſoit content de l'air, l'eau de l'eau eſt contente. »
Le ſonge le trompoit, comme quand nous voions
Un ſoldat s'affuſter, auſſytoſt nous oions
Le bruict d'une feneſtre ou celuy d'une porte,
Quand l'eſprit va devant les ſens : en meſme ſorte
Le ſongeur print les ſons de ces flots mutineʒ
Encontre d'autres flots jappans, enfelonneʒ

*Pour le trouble de l'air & le bruit de tempeste,
Il esleve en frottant sa venerable teste :
Premier un fer poinctu paroist, & puis le front,
Ses cheveux regrissez par sa colere en rond ;
Deux testes de dauphins & les deux balais sortent,
Qui nagent à fleur d'eau & sur le dos le portent.
Il trouva cas nouveau, lorsque son poil tout blanc
Ensanglanta sa main : puis voyant à son flanc
Que l'onde refuiant laissoit sa peau rougie :
« A moy (dit-il) à moy ! pour me charger d'envie :
A moy, qui dans mon sein ne souffre point les morts,
La charongne, l'ordure, ains la jette à mes bords :
Bastardes de la terre, & non filles des nuës,
Fiebvres de la Nature, allons, testes cornuës,
De mes beliers armez repoussez les, heurtez ;
Qu'ils s'en aillent ailleurs purger leurs cruautez. »
Ainsy la mer alloit faisant changer de course
Des gros fleuves amont vers la coulpable source
D'où sortoit par leurs bords un deluge de sang,
A la teste des siens : l'Occean au chef blanc,
Vid les Cieux s'entr'ouvrir, & les Anges à troupes
Fondre de l'air en bas, ayants en main des coupes
De precieux rubis qui plongez dedans l'eau,
En chantant rapportoient quelque present nouveau.
Ces messagers aislés, ces Anges de lumiere
Tiroient le sang meurtry d'avec l'onde meurtriere
Dans leurs vases remplis, qui prenoient, heureux, lieu
Aux plus beaux cabinets du palais du grand Dieu :
Le Soleil qui avoit mis un espais nuage
Entre le vilain meurtre & son plaisant visage,
Ores de chauds rayons exhale à soy le sang,
Qu'il faut qu'en rouge pluie il renvoye à son rang.
L'Occean, du Soleil & du troupeau qui vole
Ayant prins sa leçon, change advis & parolle :*

« Venez, enfants du Ciel (s'escria le viellard),
Heritiers du Royaume, à qui le Ciel despart
Son champ pour cimetiere : O Saincts que je repousse,
Pour vous, non contre vous, juste je me courrouce. »
Il s'avance dans Loire, il rencontre les bords,
Les sablons cramoisis bien tapissez de morts.
Curieux il assemble, il enleve, il endure
Cette chere despouille au rebours de nature.
Ayant tout arrangé, il tourne avec les yeux
Et le front sereiné ces parolles aux Cieux :
« Je garderay ceux cy, tant que Dieu me commande
Que les filz du bon heur à leur bon heur je rende ;
Il n'i a rien d'infect, ils sont purs, ils sont nets :
Voicy les parements de mes beaux cabinets :
Terre qui les trahis, tu estois trop impure
Pour des Saincts & des purs estre la sepulture. »
A tant il plonge au fond, l'eau rid en mille rais,
Puis aiant faict cent ronds, crache le sable après.
 Ha! que noz cruautez fussent ensevelies
Dans le centre du monde! Ha! que noz ordes vies
N'eussent empuanty le nez de l'estranger!
Parmy les estrangers nous irions sans danger,
L'œil guay, la face haut, d'une brave asseurance
Nous porterions au front l'honneur ancien de France.
 Estrangers irritez, à qui sont les François
Abomination, pour Dieu! faictes le choix
De celuy qu'on trahit & de celui qu'on tuë ;
Ne caressez chez vous d'une pareille veuë
Le chien fidel & doux, & le chien enragé,
L'atheiste affligeant, le Chrestien affligé.
Nous sommes pleins de sang, l'un en perd, l'autre en tire,
L'un est persecuteur, l'autre endure martyre :
Regardez qui reçoit ou qui donne le coup ;
Ne criez sur l'agneau, quand vous criez au loup.

Venez, justes vengeurs, vienne toute la terre,
A ces Caïns François, d'une mortelle guerre
Redemander le sang de leurs freres occis :
Qu'ils soient connus par tout aux visages transis ;
Que l'œil lousche, tremblant, que la grace estonnee
Par tout produise en l'air leur ame empoizonnee.

 Estourdis, qui pensez que Dieu n'est rigoureux,
Qu'il ne sçait foudroyer que sur les langoureux,
Respirez d'une pause, en souspirant pour suivre
La rude catastrophe & la fin de ce livre.
Les fers sont mis au vent, venez sçavoir comment
L'Eternel faict à poinct vengeance & jugement :
Vous sçaurez que tous jours son ire ne sommeille,
Vous le verrez debout pour rendre la pareille,
Chastier de vervaine ou punir par le fer
Et la race du Ciel & celle de l'Enfer.

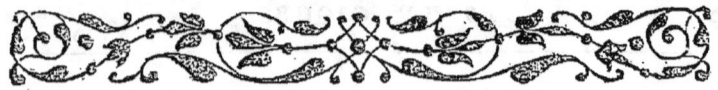

LIVRE SIXIEME.

VENGEANCES.

Ouvre tes grands thresors, ouvre ton sanctuaire,
Ame de tout, Soleil, qui aux astres esclaire,
Ouvre ton temple sainct à moy, Seigneur, qui veux
Ton sacré, ton secret enfumer de mes vœux :
Si je n'ay or ne mirrhe à faire mon offrande,
Je t'apporte du laict; ta douceur est si grande
Que de mesme œil & cœur tu vois & tu reçois
Des bergers le doux laict & la myrrhe des Rois.
Sur l'autel des chetifs ton feu pourra descendre,
Pour y mettre le bois & l'holocauste en cendre,
Tournant le dos aux Grands, sans oreilles, sans yeux
A leurs cris esclattans, à leurs dons precieux.
Or soient du Ciel riant les beautez descouvertes,
Et à l'humble craintif ces grands portes ouvertes :
Comme tu as promis, donne en ces derniers ans,
Songes à noz viellards, visions aux enfans.
Faicts paroistre aux petits les choses inconnuës,
Du vent de ton esprit trousse les noires nuës,

Ravi nous de la terre aux beaux pourpris des Cieux,
Commençant de donner autre vie, autres yeux
A l'aveugle mortel, car sa masse mortelle
Ne pourroit vivre & voir une lumiere telle.
 Il faut estre vieillard, caduc, humilié,
A demi mort au monde, à luy mortifié,
Que l'ame recommance à retrouver sa vie,
Sentant par tous endroits sa maison demolie ;
Que ce corps ruiné de bresches en tous lieux
Laisse voler l'esprit dans le chemin des Cieux,
Quitter jeunesse & jeux, le monde & ses mensonges,
Le vent, la vanité, pour songer ces beaux songes.
Or je suis un enfant sans aage & sans raison,
Où ma raison se sent de la neufve prison ;
Le mal bourgeonne en moy, en moy fleurit le vice,
Un printemps de peché, espineux de malice :
Change moy, refay moy, exerce ta pitié,
Rend moy mort en ce monde, oste la mauvaistié
Qui possede à son gré ma jeunesse premiere,
Lors je songeray songe & verray ta lumiere.
 Puis il faut estre enfant pour voir des visions,
Naistre & renaistre aprés, net de pollutions ;
Ne sçavoir qu'un sçavoir, ce sçavoir sans science,
Pour consacrer à Dieu ses mains en innocence ;
Il faut à ses yeux clairs estre net, pur & blanc,
N'avoir tache d'orgueil, de rapine & de sang :
Car nul n'heritera les hauts Cieux desirables,
Que ceux là qui seront à ces petits semblables,
Sans fiel & sans venin ; donc, qui sera-ce, o Dieu,
Qui en des lieux si laids tiendra un si beau lieu ?
Les enfants de ce siecle ont Satan pour nourrice ;
On berce en leurs berceaux les enfants & le vice :
Noz meres ont du vice avec nous accouché,
Et en nous concevant ont conceu le peché.

Que si d'entre les morts, Pere, tu as envie
De m'esveiller, il faut mettre à bas l'autre vie.
Par la mort d'un exil fay moy revivre à toy ;
Separé des meschants, separe moy de moy :
D'un sainct enthousiasme appelle au Ciel mon ame,
Mets au lieu de ma langue une langue de flame.
Que je ne sois qu'organe à la celeste voix
Qui l'oreille & le cœur anime des François :
Qu'il n'i ait sourd rocher qui entre les deux poles,
N'entende clairement magnificques parolles
Du nom de Dieu ; j'escris à ce nom triomphant
Les songes d'un vieillard, les fureurs d'un enfant.
L'Esprit de verité despouille de mensonges
Ces fermes visions, ces veritables songes :
Que le haut Ciel s'accorde en douces unissons
A la saincte fureur de mes vives chansons.
 Quand Dieu frappe l'oreille, & l'oreille n'est preste
D'aller toucher au cœur, Dieu nous frappe la teste :
Qui ne fremit aux sons des tonnerres grondans
Fremira quelque jour d'un grincement de dents.
 Icy le vain lecteur desjà en l'air s'esgare :
L'esprit mal preparé, fantastic, se prepare
A voir quelques discours de monstres inventez,
Un spectre imaginé aux diverses clartez
Qu'un nuage conçoit, quand un rayon le touche,
Du soleil cramoisy qui bigarre sa couche :
Ou bien il cuide icy rassasier son cœur
D'une vaine caballe ; & ses esprits d'erreur
Icy ne saouleront l'ignorance maligne :
Ainsy dict le Sauveur : Vous n'aurez point de signe,
Vous n'aurez de nouveau (friands de nouveautez)
Que des abismes creux, Jonas resuscité ;
Vous y serez trompez : la fraude profitable
Au lieu du desiré donne le desirable ;

Et comme il renvoya les scribes amassez
Pour voir des visions aux spectacles passez,
Ainsy les visions qui seront icy peintes
Seront exemples vrais de noz histoires sainctes,
Le roolle des Tyrans de l'Ancien Testament,
Leur cruauté sans fin, leur infini tourment :
Nous verrons dechirer d'une couleur plus vive
Ceux qui ont dechiré l'Eglise primitive ;
Nous donnerons à Dieu la gloire de noz ans
Où il n'a pas encore espargné les Tyrans.
 Puis une pause aprés clairons de sa venuë,
Nous les ferons oüir dans l'esclair de la nuë.
 Encor faut il, Seigneur, o Seigneur qui donnas
Un courage sans peur à la peur de Jonas,
Que le doigt qui esmeut cest endormy Prophete
Resveille en moy le bien qu'à demy je souhaitte,
Le zelle qui me faict du fer de verité
Fâcher avec Satan le filz de Vanité.
J'ay fuy tant de fois, j'ay desrobé ma vie
Tant de fois, j'ay suivi la mort que j'ay fuie,
J'ay faict un trou en terre & caché le talent,
J'ay senti l'esguillon, le remord violent
De mon ame blessee, & oüy la sentence
Que dans moy contre moy chantoit ma conscience
Mon cœur vouloit veiller, je l'avois endormy ;
Mon esprit de ce siecle estoit bien ennemy.
Mais au lieu d'aller faire au combat son office,
Satan le destournoit au grand chemin du vice :
Je m'enfuiois de Dieu, mais il enfla la mer,
M'abisma plusieurs fois sans du tout m'abismer.
J'ay veu des creux Enfers la caverne profonde,
J'ay esté balancé des orages du monde ;
Aux tourbillons venteux des guerres & des Coürs,
Insolent j'ay usé ma jeunesse & mes jours :

Je me suis pleu au fer : David m'est un exemple
Que qui verse le sang ne bastit pas le temple.
J'ay adoré les Rois, servi la vanité,
Estouffé dans mon sein le feu de verité :
J'ay esté par les miens precipité dans l'onde,
Le danger m'a sauvé en sa panse profonde,
Un monstre de labeur à ce coup m'a craché
Aux rives de la mer tout souillé de peché :
J'ay faict des cabinets soubs esperances vertes
Qui ont esté bien tost mortes & descouvertes,
Quand le ver de l'envie a percé de douleurs
Le quicajon seiché pour m'envoyer ailleurs.
Tousjours tels Simeis font aux Davids la guerre
Et sortent des vils creux d'une trop grasse terre
Pour d'un air tout pourry, d'un gosier enragé
Infecter le plus pur, sauter sur l'affligé.
Le doigt de Dieu me leve, & l'ame encor vive
M'anime à guerroyer la puante Ninive,
Ninive qui n'aura sac, ne gemissement
Pour changer le grand Dieu qui n'a de changement.
   Voicy l'Eglise encore en son enfance tendre :
Satan ne fallit pas d'essayer à surprendre
Ce berceau consacré; il livra mille assauts
Et feint de sa jeunesse à l'enfant mille maux.
Les Anges la gardoient en ces peines estranges;
Elle ne fut jamais sans que le camp des Anges
La conduisit partout, soit lors que dessus l'eau
L'Arche d'election luy servit de berceau,
Soit lors qu'elle espousa la race de Dieu saincte,
Ou soit lorsque de luy elle fuioit enceinte
Aux lieux inhabitez, aux effroians deserts,
Chassee & non vaincue en despit des Enfers.
La mer la circuit, & son espoux luy donne
La lune soubs les pieds, le Soleil pour couronne.

O bienheureux Abel, de qui premier au cœur
Cette vierge esprouva sa premiere douleur :
De Caïn fugitif & d'Abel je veux dire
Que le premier bourreau & le premier martyre,
Le premier sang versé, on peut voir en eux deux
L'estat des agneaux doux, des loups outrecuideux ;
En eux deux on peut voir (beau pourtraict de l'Eglise)
Comme l'ire & le feu des ennemis s'atise
De bien fort peu de bois, & s'augmente beaucoup :
Satan fit ce que faict en ce siecle le loup
Qui querelle l'agneau beuvant à la riviere,
Luy au haut vers la source, & l'agneau plus arriere.
L'Antechrist & ses loups reprochent que leur eau
Se trouble au contre flot par l'innocent agneau.
La source des grandeurs & des biens de la terre
Descoulle de leurs chefs, & la paix & la guerre
Balancent à leur gré dans leurs impures mains ;
Et toutefois alors que les loups inhumains
Veulent couvrir de sang le beau lict de la terre,
Les pretextes connus de leur injuste guerre
Sont noz autels sans fard, sans feinte, sans couleurs,
Que Dieu ayme d'enhaut l'offerte de noz cœurs.
Cela leur croist la soif du sang de l'innocence.
 Ainsy Abel offroit en pure conscience
Sacrifices à Dieu ; Caïn offroit aussy :
L'un offroit un cœur doux, l'autre un cœur endurcy ;
L'un fut au gré de Dieu, l'autre non aggreable :
Caïn grinça des dents, paslit espouventable,
Il massacra son frere, & de cest agneau doux
Il fit un sacrifice à son amer courroux.
Le sang fuit de son front, & honteux se retire
Sentant son frere sang que l'aveugle main tire ;
Mais quand le coup fut faict, sa premiere pasleur
Au prix de la seconde estoit vive couleur :

Ses cheveux vers le Ciel heriſſez en furie,
Le grincement de dents en ſa bouche fleſtrie,
L'œil ſourcillant de peur deſcouvroit ſon ennuy.
Il avoit peur de tout, tout avoit peur de luy :
Car le Ciel s'affubloit du manteau d'une nuë
Si toſt que le tranſy au Ciel tournoit la veuë;
S'il fuioit aux deſerts, les rochers & les bois
Effrayez abboyoient au ſon de ſes abbois.
Sa mort ne put avoir de mort pour recompenſe :
L'Enfer n'eut point de mort à punir cette offence :
Mais autant que de jours il ſentit de treſpas :
Vif il ne veſcut point, mort il ne mourut pas.
Il fuit d'effroy tranſy, troublé, tremblant & bleſme,
Il fuit de tout le monde, il s'enfuit de ſoy meſme.
Les lieux plus aſſeurez luy eſtoient des hazards,
Les fueilles, les rameaux & les fleurs des poignards.
Les plumes de ſon lict des eſguilles picquantes,
Ses habits plus ayſés des tenailles ſerrantes;
Son eau jus de ciguë, & ſon pain des poizons;
Ses mains le menaçoient de fines trahiſons :
Tout image de mort, & le pis de ſa rage
C'eſt qu'il cerche la mort & n'en void que l'image.
De quelqu'autre Caïn il craignoit la fureur :
Il fut ſans compagnon & non pas ſans frayeur.
Il poſſedoit le monde & non une aſſeurance;
Il eſtoit ſeul partout, hors mis ſa conſcience,
Et fut marqué au front, affin qu'en s'enfuiant
Aucun n'oſaſt tüer ſes maux en le tüant.

 Meurtriers de voſtre ſang, apprehendez ce juge,
Apprehendez auſſy la fureur du deluge.
Superbes eſventez, tiercelets de geants,
Du monde eſpouvantaux, vous braves de ce temps,
Outrecuidez galands, o fols à qui il ſemble
Qu'en regardant le Ciel, que le Ciel de vous tremble,

Jadis voz compagnons, compagnons en orgueil,
(Car vous eſtes moins forts) virent venir à l'œil
Leur ſalaire des Cieux : les Cieux dont les ventailles
Sans ſe forcer gagnoient tant de rudes batailles :
Babilon, qui debvoit mi-partir les hauts Cieux,
Aller baiſer la lune, & ſe perdre des yeux
Dans la voute du Ciel ; Babel de qui les langues
Firent en meſme jour tant de ſottes harangues :
Sa hauteur n'euſt ſervi, ni les plus forts chaſteaux,
Ni les cedres gravis, ni les monts les plus hauts.
L'eau vint, pas aprés pas, combattre leur ſtature,
Va des pieds aux genoux, & puis à la ceinture.
Le ſein enflé d'orgueil ſouſpire au ſubmerger ;
Ses bras roides, meurtriers, ſe laſſent de nager.
Il ne reſte ſur l'eau que le viſage bleſme ;
La mort entre dedans la bouche qui blaſpheme :
Et ce pendant que l'eau s'enfle ſur les enflez,
En un petit troupeau les petits amaſſez
Se joüent ſur la mort, pilotez par les Anges ;
Quand les Geants hurloient, ne chantoient que loüanges,
Diſants les meſchants flots qui en executant
La ſentence du Ciel, s'en vont precipitant
Les Geans aux Enfers, aux abiſmes les noient ;
Ceux là qui aux bas lieux ces charongnes convoient
Sont les meſmes qui vont dans le haut ſe meſler,
Mettent l'arche & les ſiens au ſupreſme de l'air,
Laiſſent la nuë en bas, & ſi haut les attirent
Qu'ils vont baiſer le Ciel, le Ciel où ils aſpirent.
Dieu fit en ſon courroux pleuvoir des meſmes Cieux,
Comme un deluge d'eaux, un deluge de feux :
Cet arſenal d'en haut, où logent de la guerre
Les celeſtes outils, couvrit toute la terre
D'artifices de feux, pour punir des humains
Par le feu le plus net les pechez plus vilains.

Un pays abbruty, plein de crimes estranges,
Vouloit, aprés tout droit, violer jusqu'aux Anges :
Ils pensoient soüiller Dieu ; ces hommes desreiglez
Pour un aveugle feu moururent aveuglez :
Contr'eux s'esmeut la terre encore non esmeuë,
Si tost qu'elle eut appris sa leçon de la nuë :
Elle fondit en soy & cracha en un lieu,
Pour marquer à jamais la vengeance de Dieu,
Un lacq de son bourbier ; là mit à la mesme heure
La mer par ses conduits ce qu'elle avoit d'ordure.
Et, pour faire sentir la mesme ire de l'air,
Les oyseaux tombent morts quand ils pensent voler
Sur ces noires vapeurs, dont l'espaisse fumée
Monstre l'ire celeste encores allumée.

 Venez, celestes feux, courez, feux eternels,
Volez ; ceux de Sodome oncques ne furent tels :
Au jour du jugement ils leveront la face
Pour condamner le mal du siecle qui les passe,
D'un siecle plus infect : notamment il est dit
Que Dieu de leurs pechez tout le comble attendit.
Empuantissez l'air, o vengeances celestes,
De poizons, de venins & de volantes pestes :
Soleil, baille ton char aux jeunes Phaëtons,
N'anime rien ça bas, si ce n'est des Pythons ;
Vent, ne purge plus l'air ; brize, renverse, escraze,
Noie au lieu d'arrouser, sans eschauffer embraze.
Noz pechez sont au comble, & jusqu'au Ciel montez
Par dessus le boisseau versent de tous costez.
Terre, qui sur ton dos porte à peine noz peines,
Change en cendre & en os tant de fertiles plaines ;
En bourbe noz gazons, noz plaisirs en horreurs,
En souphre noz guerets, en charongne noz fleurs.
Deluges, retournez : vous pourrez par vostre onde
Noier, non pas laver, les ordures du monde.

Mais ce fut vous encor, o justicieres eaux,
Qui sceustes distinguer les lions des agneaux :
Moyse l'esprouva, qui pour arche seconde,
En un tissu de joncs se joüa dessus l'onde,
Se joüa sur la mort, pour se joüer encor
Des joyaux d'un grand Roy, de la couronne d'or
Que dessus ce beau front par essai il fit mettre :
Dans le poing de l'enfant fut adjousté le sceptre ;
Que l'innocente main mit par terre à morceaux.
Vous rapprîstes bientost, o devorantes eaux,
La leçon de noyer par le deluge apprise ;
Vous l'oubliastes lors que vous portiez Moyse.
Eaux, qui devinctes sang & changeastes de lieu,
Eaux, qui oyez trés clair quand on parle de Dieu,
Ce fut vous puis aprés, lors que les maladies,
Les grêsles & les poux & les bestes choisies
Pour de petits moyens abbattre les plus grands,
Quand la peste, l'obscur & les eschecs sanglants
De l'Ange foudroiant n'eurent mis repentance
Aux cœurs des Pharaons poursuivans l'innocence.
Ce fut vous, sainctes eaux, eaux qui fistes de vous
Un pont pour les agneaux, un piege pour les loups.
   Les hommes sont plus sourds à entendre la voix
Du Seigneur des Seigneurs, du Monarque des Rois,
Que la terre n'est dure & n'est sourde à se fendre
Pour dans ses gouffres noirs les faux parjures prendre.
Le feu est bien plus prompt à partir de son lieu
Pour mettre à rien le rien des rebelles à Dieu.
Dathan & Abiron donnerent tesmoignage
De leur obeissance & de leur prompt ouvrage.
L'air fut obeissant à changer ses douceurs
En poizon respiree aux braves ravisseurs
De la chere alliance; & Dieu en toute sorte
Par tous les elements a monstré sa main forte.

Quoy! mesme les Demons quoy que grinçants les dents,
A la voix du grand Dieu logerent au dedans
De Saül enragé: quelles rouges tenailles
Sont telles que l'Enfer qui fut en ses entrailles?
 Princes, un tel Enfer est logé dedans vous,
Quand un cœur de caillou d'un fusil de courroux
Vous faict persecuter d'une haine mutine
Voz Davids triomphans de la gent Philictine.
Absalon qui faisoit delices des cheveux,
Par eux enorgueilly, & puis pendu par eux ;
Et ton Achitofel, renommé en prudence,
Par elle s'est acquis une infame potence.
 Dans le champ de Naboth, Achab monstre à son rang
Que tout sang va tirant aprés soy d'autre sang ;
Jezabel marche aprés, & de prés le veut suivre,
Bruslante en soif de sang, encor qu'elle en fut yvre ;
Jezabel vif miroir des ames de noz Grands,
Pourtraict des coups du Ciel, salaire des Tyrans.
 Flambeau de ton pays, piege de la Noblesse,
Peste des braves cœurs, que servit ta finesse,
Tes ruzes, tes comseils & tes tours florentins ?
Les chiens se sont saoullez des superbes tetins
Que tu enflois d'orgueil, & cette gorge unie,
Et cette tendre peau fut des mastins la vie.
De ton sein sans pitié ce chaud cœur fut ravi :
Luy qui n'avoit esté des meurtres assouvy
A faict crever les chiens : de ton fiel le carnage
Aux chiens osta la faim & leur donna la rage ;
Vivante, tu n'avois aymé que le combat ;
Morte, tu attisois encores le debat
Entre les chiens grondans qui donnoient des batailles
Aux butins dissipez de tes vives entrailles ;
Le dernier appareil de ta feinte beauté
Mit l'horreur sur le front & fut precipité,

*Auſſy bien que ton corps, de ton haut edifice,
Ton ame & ton eſtat d'un meſme precipice.*

*Quand le baſton qui ſert pour attiſer le feu
Travaille à ſon meſtier, il bruſle peu à peu;
Il vient ſi noir, ſi court, qu'il n'y a pas de priſe:
On le jette en la braize, & un autre l'attiſe.
Athalia ſuivit le train de cette cy,
Elle attiſa le feu & fut bruſlee auſſy.*

*Aprés, de ce troupeau je ſacre à la memoire
L'effroyable diſcours, la veritable hiſtoire
De cet arbre eſlevé, refoulé par les Cieux,
De qui les rameaux longs s'eſtendoient ombrageux
D'Orient au Couchant, du Midy à la Bize:
La terre large eſtoit en ſon ombre compriſe,
Et fut ce pavillon de ſuperbes rameaux
Des beſtes le grand parc, le grand nid des oiſeaux;
Ce tronc eſt esbranché, ce monſtre mis à terre;
Ce qui logeoit dedans miſerablement erre
Sans logis, ſans retraitte: un Roy victorieux
De cent Princes l'idolle, enflammé, glorieux,
Ne cognoiſſant plus rien digne de ſa conqueſte
Levoit contre le Ciel ſon orgueilleuſe teſte.
Dieu ne daigna lancer un des mortels eſclats
De ſes foudres volans, mais ploya contre bas
Ce viſage eſlevé; ce triomphant viſage
Perdit la forme d'homme & de l'homme l'uſage.
Noz petits geanteaux, par vanité, par vœux,
Font un bizarre orgueil d'ongles & de cheveux,
Et Dieu ſur cettuy cy pour une peine dure,
Mit les ongles crochuz & la grand chevelure.
Apprenez de luy, Rois, Princes & Potentats,
Quelle peine a le Ciel à briſer voz Eſtats.
Ce Roy n'eſt donc plus Roy, de Prince il n'eſt plus Prince;
Un deſert ſolitaire eſt toute ſa province;*

De noble il n'est plus noble, & en un seul moment
L'homme des hommes Roy n'est homme seulement;
Son palais est le souil d'une puante bouë,
La fange est l'oreiller parfumé pour sa jouë;
Ses chantres, les crapaux compagnons de son lict,
Qui de cris enrouez le tourmentent la nuict;
Ses vaisseaux d'or ouvrez furent les ordes fentes
Des rochers serpenteux, son vin les eaux puantes;
Les faisans qu'on faisoit galopper de si loin,
Furent les glands amers, la racine & le foin;
Les orages du Ciel roullent sur sa peau nuë;
Il n'a daix, pavillon, ni tente que la nuë.
Les loups en ont pitié; il est de leur troupeau,
Et il envie en eux la durté de la peau.
Au bois, où pour plaisir il se mettoit en queste,
Pour se joüer au sang d'une innocente beste,
Chasseur il est chassé; il fit fuir, il fuit;
Tel qu'il a poursuivi maintenant le poursuit.
Il fut Roy abbruti, il n'est plus rien en somme,
Il n'est homme ne beste, & craint la beste & l'homme;
Son ame raisonnable irraisonnable fut.
Dieu refit ceste beste un Roy quand il luy pleust.
Merveilleux jugement & merveilleuse grace
De l'oster de son lieu, le remettre en sa place!
  Le doigt qui escrivit devant les yeux du filz
De ce Roy abesti, que Dieu avoit prefix
Ses vices & ses jours, sceust l'advenir escrire,
Luy mesme executant ce qu'il avoit peu dire.
  O Tyrans, apprenez, voyez, resolvez vous
Que rien n'est difficille au celeste courroux;
Apprenez, abbatus, que le Dieu favorable
Qui verse l'eslevé, hausse le miserable;
Qu'il faict fondre de l'air d'un Cherub le pouvoir,
De qui on sent le fer & la main sans la voir;

*L'œil d'un Sennacherib void la lame enflammee
Qui faict en se joüant un hachis d'une armee;
Que c'est celuy qui faict par secrets jugements
Vaincre Ester en mespris les favoris Amans;
Sur le sueil de la mort & de la boucherie,
La chetifve receut le throsne avec la vie;
L'autre, mignon d'un Roy, tout à coup s'est trouvé
Enlevé au gibet qu'il avoit eslevé.
Comme le fol malin journellement appreste
Pour la teste d'autruy ce qui frappe sa teste,
Ainsy le doigt de Dieu avoit coupé les doigts
D'un Adonibesec, comme à septante Rois
Il les avoit tranchez; j'ay laissé les vengeances
Que ce doigt exerça par les foibles puissances
Des femmes, des enfants, des vallets desreiglez,
Des Gedeons choisis, des Samsons aveuglez;
Le desespoir d'Antioch & sa prompte charongne.
Mon vol impetueux d'un chaud desir s'eslongne
A la seconde Eglise, & l'outrageuse main
Que dés lors fit sortir le grand siege Romain.*

 *Sortez, persecuteurs de l'Eglise premiere,
Et marchez enchainez au pied de la banniere
De l'Agneau triomphant; voz sourcils indomptez,
Voz fronts, voz cœurs si durs, ces fieres majestez,
Du Lion de Juda honorent la memoire,
Trainez au charriot de l'immortelle gloire.*

 *Hausse du bas Enfer l'aigreur de tes accents,
Hurle en grinçant les dents, des enfans innocents
Herode le boucher; leve la main impure
Vers le Ciel du profond de ta demeure obscure;
Aujourd'huy comme toy les abusez Tyrans
Pour blesser l'Eternel massacrent ses enfants,
Et sont imitateurs de la forcenerie.
Qui pensoit ployer Dieu parmy la boucherie.*

Les cheveux arrachez, les effroyables cris
Des meres qui preſſoient à leur ſein leurs petits,
Ces petits bras liez aux gorges de leurs meres,
Les tragicques horreurs & les raiſons des peres,
Les voix non encor voix, bramantes en tous lieux,
Ne ſonnoient la pitié dans les cœurs impiteux.
Des tueurs reſolus point ne furent ouyes
Ces petites raiſons qui demandoient leurs vies
Ainſy qu'elles ſçavoient; quand ils tendoient leurs mains,
Ces menottes monſtroient par ſigne aux inhumains :
Cela n'a point peché, cette main n'a ravie
Jamais le bien, jamais rançon, jamais la vie.
Mais ce cœur ſans oreille & ce ſein endurcy
Que l'humaine pitié, que la tendre mercy
N'avoient ſceu tranſpercer, fut tranſpercé d'angoiſſes;
Ses cris, ſes hurlemens, ſon ſoucy, ſes addreſſes
Ne ſervirent de rien. Ces indomptez eſprits
Qui n'oyoient point crier en vain jettent des cris.
Il fit tüer ſon filz, & par luy fut eſteinte
Sa nobleſſe, de peur qu'il ne mourût ſans plainte.
Sa douleur fut ſans pair; l'autre Herode, Antipas
Aprés ſes cruautez & avant ſon treſpas,
Souffrit l'exil, la honte, une crainte Caine,
La pauvreté, la fuitte & la fureur divine.
 Puis le tiers triomphant, eſlevé ſur le haut
D'un peuple adorateur & d'un brave eſchaffaut
Au poinct que l'on cria: O voix de Dieu, non d'homme !
Un gros de vers & poux l'attacque & le conſomme.
La terre qui eut honte eſventa tous les creux
Où elle avoit les vers; l'air luy creva les yeux;
Luy meſme ſe pourrit, & ſa peau fut changee
En beſtes dont la chair de deſſoubs fut mangee,
Et comme les Demons d'un organe enroüé
Ont le Sainct & Sauveur par contrainte advoüé :

Cettuy cy s'escria au fonds de ses miseres :
« *Voicy celuy que Dieu vous adoriez nagueres.* »
Somme, au lieu de ce corps idolatré de tous
Demeurent ses habits, un gros amas de poux :
Tout regrouille de vers, le peuple esmeu s'eslogne :
On adoroit un Roy, on fuit une charogne.
Charognes de Tyrans, balancez en haut lieu,
Fantasticques rivaux de la gloire de Dieu,
Que ferez-vous des mains, puis que voz foibles veuës
Ne sceurent oncq passer la region des nuës ?
Vous ne disposez pas, magnificques mocqueurs,
Ni de voz beaux esprits, ni de voz braves cœurs ;
Ces dons ne sont que prests que Dieu tient par sa longe ;
Si vous en abusez, vous n'en usez qu'en songe.
Quand l'orgueil va devant, suivez le bien à l'œil,
Vous verrez la ruine aux talons de l'orgueil.
Vous estes tous subjects, ainsy que nous le sommes,
A repaistre les vers des delices des hommes.
Paul, Pape incestueux, premier inquisiteur,
S'est veu mangé des vers, salle persecuteur.
Philippe, incestueux & meurtrier, cette peste
T'en veut, puis qu'elle en veut au parricide inceste.
Neron, tu mis en poudre & en cendre & en sang
Le venerable front & la gloire & le flanc
De ton vieux Precepteur, ta patrie & ta mere,
Trois que ton destin fit avorter en vipere,
Chasser le docte esprit par qui tu fus sçavant,
Mettre en cendre ta ville, & puis la cendre au vent,
Arracher la matrice à qui tu doibs la vie.
Tu debvois à ces trois la vie aux trois ravie,
Miroüer de cruauté, duquel l'infame nom
Retentira cruel quand on dira Neron.
Homme tu ne fus poinct à qui t'avoit faict homme,
Tu ne fus pas Romain envers ta belle Rome ;

Dont l'ame tu receus, l'ame tu fis fortir ;
Si ton fens ne fentoit, le fang debvoit fentir.
Mais ton cœur put vouloir, & pût ta main meurtriere
Tüer, brufler, meurtrir Precepteur, ville & mere :
Bourreau de tes amis, du meurtre feul amy,
Ta mort n'a fceu trouver amy ni ennemy :
Il fallut que ta main à ta fureur extrefme,
Aprés tout violé, te violaft toy mefme.
 Domitian morgueur, qui pris plaifir à voir
Combien la cruauté peut contre Dieu pouvoir,
Quand tu oiois gemir le peuple pitoyable,
Spectateur des mourants, tu ridois effroyable
Les fillons de ton front ; tu fronçois les fourcils
Aux yeux de ta fureur : les vifages tranfis
Laiffoient là le fupplice, & les tremblantes faces
Adoroient la terreur de tes fieres grimaces.
Subtil tu defrobois la pitié par la peur,
On te nommoit le Dieu, le fouverain Seigneur !
Où fut ta deité, quand tu te vids, infame,
Dejetté par les tiens, condamné par ta femme,
Ton vifage foulé des pieds de tes valets ?
Le peuple defpouilla tes fuperbes palais
De tes infames noms ; & ta bouche & ta jouë
Et l'œil adoré n'eut de tombeau que la bouë.
 Tu fautois de plaifir, Adrian, une fois,
A remplir de Chreftiens jufqu'à dix mille croix ;
Dix mille croix aprés, deffus ton cœur plantees,
Te firent fouhaitter les peines inventees.
Sanglant, ton fang coula ; tu recerchas en vain
Les moiens de finir les douleurs par ta main ;
Tu criois, on rioit ; la pitié t'abandonne :
Nul ne t'en avoit faict, tu n'en fis à perfonne.
Sans plus on delaiffa les ongles à ta peau ;
Alteré de poizons, tu manquas de couteau ;

On laiſſa deſſus toy joüer la maladie,
On refuſa la mort ainſy que toy la vie.
　Severe fut en tout ſucceſſeur d'Adrian,
En forfaict & en fin. Aprés, Herminian
Armé contre le Ciel ſentit en meſme ſorte
La vermine d'Herode encore n'eſtre morte.
Periſſant mi mangé, de ſon dernier treſpas
Les propos les derniers furent : « Ne dictes pas
La façon de mes maux à ceux qui Chriſt advoüent ;
Que Dieu mon ennemy mes ennemis ne loüent. »
　Tyrans, vous dreſſerez ſinon au Ciel les yeux,
Au moins l'air ſentira heriſſer voz cheveux.
Si quelqu'un d'entre vous à quelque heure contemple
Du vieux Valerian le ſpecieux exemple,
Nagueres Empereur d'un Empire ſi beau,
Auſſy toſt marchepied, le ſangeux eſcabeau
Du Perſe Saporez. Quand cet abominable
Avoit ſa face en bas au montoüer de l'eſtable,
Se ſouvenoit-il point qu'il avoit tant de fois
Des Chreſtiens proſternez meſpriſé tant de voix ;
Que ſon front eſlevé ſi voiſin de la terre
Contre le filz de Dieu avoit oſé la guerre,
Que ſes mains, ores pieds, n'avoient faict leur debvoir
Lors qu'elles emploioient contre Dieu leur pouvoir ?
　Princes, qui maniez dedans voz mains impures
Au lieu de la Juſtice une fange d'ordures,
Ou qui, s'il faut ouvrer, les ploiez dans voz ſeins,
Voyez de quel meſtier devindrent ces deux mains :
Elles changeoient d'uſage en traictant l'injuſtice,
La juſtice de Dieu a changé leur office.
Plus luy debvoit peſer ſang ſur ſang, mal ſur mal,
Que ce Roy ſur ſon dos qui montoit à cheval,
Qui en fin l'eſcorcha vif le deſpouillant, comme
Vif il fut deſpouillé des ſentiments de l'homme.

Le haut Ciel t'advertit, pervers Aurelian :
Le tonnerre parla, o Diocletian ;
Ce trompette enroüé de l'effroyant tonnerre,
Avant vous guerroier, vous denonça la guerre ;
Ce heraut vous troubla & ne vous changea pas,
Il vous fit chanceler, mais sans tourner voz pas ;
Avant que se vanger le Ciel cria vengeance,
Il vous causa la peur, & non la repentence.
 Aurelian traictoit les hommes comme chiens ;
Ce qu'il fit envers Dieu, il le receut des siens.
Et quel Prince à bon droict se pourra vanter d'estre
Mesconnu par les siens, s'il mesconnoist son Maistre ?
Mesmes mains ont meurtry & servi cettuy cy.
Le second fut vaincu d'un trop ardent soucy :
L'impuissant se tua, abbatu de la rage
De n'avoir peu dompter des Chrestiens le courage.
 Maximian, les feux de vingt mille enfermez,
La ville & les bourgeois en un tas consumez
Firent un si grand feu, que l'espaisse fumee
Dans les nareaux de Dieu esmeut l'ire enflammee.
Des citoyens meurtris la charongne & les corps
Empuantirent tout de l'amas de ces morts :
L'air estant corrompu te corrompit l'haleine
Et le flanc respirant la vengeance inhumaine :
Ta puanteur chassa tes amis au besoing,
Chassa tes serviteurs, qui fuirent si loing
Que nul n'oioit tes cris, & faut que ta main torde
L'infame nœud, le tour d'une villaine corde.
 Ainsy puant que toy, Maximin frauduleux,
Forgeur de fausse paix, sentit saillir des yeux
Sa prunelle eschappee, & commença par celle
Qui ne vid onc pitié, la part la plus cruelle :
La premiere perit, on saoula de poisons
Le cœur qui ne fut onc saoulé de trahisons.

*Ces bourreaux furieux eurent des mains fumantes
Du sang tiede versé. Mais voicy des mains lentes,
Voicy un faux meurtrier, un arsenic si blanc
Qu'on le gousta pour sucre : & sans tache de sang
L'ingenieux Tyran, de qui la fraude a mise
A plus d'extremitez la primitive Eglise;
Il ne tacha de sang sa robbe ni sa main,
Il avoit la main pure, & le cœur fut si plain
De meurtres desrobez ; il n'allumoit les flammes :
Ses couteaux & ses feux n'attaquoient que les ames :
Il n'attaquoit les corps, mais privoit les esprits
De pasture de vie : il semoit le mespris
Aux plus volages cœurs, estouffant par la crainte
La saincte Deité dedans les cœurs esteinte.
Le Chevalier du Ciel au milieu des combats
Descendit de si haut pour le verser à bas.
L'apostat Julian son sang fuitif empoigne,
Le jette vers le Ciel ; l'air de cette charongne
Empoisonné fuma : puis l'infidelle chien
Cria : « Je suis vaincu par toy, Nazarien. »
  Tu n'as eu point de honte, impudent Libanie,
De donner à ton Roy tel patron pour sa vie,
Exhaltant & nommant cet exemple d'erreurs
Des Philosophes Roy, maistre des Empereurs.
  Pacificques meurtriers ; Dieu descouvre sa guerre
Et ne faict comme vous, qui cuidez de la terre
L'estouffer sans seigner, & de traistres appas
Empoizonner l'Eglise & ne la blesser pas.
  Je laisse arriere moy les actes de Commode,
Et Valantinian, qui de pareille mode
Despouillerent sur Christ leurs courroux aveuglez,
Pareils en morts, tous deux par valets estranglez.
  Galerian aussy rongé par les entrailles,
Et Decius qui trouve au millieu des batailles*

Un Dieu qui avoit pris le contraire parti,
Puis le gouffre tout prest dont il fut englouti.
  Je laisse encore ceux qu'un faux nom Catholicque
A logé dans Sion, un Zenon Izaurique,
Vif enterré des siens ; Honorique pervers,
Qui eschauffoit sa mort en nourrissant des vers.
  Constant par trop constant à faire la doctrine
D'Arius, qui versa en une orde latrine
Ventre & vie à la fois, & luy en pareil lieu,
En blasphemes pareils, creva par le millieu.
Tous ceux là sont peris par des pestes cachees,
Comme ils furent aussy des pestes embuschees,
Que le Sinon d'Enfer establit par moyens
En cheval duratee, au rempart des Troyens.
  Quand Satan guerroioit d'une ouverte puissance
Contre le Monde jeune & encor en enfance,
Il trompoit cette enfance, & ses traicts moins couverts
A ce siecle plus fin descouvroient les Enfers
Dés la premiere veuë, & faut que la malice
D'un plus espais manteau cache le fond du vice.
  Nous verrons cy aprés les effects moins sanglants,
Mais des coups bien plus lourds & bien plus violents,
En ce troisiesme rang d'ennemis de l'Eglize,
Masquans leur noir courroux d'une douce feintise,
Satans vestus en Anges & serpents enchanteurs,
De Julian le fin subtilz imitateurs.
Ils n'ont pas trompé Dieu ; leurs frivolles excuses,
La nuict qui les couvroit, les frauduleuses ruzes,
Leur feinte pieté & masque ne put pas
Rendre seiche leur mort, ni heureux leur trespas.
  Il faut que nous voions si les hautes Vengeances
S'endorment au giron des celestes Puissances,
Et si (comme jadis) le veritable Dieu
Distingua du Gentil son heritage Hebrieu,

S'il ſepare aujourd'hui par les marques anciennes
Des troupes de l'Enfer l'eſlection des ſiens.
 O martyres aimez! o douce affection!
Perpetuelle marque de la ſaincte Sion,
Teſmoignage ſecret que l'Egliſe en enfance
Eut au front & au ſein, à ſa pauvre naiſſance,
Pour choiſir du troupeau de ſes baſtardes ſœurs
L'heritiere du Ciel au milieu des malheurs.
 Qui a leu aux Romans les fatales miſeres
Des enfants expoſez de peur des belles meres,
Nourris par les foreſts, gardez par les maſtins,
A qui la louve ou l'ourſe ont porté leurs tetins,
Et les paſteurs aprés du laict de leurs oüailles
Nourriſſent ſans ſçavoir un Prince & des merveilles?
Au milieu des troupeaux on en va faire choix,
Le valet des bergers va commander aux Roys,
Une marque en la peau où l'oracle deſcouvre
Dans le parc des brebis l'heritier du grand Louvre.
 Ainſy l'Egliſe ainſy accouche de ſon fruict;
En fuiant aux deſerts le dragon la pourſuit;
L'enfant chaſſé des Roys eſt nourry par les beſtes;
Cet enfant briſera de ces grands Roys les teſtes
Qui l'ont proſcript, banny, outragé, dejetté,
Bleſſé, chaſſé, battu de faim, de pauvreté.
Or ne t'advienne point, eſpouſe & chere Egliſe,
De penſer contre Chriſt ce que dit ſur Moyſe
La ſimple Sephora, qui voiant circoncir
Ses enfans, eſtima qu'on les vouloit occir:
Tu es mary de ſang, ce dit la mere folle:
Temeraire & par trop blaſphemante parole,
Car cette effuſion qui luy deſplaiſt ſi fort
Eſt arre de la vie, & non pas de la mort.
 Venez donc, pauvreté, faim, fuites & bleſſures,
Banniſſemens, priſon, proſcriptions, injures;

Vienne l'heureuſe mort, gage pour tout jamais
De la fin de la guerre & de la douce paix.
  Fuyez, triomphes vains, la richeſſe & la gloire,
Plaiſirs, proſperité, inſolente victoire,
O pieges dangereux & ſignes evidents
Des tenebres, du ver grincements de dents !
  Entrons dans une piſte & plus vive & plus freſche,
Du temps qu'au monde impur la pureté ſe preſche,
Où le ſiecle qui court nous offre & va contant
Autant de cruautez, des jugements autant
Qu'aux trois mille ans premiers de l'enfance du Monde,
Qu'aux quinze cens aprés de l'Egliſe ſeconde.
Que ſi les derniers traicts ne ſemblent à noz yeux
Si hors du naturel & ſi malitieux
Que les plus eſlognez, voions que les oracles
Des vives voix de Dieu, les monſtrueux miracles
N'ont plus eſté frequents dés que l'Egliſe prit
En des langues de feu la langue de l'Eſprit.
Si les pauvres Juifs les eurent en grand nombre,
Trés à propos à eux, qui eſperoient en ombre,
Ces ombres profitoient : nous vivons en clarté,
Et à l'œil poſſedoms le corps de verité.
Ou ſoit que la Nature en jeuneſſe, en enfance,
Fut plus propre à ſouffrir le change & l'inconſtance,
Que quand ces eſprits vieux, moins prompts, moins violents,
Jeunes, n'avortoient plus d'accidents inſolents ;
Ou ſoit que noz eſprits, tous abbrutis de vices,
Les malices de l'air ſurpaſſent en malices,
Ou trop meſlez au corps, ou de la chair trop plains,
Suſceptibles ne ſoient d'enthouſiaſmes ſaincts,
Encores trouvons nous les exprés teſmoignages
Que Nature ne peut avoüer pour ouvrages :
Encore le Chreſtien aura icy dedans
Pour chanter : l'Atheiſte en grincera les dents.

Archevefque Arondel, qui en la Cantorbie
Voulus tarir le cours des paroles de vie,
Ton fein encontre Dieu enflé d'orgueil fouffla,
Ta langue blafphemante encontre Dieu s'enfla :
Et lors qu'à verité le chemin elle boufche,
Au pain elle ferma le chemin & la bouche.
Tu fermois le paffage au fubtil vent de Dieu :
Le vent de Dieu paffa, le tien n'eut point de lieu.
Au raviffeur de vie à ce poinct fut ravie,
Par l'inftrument de vivre & l'une & l'autre vie :
L'Eglife il affama, Dieu luy ofta le pain.
  Voicy d'autres effects d'une bizarre faim :
L'affamé qui voulut faouler fa brute rage
Du nez d'un bon Pafteur, l'arracher du vifage,
Le caffer de fes dents & l'avaller aprés,
Fut puni comme il faut : car il fortit exprés
Du plus fecret des bois un loup qui du vifage
Luy arrache le nez & luy cracha la rage :
Il fut feul qui fentit la vengeance & le coup
Et qui feul irrita la fureur de ce loup.
C'eft faire fon proffict de ces leçons nouvelles
De voir que tous pechez ont les vengeances telles
Que merite le faict, & que les jugements
Dedans nous, contre nous, trouvent les inftruments :
De voir comme Dieu peint, par jufte analogie,
Du crayon de la mort les couleurs de la vie.
  Quand le Comte Felix (non fans felicité)
De colere & de vin yvre, fe fut vanté
Qu'au lendemain fes pieds, prenants couleurs nouvelles,
Rougiroient les efprons dans le fang des fidelles,
Dieu entreprit auffy & jura à fon rang :
Ce fanglant dés la nuict eftouffa dans fon fang.
  Le ftupide Mefnier, miniftre d'injuftice,
Tout pareil en defirs fentit pareil fupplice,

Supplice remarquable. Et pleust au juste Dieu
Ne me sentir contrainct d'attacher en ce lieu
Deux semblables pourtraicts des Princes de nostre aage,
Princes qui comme jeu ont aymé le carnage,
Encontre qui Paris & Anvers tous sanglants
Sollicitent le Ciel de courroux violents.
Leur rouge mort aussy fut marque de leur vie;
Leur puante charongne & l'air empuantie
Partagerent sortants de l'impudicque flanc
Une mer de forfaicts & un fleuve de sang.
 Aussy bien qu'Adrian, aux morts ils s'esjouirent;
Comme Maximian, aux villes ils permirent
Le sang : leur sang coula ainsi que d'Adrian.
Ils ont eu des parfums du faux Maximian.
Quel songe ou vision trouble ma fantaisie,
A prevoir de Paris la fange cramoisie,
Trainer le sang d'un Roy à la mercy des chiens,
Roy qui eut en mespris le sang versé des siens?
 Qui veut sçavoir comment la vengeance divine
A bien sçeu où dormoit d'Herode la vermine
Pour en persecuter les vers persecuteurs,
Qu'il voye le tableau d'un des Inquisiteurs
De Merindol en feu. Sa barbarie extreme
Fut en horreur aux Roys, aux persecuteurs mesme.
Il fut banny ; les vers suivirent son exil,
Et ne put inventer, cet inventeur subtil,
Armes pour empescher cette petite armee
D'empoizonner tout l'air de puante fumee.
Ce chasseur dechassa ses compagnons au loing,
Si qu'un seul d'enterrer ce demi mort eut soing,
Luy jetta un crochet & entraisna le reste,
Des Diables & des vers allumettes de peste,
En un trou : la terre eut horreur de l'estouffer,
Cette terre à regret fut son premier Enfer,

Ce ver fentit les vers. La vengeance divine
N'employa feulement les vers fur la vermine.
Du Prat fut le gibier des mefmes animaux :
Le ver qui l'efveilloit, qui luy contoit fes maux;
Le ver qui de longtemps picquoit fa confcience
Produifit tant de vers qu'ils percerent fa panfe.

 Voicy un ennemy de la gloire de Dieu
Qui s'efleve en fon rang, qui occupe ce lieu :
L'Aubefpin, qui premier, d'une ambition folle,
Cuida fermer le cours à la vive parolle,
Et qui, bridant les dents par des baaillons de bois,
Aux mourans refufa le foulas de la voix.
Voyant à fes coftez cette petite armee
Grouiller, l'ire de Dieu en fon corps animee
Choifit pour fes parrains les ongles de la faim.
Lié par fes amis de l'une & l'autre main,
Comme il grinçoit les dents contre la nourriture,
Ses amis d'un baaillon en firent ouverture;
Mais avec les coulis de fa gorge coula
Un gros amas de vers qui à coup l'eftrangla.
Le celefte courroux luy parut au vifage.
Nul pour le deflier n'euft affez de courage :
Chacun trembla d'horreur, & chacun eftonné
Quitta ce baaillonneur & mort & baaillonné.

 Petits foldats de Dieu, vous renaiftrez encore
Pour deftruire bien toft quelque Prince mi-More.
O Roy, mefpris du Ciel, terreur de l'Univers,
Herodes glorieux, n'attens rien que les vers.
Efpagnol triomphant, Dieu vengeur à fa gloire
Peindra de vers ton corps, de mes vers ta memoire.

 Ceux dont le cœur brufloit de rages au dedans,
Qui couvoient dans leur fein tant de flambeaux ardents
En attendant le feu preparé pour leurs ames,
Ces enflammez au corps ont refenty des flammes.

Bellomente, bruſlant des infernaux tiſons,
Eut pour jeu les procés, pour palais les priſons,
Cachots pour cabinets, pour paſſe temps les gehennes.
Dans les crottons obſcurs, au contempler des peines,
Aux yeux des condamneʒ il prenoit ſes repas :
Hors le ſueil de la geole il ne faiſoit un pas.
Le jour luy fut tardif & la nuict trop haſtive
Pour haſter les proceʒ : la vengeance tardive
Contenta ſa langueur par la ſeverité,
Un petit feu l'atteint par une extremité,
Et au bout de l'orteil; ce feu eſtoit viſible.
Cet inſenſible aux pleurs ne fut pas inſenſible,
Et luy tarda bien plus que cette vive ardeur
N'euſt faict le long chemin du pied juſques au cœur
Que les plus longs proceʒ longs & facheux ne furent;
Tous les membres de rang ce feu vengeur receurent.
Ce haſtif à la mort ſe mourut peu à peu,
Cet ardent au bruſler fit eſpreuve du feu.

 Pour un peché pareil, meſme peine evidente
Bruſla Pont-cher, l'ardent chef de la Chambre ardente.
L'ardeur de cettuy cy ſe vid venir à l'œil.
La mort entre le cœur & le bout de l'orteil
Fit ſept divers logis, & comme par tranchees
Partage l'aſſiegé, ſes deux jambes haſchees
Et ſes cuiſſes aprés ſervirent de ſept forts;
En repouſſant la mort il endura ſept morts.

 L'Eveſque Caſtelan, qui d'une froideur lente
Cachoit un cœur bruſlant de haine violente,
Qui ſans colere uſoit de flammes & de fer,
Qui pour dix mille morts n'euſt daigné s'eſchauffer,
Ce fier doux en propos, cet humble de col roide
Jugeoit au feu ſi chaud d'une façon ſi froide :
L'une moitié de luy ſe glaça de froideur,
L'autre moitié fuma d'une mortelle ardeur.

Voyez quels justes poids, quelles justes balances
Balancent dans les mains des celestes vengeances,
Vengeances qui du Ciel descendent à propos,
Qui entendent du Ciel, qui ouïrent les mots
De l'imposteur Picard, duquel à la semonce
La Mort courut soudain pour luy faire responce :
« Vien, Mort, vien, prompte Mort (ce disoit l'effronté),
Si j'ay rien prononcé que saincte verité,
Venge ou approuve Dieu, le faux ou veritable. »
La Mort se resveilla, frappa le detestable
Dans la chaire d'erreur : quatre mille auditeurs,
De ce grand coup du Ciel abbrutis spectateurs,
N'eurent pas pour ouïr des fidelles oreilles,
Et n'eurent des vrais yeux pour en voir les merveilles.
  Lambert Inquisiteur ainsy en blasphemant,
Demeura bouche ouverte emporté au couvent,
Fut trouvé, sans sçavoir l'autheur du faict estrange,
Aux fossez du couvent noyé dedans la fange.
Maint exemple me cerche, & je ne cerche pas
Mille nouvelles morts, mille estranges trespas
De noz persecuteurs ; ces exemples m'ennuient,
Ils poursuivent mes vers & mes yeux qui les fuient.
  Je suis importuné de dire comme Dieu
Aux Rois, aux Ducs, aux chefs de leur camp au millieu,
Rendit, exerça, fit droict, vengeance & merveille,
Crevant, poussant, frappant l'œil, l'espaule & l'oreille,
Mais le trop long discours de ces notables morts
Me faict laisser à part ces vengeances des corps,
Pour m'envoler plus hault & voir ceux qu'en ce monde
Dieu a voulu arrer de la peine seconde :
De qui l'esprit frappé de la rigueur de Dieu
Desjà sentit l'Enfer au partir de ce lieu.
La justice de Dieu par vous sera loüee,
Vous donnerez à Dieu vostre voix enroüee,

Demons defefperez, par qui victorieux
Le cruel Defefpoir fut vainqueur deffus eux.
Le Defefpoir, le plus des peines eternelles
Ennemy de la Foy, vainquit les infidelles.
 Le Rhofne en a fonné, alors qu'en hurlements
Renialme & Revet defgorgeoient leurs tourments.
« J'ay (dit l'un) condamné le fang & l'innocence. »
Ce n'eftoit repentir, c'eftoit une fentence
Qu'il prononçoit enflé, & gros de mefme efprit
Du Demon qui par force avoüa Jefus Chrift.
 Ce mefme efprit, prefchant en la publicque chaire,
Fit efcrier Latome à fa fureur derniere :
« Le grand Dieu m'a frappé en ce publicque lieu,
Moy qui publicquement blafphemois contre Dieu. »
 Noz yeux mefmes ont veu, en ces derniers orages,
Où cet Efprit immonde a femé de fes rages;
C'eft luy qui a ravi le fens aux infolents,
A Bezigny, Coffeins, à Tavanes fanglants;
Le premier de ces trois a galoppé la France
Monftrant fes mains au Ciel, bourrelles d'innocence,
« Voicy (ce difoit-il) l'efclave d'un bourreau
Qui a fur les agneaux defployé fon couteau :
Mon ame pour jamais en fa memoire tremble,
L'horreur & la pitié la defchirent enfemble. »
 Le fecond fut frappé aux murs des Rochelois.
On a caché le fruict de fes dernieres voix :
La verité preffee a trouvé la lumiere,
Car on n'a pu celer fa fentence derniere.
Du ftyle du premier & pour mefme action
Il prononça mourant fa condemnation.
 Le tiers qui fut cinquiefme au Confeil des coulpables,
Bavoit plus abbruty : il a femé fes fables
A l'entour de Paris, & le changement d'air
Ne le faifant jamais qu'en condamné parler,

Il fut lié, mais plus gehenné de conscience,
Satan fut son conseil, l'Enfer son esperance.
 Le Cardinal Polus, plein de mesmes Desmons,
Fut jadis le miroüer de ces trois compagnons.
Nous en sçavons plusieurs que noz honteuses veuës
Ont veus nuds & bavans & hurlans par les ruës,
Prophetes de leur mort, confesseurs de leurs maux,
Des nostres presageurs, enseignements trés beaux.
 Il ne faut point penser que vers, couteaux ni flammes
Soient tels que les flambeaux qui attacquoient les ames.
Rien n'est si grand que l'ame : il est trés evident
Qu'à l'esgard du subject s'augmente l'accident,
Comme selon le bois la flamme est perdurable.
Ces barbares avoient au lieu d'un' ame un Diable,
Duquel la bouche plaine a par force annoncé
Les crimes de leurs mains, le sang des bons versé,
Le desespoir minant qui leur tient compagnie,
Rongeant cœur & cerveau jusqu'en-fin de la vie.
 Que tu viens à regret, charlatan Florentin,
Qui de France a succé, puis mordu le tetin,
Comme un cancer mangeur & meurtrier insensible :
Un cancer de sept ans, à toy, aux tiens horrible,
T'oste esprit, sens & sang ; un traistre & lent effort,
Traistre lent, te faisant charongne avant ta mort,
Empuanti de toy, & t'atteint la vengeance
Au poinct qui donna trefve au repos de la France.
Excellente Duchesse, icy la verité
A forcé les liens de la proximité ;
Dans mon sein allié tu as versé tes plaintes
Du malheur domesticque, qui ne seroient esteintes,
Non plus que la clameur qui donna gloire à Dieu,
Lors que le condamné publia par adveu
Qu'en luy, cinquiesme autheur de l'inicque journee,
La vengeance de Dieu s'en alloit terminee.

Mais voicy les derniers fur lefquels on a veu
Du Dieu fort & jaloux le courroux plus efmeu,
Quand de fes jugements les principes terribles
A ces cœurs endurcis fe font rendus vifibles.
  Crefcence, Cardinal, qui à ton pourmenoir
Te vis accompagné d'un funèbre chien noir,
Chien qu'on ne peut chaffer, tu conneus ce chien mefme
Qui t'abboyoit au cœur de rage fi extrefme
Au concile de Trente : & ce mefme Demon
Dont tu ne fçavois pas la rufe, bien le nom,
Ce chien te fit prevoir, non pourvoir à ta perte;
Ta maladie fut en fanté defcouverte;
Il ne te quitta plus du jour qu'il t'euft faict voir
Ton mal; le mal la Mort, la Mort le defefpoir.
  Je me hafte à porter dans le fond de ce temple
D'Olivier Chancelier le tableau & l'exemple :
Cettuy cy vifité du Cardinal fans pair,
Sans pair en trahifon, fentit faillir d'Enfer
Les hoftes de Saül ou du Cardinal mefme,
Dans fon corps plus changé que n'eftoit la Mort blefme;
Ce corps fec fi caduc, qu'il ne levoit la main
De l'eftomach au front; auffy toft qu'il fut plain
Des dons du Cardinal, du bas jufques au fefte,
Enlevoit les talons auffy toft que la tefte,
Tomboit, fe redreffoit, mit en pieces fon lict,
S'efcria de deux voix : « O Cardinal maudit,
Tu nous faict tous damner! » Et à cette parolle
Cefte pefte s'en va & cette ame s'envolle.
  Cette force inconnuë & ces bonds violents
Eurent mefme moteur que ces grands mouvements
Que fent encor la France ou que ceux qui parurent,
Quand dans ce Cardinal tous les Diables moururent :
Au moins euffent pluftoft fupporté le tombeau
Que de perdre en ce monde un organe fi beau :

On a celé sa mort & caché la fumee
Que ce puant flambeau de la France allumee,
Esteint aura rendu; mais le courroux des Cieux
Donna de ce spectacle une idee à noz yeux.
L'air noirci de Demons ainsy que de nuages
Creva des quatre parts d'impetueux orages :
Les vents, les postillons de l'ire du grand Dieu,
Troublez de cet esprit retroublerent tout lieu :
Les deluges espaiz des larmes de la France
Rendirent l'air tout eau de leur noire abondance.
Cet esprit boute-feu, au bondir de ces lieux,
De foudres & d'esclairs mit le feu dans les Cieux.
De l'Enfer tout fumeux la porte desserree
A celuy qui l'emplit prepara cette entree;
La terre s'en creva, la mer enfla ses monts,
Ses monts & non ses flots, pour couler par ses fonds
Mille morts aux Enfers, comme si par ces vies
Satan goustoit encor des vieilles inferies
Dont l'odeur luy plaisoit, quand les anciens Romains
Sacrifioient l'humain aux cendres des humains.
L'Enfer en triompha, l'air & la terre & l'onde
Refaisant le cahos qui fut avant le monde.
Le combat des Demons à ce butin fut tel
Que des chiens la curee au corps de Jezabel,
Ou d'un Prince François, qui d'un clas de la sorte
Fit sonner le maillet de l'infernalle porte.

   Scribes, qui demandez aux tesmoignages saincts
Qu'ils fascinent voz yeux de voz miracles feints,
Si vous pouvez user des yeux & des oreilles,
Voyez ces monstres hauts, entendez ces merveilles.
Y a il rien commun, trouvez-vous de ces tours
De la sage Nature en l'ordinaire cours?
   Le meurtrier sent le meurtre, & le paillard attise
En son sang le venin, fruict de sa paillardise;

L'irrité contre Dieu eſt frappé de courroux;
Les eſlevez d'orgueil ſont abbatus de poux;
Dieu frappe de frayeur le fendant temeraire,
De feu le bouttefeu, de ſang le ſanguinaire.
Trouvez-vous ces raiſons en la chaine du ſort,
Telle proportion de la vie à la mort?
Eſt-il viciſſitude ou Fortune qui puiſſe
Fauſſe & folle trouver ſi à poinct la juſtice?
Tels jugements ſont-ilz d'un eſgaré cerveau
A qui voz peintres font un ignorant bandeau?
Sont-ce là des arreſts d'une femme qui roule
Sans yeux, au gré des vents, ſur l'inconſtante boule:

 Troubler tout l'Univers pour ceux qui l'ont troublé;
D'un Diable emplir le corps d'un eſprit endiablé;
A qui eſpere au mal arracher l'eſperance;
Aux prudents contre Dieu, la vie & la prudence,
Oſter la voix à ceux qui blaſphemoient ſi fort:
S'ils adjuroient la Mort, leur envoyer la Mort;
Trancher ceux à morceaux qui detranchoient l'Egliſe:
Aux exquis inventeurs donner la peine exquiſe;
Frapper les froids meſchans d'une froide langueur;
Embraſer les ardents d'une boüillante ardeur;
Brider ceux qui bridoient la loüange divine;
La vermine du puits eſtouffer de vermine;
Rendre dedans le ſang les ſanglants ſubmergez,
Livrer le loup au loup, le fol aux enragez;
Pour celuy qui enfloit le cours d'une harangue
Contre Dieu, l'eſtouffer d'une enfleure de langue?

 J'ay craincte, mon lecteur, que tes eſprits laſſez
De mes tragicques ſens, ayent dict : C'eſt aſſez!
Certes ce ſeroit trop ſi noz ameres plaintes
Vous contoient des Romans les charmereſſes feintes.
Je n'eſcris point à vous, enfants de vanité,
Mais recevez de moy, enfants de verité,

Ainsy qu'en un faisseau les terreurs demi vives,
Testaments d'Antioch, repentances tardives,
Le sçavoir prophané, les souspirs de Spera
Qui sentit ses forfaicts & s'en desespera;
Ceux qui dans Orleans, sans chiens & sans morsures
Furent frappez de rage, à qui les mains impures
Des peres, meres, sœurs & freres & tuteurs
Ont apporté la fin, tristes executeurs;
De Lizet l'orgueilleux la rude ignominie,
De luy, de son Simon la mortelle manie,
La lepre de Romma & celle qu'un plus grand
Pour les siens & pour soy perpetuelle prend;
Le despoir des Morins, dont l'un à mort se blesse,
Les foyers de Ruzé & de Faye d'Espesse.

 Icy le haut Tonnant sa voix grosse hors met,
Et guerre & souphre & feu sur la guerre transmet,
Faict la charge sonner par l'airain du tonnerre.
Il a la Mort, l'Enfer, souldoyez pour sa guerre;
Monté dessus le dos des Cherubins mouvans,
Il vole droict, guindé sur les aisles des vents.
Un temps, de son Eglise il soustint l'innocence,
Ne marchant qu'au secours, & non à la vengeance;
Ores aux derniers temps & aux plus rudes jours,
Il marche à la vengeance, & non plus au secours.

LIVRE SEPTIEME.

JUGEMENT.

Baisse donc, Eternel, tes hauts Cieux pour descendre,
Frappe les monts cornus, fais les fumer & fendre;
Loge le pasle effroy, la damnable terreur
Dans le sein qui te hait & qui loge l'erreur;
Donne aux foibles agneaux la salutaire crainte;
La crainte, & non la peur rende la peur esteinte.
Pour me faire instrument à ces effects divers,
Donne force à ma voix, efficace à mes vers;
A celuy qui t'advoüe, ou bien qui te renonce,
Porte l'heur ou malheur, l'arrest que je prononce.
Pour neant nous semons, nous arrousons en vain,
Si l'esprit de vertu ne porte de sa main
L'heureux accroissement. Pour les hautes merveilles
Les Pharaons ferrez n'ont point d'yeux, ni d'oreilles;
Mais Paul & ses pareils à la splendeur d'en haut
Prenent l'estonnement pour changer comme il faut.
Dieu veut que son image en noz cœurs soit emprainte,
Estre craint par amour, & non aimé par crainte;

Il hait la pasle peur d'esclaves fugitifs,
Il ayme ses enfans amoureux & craintifs.
  Qui seront les premiers sur lesquels il desploye
Ce pacquet à malheur, ou à parfaicte joye?
Je viens à vous, des deux fidelle messager,
De la gehenne sans fin à qui ne veut changer,
Et à qui m'entendra comme Paul Ananie,
Ambassadeur portant & la veuë & la vie.
A vous la vie, à vous qui pour Christ la perdez,
Et qui en la perdant trés seure la rendez,
La mettez en lieu fort, imprenable, en bonn'ombre,
N'attachans la victoire & le succez au nombre;
A vous, soldats sans peur, qui presque en toutes parts
Voyez voz compagnons par la frayeur esparts,
Ou par l'espoir de l'or les frequentes revoltes,
Satan qui prend l'yvroye & en faict ses recoltes.
Dieu tient son van trieur pour mettre l'aire en poinct
Et consumer l'esteule au feu qui ne meurt point.
Ceux qui à l'eau d'Oreb feront leur ventre boire
Ne seront point choisis compagnons de victoire:
Le Gedeon du Ciel, que ses freres vouloient
Mettre aux mains des Tyrans alors qu'ils les fouloient,
Destruisant par sa mort un angelicq' ouvrage,
Aymants mieux estre serfs que suivre un haut courage;
Le grand Jerubaal n'en tira que trois cents,
Prenant les diligents pour dompter les puissants,
Vainqueur maugré les siens, qui par poltronnerie
Refusoient à son heur l'assistance & la vie.
Quand vous verrez encor les asservis mastins
Dire: « Nous sommes serfs des Princes Philistins,
Vendre à leurs ennemis leurs Sansons & leurs braves,
Sortez trois cents choisis, & de cœurs non esclaves;
Sans conter Israel, lappez en haste l'eau,
Et Madian sera deffaict par son couteau.

Là trente mille avoient oſté l'air à voʒ faces :
A voʒ fronts triomphants ils vont quitter leur place.
Voʒ Grands vous eſtouffoient, magnanimes guerriers :
Vous levereʒ en haut la cime à voʒ lauriers.
Du fertil champ d'honneur Dieu cercle ces eſpines
Pour en faire ſuccer l'humeur à voʒ racines.
Si meſmes de voʒ troncs vous voyeʒ aſſecher
Les rameaux voʒ germains, c'eſt qu'ils ſouloient cacher
Et voʒ fleurs, & voʒ fruicts, & voʒ branches plus vertes
Qui plus rempliront l'air eſtant plus deſcouvertes.
  Telle eſt du ſacré mont la generation,
Qui au ſein de Jacob met ſon affection.
Le jour s'approche auquel auront ſes debonnaires
Fermes proſperiteʒ, victoires ordinaires ;
Voire dedans leurs licts, il faudra qu'on les oye
S'eſgayer en chantant de treſſaillante joye :
Ilʒ auront tout d'un temps à la bouche leurs chants,
Et porteront au poing un glaive à deux tranchants
Pour fouller à leurs pieds, pour deſtruire & deffaire
Des ennemis de Dieu la canaille adverſaire :
Voire pour empougner, & mener priſonniers
Les Empereurs, les Roys & Princes les plus fiers,
Les mettre aux ceps, aux fers, punir leur arrogance
Par les effects ſanglants d'une juſte vengeance ;
Si que ton pied vainqueur tout entier baignera
Dans le ſang qui du meurtre à tas regorgera,
Et dedans le canal de la tuerie extreſme
Les chiens ſe gorgeront du ſang de leur chef meſme.
Je retourne à la gauche, o eſclaves tondus !
Aux Diables faux marchands & pour neant vendus ;
Vous leur aveʒ vendu, livré, donné en proye,
Ame, ſang, vie, honneur ! Où en eſt la monnoye ?
  Je vous voy là cacheʒ, vous que la peur de mort
A faict ſi mal choiſir l'abyſme pour le port :

Vous dans l'esprit desquels une frivolle crainte
A la crainte de Dieu & de l'Enfer esteinte,
Que l'or faux, l'honneur vain, les serviles estats
Ont rendu revoltez, parjures, apostats;
De qui les genoux las, les inconstances molles,
Ploient au gré des vents aux pieds de leurs idolles;
Les uns qui de souspirs monstrent ouvertement
Que le fourneau du sein est enflé de tourment;
Les autres devenus stupides par usance,
Font dormir, sans tuer, la pasle conscience,
Qui se resveille & met forte, par son repos,
Ses aiguillons crochus dans les moëlles des os.
Maquignons de Satan, qui par espoirs & craintes,
Par feintes pietez & par charitez feintes,
Diligents charlatans, pipez & maniez
Noz rebelles fuitifs, noz excommuniez,
Vous vous esjouissez, estants retraicts des vices
Et puants excrements : gardez noz immondices,
Noz rongneuses brebis, les pestes du troupeau,
Ou galles que l'Eglise arrache de sa peau.
 Je vous en veux à vous, apostats degeneres,
Qui lechez le sang frais tout fumant de voz peres
Sur les pieds des tueurs, serfs, qui avez servy
Les bras qui ont la vie à voz peres ravy.
Voz peres sortiront des tombeaux effroyables;
Leurs images au moins paroistront venerables
A voz sens abbattus, & vous verrez le sang
Qui mesle sur leurs chefs les touffes de poil blanc,
Du poil blanc herissé de voz poltronneries;
Ces morts reprocheront le present de voz vies.
En lavant, pour disner avec ces inhumains,
Ces peres saisiront voz inutiles mains
En disant : « *Voy-tu pas que tes mains faineantes*
Lavent soubz celles là qui de mon sang gouttantes

Se purgent deſſus toy, & verſent mon courroux
Sur ta vilaine peau, qui ſe lave deſſous ?
Ceux qui ont retranchez les honteuſes parties,
Les oreilles, les nez, en triomphe des vies,
En ont faict les cordons des infames chappeaux,
Les enfans de ceux là careſſent tels bourreaux !
O eſclave coquin ! celuy que tu ſaluës
De ce puant chappeau eſpouvante les ruës
Et te ſaluë en ſerf : un eſclave de cœur
N'achepteroit ſa vie à tant de deſhonneur :
Fais pour ton pere, au moins, ce que fit pour ſon maiſtre
Un ſerf (mais vieux Romain), qui ſe fit meſconnoiſtre
De coups en ſon viſage, & fit ſi bel effort
De venger ſon Poſthume avec ſi belle mort ! »
   Vous armez contre nous, vous aymez mieux la vie
Et devenir bourreaux de voſtre compagnie ;
Vilains marchands de vous, qui avez mis à prix
Le libre reſpirer de voz puants eſprits ;
Aſſaſſins pour du pain, meurtriers paſles & bleſmes,
Couppe jarets, bourreaux d'autruy & de vous meſmes.
Vous cerchez de l'honneur, parricides baſtards :
Or, courez aux aſſauts, & volez aux hazards ;
Vous baverez en vain le vin de voz bravades ;
Cerchez, gladiateurs, en vain les eſtocades ;
Vous n'auriez plus d'honneur, n'oſant vous reſſentir
Ou d'un ſoufflet receu ou d'un ſeul dementir :
Deſmentir ne ſoufflet ne ſont tel vitupere
Que d'eſtre le valet d'un bourreau de ſon pere.
Voz peres ont changé en retraicts les hauts lieux,
Ils ont foulé aux pieds l'hoſtie & les faux dieux ;
Vous apprendrez, valets, en honteuſe vieilleſſe
A chanter au leſtrain & reſpondre à la Meſſe.
Trois Bourbons, autrefois de Rome la terreur,
Pourroient-ils voir du Ciel, ſans ire & ſans horreur,

*Leur ingrat succeſſeur quitter leur trace & eſtre
A rincer la canette, humble valet d'un preſtre?
Luy retordre la queuë, & d'un cierge porté
Faire amende honorable à Satan redouté?
Bourbon, que dirois-tu de ta race honteuſe?
Tu dirois, je le ſçay, que l'engeance eſt doubteuſe.
Ils reſſuſciteront, ces peres triomphans;
Vous reſſuſcitere{z}, deteſtables enfans:
Et honteux, condamne{z} ſans fuittes ny refuges,
Vo{z} peres de ce temps alors feront vo{z} juges.
 Vray eſt que les Tyrans avec inicque ſoing
Vous mirent à leurs pieds, en rejettant au loing
La veritable voix de tous clients fidelles.
Avec art vous privant de leurs ſeures nouvelles,
Ils vous ont empeſché d'apprendre que Louys
Et comment il mourut pour Chriſt & ſon païs;
Ils vous ont deſrobé de vo{z} ayeuls la gloire,
Imbu voſtre berceau de fables pour hiſtoire,
Choiſi, pour vous former en moines & cagots,
Ou des galands ſans Dieu, ou des pedans bigots.
 Princes, qui vomiſſans la ſalutaire grace,
Tourne{z} au Ciel le dos & à l'Enfer la face:
Qui, pour regner icy, eſclaves vous rende{z}
Sans meſurer le gain à ce que vous perde{z},
Vous faictes eſclatter aux temples vo{z} muſicques:
Voſtre cheute fera hurler vo{z} domeſticques;
Au jour de voſtre change on vous pare de blanc,
Au jour de ſon courroux Dieu vous couvre de ſang.
Vous ave{z} pris le ply d'atheiſtes prophanes,
Aymé pour Paradis les pompes courtiſanes;
Nourris du laict d'eſclave, ainſy aſſubjectis,
Le ſens vainquiſt le ſang & vous fit abbrutis.
 Ainſy de Scanderbeg l'enfance fut ravie
Soubs de tels precepteurs, ſa nature aſſervie*

En un ſerrail coquin ; de delices friand,
Il huma pour ſon laict la grandeur d'Orient,
Par la voix des Muphtis on emplit ſes oreilles
Des faicts de Mahomet & miracles de vieilles ;
Mais le bon ſang vainquit l'illuſion des ſens,
Luy faiſant meſpriſer tant d'arborez croiſſans
(Les armes qui faiſoient courber toute la terre),
Pour au grand Empereur oſer faire la guerre
Par un petit troupeau ruiné & mal en poinct,
Se fit le chef de ceux qu'il ne conoiſſoit point.
De là tant de combats, tant de faicts, tant de gloire,
Que chacun les peut lire, & nul ne les peut croire.
Le Ciel n'eſt plus ſi riche à noz nativitez,
Il ne nous depart plus de generoſitez,
Ou bien nous trouverions de ces engeances hautes,
Si les maiſtres du ſiecle y faiſoient moins de fautes.
Ces œufs en un nid ponds, en un autre couvez,
Se trouvent œufs d'aſpics quand ils ſont eſprouvez :
Plus toſt ne ſont eſclos que ces mortels viperes
Fichent l'ingrat fiſſon dans le ſein de faux peres.
Ou c'eſt que le regne eſt à ſervir condamné,
Ennemy de vertu & d'elle abandonné.
Quand le terme eſt eſcheu des divines juſtices,
Les cœurs abaſtardis ſont infectez de vices :
Dieu frappe le dedans, oſte premierement
Et retire le don de leur entendement ;
Puis, ſur le coup qu'il veut nous livrer en ſervage,
Il faict fondre le cœur & ſecher le courage.
 Or cependant voicy que promet ſeurement,
Comme petits pourtraicts du futur Jugement,
L'Eternel aux meſchants, & ſa colere ferme
N'oublie, ains par rigueur ſe payera du terme.
Il n'y a rien du mien, ni de l'homme en ce lieu,
Voicy les propres mots des organes de Dieu :

« *Vous qui persecutez par fer mon heritage,*
Vos flancs ressentiront le prix de vostre ouvrage :
Car je vous frapperai d'espais aveuglements,
De playes de l'Egypte & de forcenements.
Princes qui commettez contre moy felonnie,
Je vous arracheray le sceptre avant la vie ;
Vos filles se vendront à vos yeux impuissants,
On les violera : leurs effroys languissants
De vos bras enferrez n'auront point d'assistance.
Vos valets vous vendront à la brute puissance
De l'avare achepteur, pour tirer en sueurs
De vos corps goutte à goutte autant ou plus de pleurs
Que vos commandements n'en ont versé par terre.
Vermisseaux impuissants, vous m'avez fait la guerre,
Vos mains ont chastié la famille de Dieu,
O verges de mon peuple ! & vous irez au feu.
Vous, barbares citez, quittez le nom de France,
Attendants les esprits de la haute vengeance :
Vous qui de faux parfums enfumastes l'ether,
Qui de si bas avez pu le Ciel irriter,
Il faut que ces vengeurs en vous justice rendent,
Que pour les recevoir vos murailles se fendent,
Et comme en Hiericho vos bastions soient mis
En poudre aux yeux, aux voix des braves ennemis.
Vous, sanglantes citez (Sodomes aveuglees)
Qui d'aveugles courroux contre Dieu desreiglees,
N'avez transy d'horreur aux visages transis,
Puantes de la chair, du sang de mes occis. »
Entre toutes, Paris, Dieu en son cœur imprime
Tes enfants qui crioient sur la Hierosolyme,
A ce funeste jour que l'on la destruisoit.
L'Eternel se souvient que chacun d'eux disoit :
« *A sac l'Eglise, à sac, qu'elle soit embrazee*
« *Et jusqu'au dernier pied des fondements razee !* »

Mais tu seras un jour labouree en sillons,
Babel, où l'on verra les os & les charbons,
Reste de ton palais & de ton marbre en cendre.
Bien heureux l'estranger qui te sçaura bien rendre
La rouge cruauté que tu as sçeu cercher;
Juste le Reistre noir, volant pour arracher
Tes enfants acharnez à ta mamelle impure,
Pour les froisser brisez contre la pierre dure ;
Maudit sera le fruict que tu tiens en tes bras :
Dieu maudira du Ciel ce que tu beniras :
Puante jusqu'au Ciel, l'œil de Dieu te deteste,
Il attache à ton dos la devorante peste,
Et le glaive & la faim, dont il fera mourir
Ta jeunesse & ton nom pour tout jamais perir.
    Soubs toy, Hierusalem meurtriere, revoltee,
Hierusalem, qui es Babel ensanglantee,
Comme en Hierusalem, diverses factions
Doubleront par les tiens tes persecutions ;
Comme en Hierusalem, de tes portes rebelles
Tes mutins te feront prisons & citadelles ;
Ainsy qu'en elle encor tes bourgeois affolez,
Tes bouttefeux prendront le faux nom de zelez.
Tu mangeras, comme elle, un jour la chair humaine,
Tu subiras le joug pour la fin de ta peine,
Puis tu auras repos : ce repos sera tel
Que reçoit le mourant avant l'accez mortel.
Juifs, Parisiens, trés justement vous estes,
Comme eux traistres, comme eux massacreurs des prophetes ;
Je voy courir les maux, approcher je les voy,
Au siege languissant par la main de ton Roy.
    Citez yvres de sang & de sang alterees,
Qui avez soif de sang & de sang enyvrees,
Vous sentirez de Dieu l'espouvantable main ;
Voz terres seront fers, & vostre Ciel d'airain ;

Ciel, qui au lieu de pluye envoye sang & poudre,
Terre de qui les bleds n'attendent que le foudre,
Vous ne semez que vent en steriles sillons,
Vous n'y moissonnerez que volants tourbillons.
Qui à voz yeux pleurants, folle & vaine canaille,
Feront pirouetter les espics & la paille.
Ce qui en restera & deviendra du grain,
D'une bouche estrangere estanchera la faim :
Dieu suscite de loing, comme une espaisse nuë,
Un peuple tout sauvage, une gent inconuë,
Impudente de front, qui n'aura triomphant,
Ni respect du vieillard, ni pitié de l'enfant,
A qui ne servira la piteuse harangue.
Tes passions n'auront l'usage de la langue :
De tes faux citoyens les detestables corps
Et les chefs traineront exposez au dehors :
Les corbeaux resjouis, tous gorgez de charongne,
Ne verront à l'entour aucun qui les eslongne :
Tes ennemis feront, au milieu de leur camp,
Foire de tes plus forts, qui vendus à l'encan
Ne seront encheris : aux villes assiegees,
L'œil have & affamé des femmes enragees
Regardera la chair de leurs maris aymez ;
Les maris forcenez lanceront affamez
Les regards alouvis sur leurs femmes aimees,
Et les deschireront de leurs dents affamees.
Quoy plus ? Celles qui lors en deuil enfanteront,
Les enfants demi nais du ventre arracheront,
Et du ventre à la bouche, affin qu'elles survivent,
Porteront l'avorton & les peaux qui le suyvent.

  Ce sont du Jugement à venir quelques traicts,
De l'Enfer preparez les debiles pourtraicts ;
Ce ne sont que mirouers des peines eternelles :
O quels seront les corps dont les ombres sont telles !

Atheiſtes vaincus, voſtre infidelité
N'amuſera le cours de la Divinité;
L'Eternel jugera & les corps & les ames,
Les benits à la gloire & les autres aux flammes.
Le corps, cauſe du mal, complice du peché,
Des verges de l'eſprit eſt juſtement touché,
Il eſt cauſe du mal; du juſte la juſtice
Ne verſera ſur l'un de tous deux le ſupplice.
De ce corps les cinq ſens ont eſmeu les deſirs;
Les membres, leurs valets, ont ſervy aux plaiſirs.
Encor plus criminels ſont ceux là qui incitent.
Or s'il les faut punir, il faut qu'ils reſſuſcitent :
Je dis plus, que la chair par contagion rend
Violence à l'eſprit qui long temps la deffend.
Elle qui de raiſons ſon ame pille & prive,
Il faut que pour ſentir la peine elle revive.
 N'apportez point icy, Saduciens pervers,
Les corps mangez des loups : qui les tire des vers
Des loups les tirera. Si on demande comme
Un homme ſortira hors de la chair de l'homme
Qui l'aura devoré, quand l'homme par la faim
Aux hommes a ſervi de viande & de pain,
En vain vous avez peur que la chair devoree
Soit en diſpute à deux : la nature ne cree
Nulle confuſion parmy les elements;
Elle ſçait diſtinguer d'entre les excrements
L'ordre qu'elle ſe garde. Ainſy elle demande
A l'eſtomach entiere & pure la viande :
La nourriture impropre eſt ſans corruption
Au feu de l'eſtomach par l'indigeſtion,
Et Nature qui eſt grand principe de vie
N'a elle le pouvoir qu'aura la maladie ?
Elle qui du confus de tout temperament
Faict un germe parfaict tiré ſubtilement,

*Ne peut-elle choisir de la grande matiere
La naiſſance ſeconde ainſy que la premiere ?
  Enfans de vanité, qui voulez tout poly,
A qui le ſtyle ſainct ne ſemble aſſez joly,
Qui voulez tout coulant, & coulez periſſables
Dans l'eternel oubly, endurez mes vocables
Longs & rudes ; & puis que les oracles ſaincts
Ne vous eſmeuvent pas, aux philoſophes vains
Vous trouverez encor en doctrine cachee,
La reſurrection par leurs eſcrits preſchee.
  Ils ont chanté que quand les eſprits bien heureux,
Par la voye du laict auront faict nouveaux feux,
Le grand moteur fera, par ſes metamorphoſes,
Retourner meſmes corps au retour de leurs cauſes.
L'air, qui prend de nouveau tousjours de nouveaux corps,
Pour loger les derniers met les premiers dehors.
Le feu, la terre & l'eau en font de meſme ſorte.
Le depart eſlogné de la matiere morte
Faict ſon rond & retourne encor en meſme lieu,
Et ce tour rend tousjours la preſence de Dieu.
Ainſy le changement ne ſera la fin noſtre,
Il nous change en nous meſme, & non point en un autre ;
Il cerche ſon eſtat, fin de ſon action.
C'eſt au ſecond repos qu'eſt la perfection.
Les elements muants en leurs reigles & ſortes,
Rappellent, ſans ceſſer, les creatures mortes
En nouveaux changements : le but & le plaiſir
N'eſt pas là, car changer eſt ſigne de deſir :
Mais quand le Ciel aura achevé la meſure,
Le rond de tous ſes ronds, la parfaicte figure ;
Lors que ſon encyclie aura parfaict ſon cours
Et ſes membres unis pour la fin de ſes tours,
Rien ne s'engendrera ; le temps, qui tout conſomme,
En l'homme amenera ce qui fut faict de l'homme :*

JUGEMENT.

Lors la matiere aura son repos, son plaisir,
La fin du mouvement & la fin du desir.
 Quant à tous autres corps qui ne pourront renaistre,
Leur estre & leur estat estoit de ne plus estre.
L'homme seul raisonnable eut l'ame de raison;
Cette ame unit à soy d'entiere liaison,
Ce corps essentié du pur de la Nature,
Qui doit durer autant que la Nature dure.
Les corps des bestes sont de nature excrement,
Desquels elle se purge & dispose autrement,
Comme materielle estant leur force, & pource
Que de matiere elle a sa puissance & sa source,
Cette puissance mise en acte par le corps.
Mais l'ame des humains toute vient du dehors,
Et l'homme, qui raisonne une gloire eternelle
(Hoste d'Eternité), se fera tel comme elle.
L'ame toute divine eut inclination
A son corps, & cette ame à sa perfection.
Pourra-elle manquer de ce qu'elle souhaitte,
Oublier ou changer, sans se faire imparfaicte?
Ce principe est trés vray que l'instinct naturel
Ne souffre manquement qui soit perpetuel.
Quand nous considerons l'airain qui s'achemine
De la terre bien cuitte en metal; de la mine
Au fourneau, du fourneau on l'affine; l'ouvrier
Le meine à son dessein pour fondre un chandelier.
Nul de tous ces estats n'est la fin, sinon celle
Qu'avoit l'entrepreneur pour but en sa cervelle.
Nostre esformation, nostre dernier repos
Est, selon l'exemplaire, & le but & propos
De la cause premiere, ame qui n'est guidee
De prototype, estant soy mesme son idee.
L'homme à sa gloire est faict : telle creation
Du but de l'Eternel prend esformation;

Ce qui est surcelese & sur noz connoissances,
Partage du trés pur & des intelligences,
Si lieu se peut nommer, sera le sacré lieu
Anobly du changer, habitacle de Dieu;
Mais ce qui a servi au monde sous celeste,
Quoyque trés excellent, suivra l'estat du reste.
L'homme de qui l'esprit & penser est porté
Dessus les Cieux des Cieux vers la Divinité
A servir, adorer, contempler & connoistre,
Puis qu'il n'y a mortel que l'abject du bas estre,
Est exempt de la loy, qui soubs la Mort se rend,
Et de ce privilege ha le Ciel pour garand.
 Si aurez vous, Payens, pour juges voz pensees,
Sans y penser, au vent par vous mesmes poussees
En voz laborieux & si doctes escrits,
Où entiers vous voulez, compagnons des esprits,
Avoir droict quelque jour. De voz sens le service
Et voz doigts auroient-ils faict un si haut office
Pour n'y participer? Nenny; voz nobles cœurs
Pour des esprits ingrats n'ont semé leurs labeurs.
Si voz sens eussent creu s'en aller en fumee,
Ils n'eussent tant sué pour la grand Renommee.
Les poinctes de Memphis, ses grands arcs triomphaux,
Obelisques logeants les cendres aux lieux hauts,
Les travaux sans utile eslevez pour la gloire,
Promettoient à voz sens part en cette memoire.
 Qu'ay-je dit de la cendre eslevee en haut lieu?
Adjoustons que le corps n'estoit mis au milieu
Des bustes ou buchers, mais en cime à la poincte,
Et pour monstrer n'avoir toute esperance esteinte,
La face descouverte, ouverte vers les Cieux,
Vuide d'esprit, pour soy esperoit quelque mieux.
Mais à quoy pour les corps ces despences estranges,
Si ces corps n'estoient plus que cendres & que fanges?

JUGEMENT. 287

A quoy tant pour un rien ? à quoy les rudes loix
Qui arment les tombeaux de franchises & droicts
Dont vous aviez orné les corps morts de voz peres ?
Appellez-vous en vain sacrez voz cimetieres ?
  Ces pourtraicts excellents gardez de pere en filz,
De bronze pour durer, de marbre, d'or exquis,
Ont-ils pourtraicts les corps, ou l'ame qui s'envolle ?
La Royne de Carie a mis pour son Mausole
Tant de marbre & d'yvoire, & qui plus est encor
Que l'yvoire & le marbre, ell' a pour son thresor
En garde à son cher cœur cette cendre commise ;
Son sein fut un sepulchre, & la brave Arthemise
A de l'antiquité les proses & les vers.
Elle a faict exalter par tout cet Univers
Son ouvrage construit d'estoffe non pareille :
Vous en avez dressé la seconde merveille.
Voz Sages auroient-ils tant escrit & si bien
A chanter un erreur, à exalter un rien ?
  Vous appellez divins les deux où je veux prendre
Ces axiomes vrais : oyez chanter Pymandre;
Apprenez dessoubs luy les secrets qu'il apprend
De Mercure, par vous nommé trois fois tres grand.
  De tout la gloire est Dieu : cette essence divine
Est de l'Universel principe & origine :
Dieu, Nature & pensee, est en soy seulement
Acte, necessité, fin, renouvellement.
A son poinct il conduit astres & influences
En cercles moindres, grands soubs leurs intelligences,
Ou Anges par qui sont les esprits arrestés
Dés la huictiesme sphere à leurs corps apprestés,
Demons distributeurs des renaissantes vies
Et des arrests qu'avoient escrit les ancyclies.
Ces Officiers du Ciel, diligents & discrets,
Administrent du Ciel les mysteres secrets;

Et infenfiblement mefnagent en ce monde
De naiftre & de finir toute caufe feconde.
Tout arbre, graine & fleur, & befte, tient de quoy
Se refemer foy mefme & revivre par foy :
Mais la race de l'homme a la tefte levee,
Pour commander à tout cherement refervee ;
Un tefmoing de Nature à difcerner le mieux,
Augmenter, fe mefler dans les difcours des Dieux.
A connoiftre leur eftre & nature & puiffance,
A prononcer des bons & mauvais la fentence.
Cela fe doit refoudre & finir hautement
En ce qui produira un ample enfeignement,
Quand des Divinitez le cercle renouvelle,
Le monde a confpiré que Nature eternelle
Se maintienne par foy, puiffe, pour non perir,
Revivre de fa mort & feiche refleurir.
Voyez dedans l'ouvroir du curieux chimicque :
Quand des plantes l'efprit & le fel il praticque,
Il reduit tout en cendre, en faict leffive, & faict
De cette mort revivre un ouvrage parfaict :
L'exemplaire fecret des idees enclofes
Au fepulchre ranime & les lis & les rofes,
Racines & rameaux, tiges, fueilles & fleurs
Qui font briller aux yeux les plus vives couleurs,
Ayants le feu pour pere, & pour mere la cendre :
Leur refurrection doibt aux craintifs apprendre
Que les bruflez defquels on met la cendre au vent
Se relevent plus vifs & plus beaux que devant.
Que fi Nature faict tels miracles aux plantes
Qui meurent tous les ans, tous les ans renaiffantes,
Elle a d'autres fecrets & threfors de grand prix
Pour le Prince eftably au terreftre pourpris.
Le monde eft animant, immortel ; il n'endure
Qu'un de fes membres chers autant que luy ne dure :

Ce membre de haut prix, c'est l'homme raisonnant,
Du premier animal le chef d'œuvre eminent :
Et quand la Mort diſſout ſon corps, elle ne tuë
Le germe non mortel qui le tout reſtituë.
La diſſolution qu'ont ſoufferte les morts
Les prive de leur ſens, mais ne deſtruit le corps :
Son office n'eſt pas que ce qui eſt periſſe,
Bien que tout le caduc renaiſſe & rajeuniſſe ;
Nul eſprit ne peut naiſtre, il paroiſt de nouveau ;
L'eſprit n'oublie point ce qui reſte au tombeau.
　Soit l'image de Dieu l'Eternité profonde,
De cette Eternité ſoit l'image le monde,
Du monde le Soleil ſera l'image & l'œil,
Et l'homme eſt en ce monde image du Soleil.
　Payens, qui adorez image de Nature,
En qui la vive voix, l'exemple & l'eſcriture
N'authoriſe le vray, qui dites : « Je ne croy,
Si du doigt & de l'œil je ne touche & ne voy, »
Croyez comme Thomas, au moins après la veuë :
Il ne faut point voler au deſſus de la nuë ;
La terre offre à voz ſens de quoy le vray ſentir
Pour vous convaincre aſſez, ſinon vous convertir.
　La terre en pluſieurs lieux conſerve ſans dommage
Les corps, ſi que les filz marquent de leur lignage
Juſques à cent degrez les organes parez
A loger les eſprits qui furent ſeparez :
Nature ne les veut fruſtrer de leur attente.
Tel ſpectacle en Aran à qui veut ſe preſente.
Mais qui veut voir le Caire, & en un lieu prefix,
Le miracle plus grand de l'antique Memphis,
Juſtement curieux, & pour s'inſtruire prenne
Autant, ou un peu moins de peril & de peine
Que le bigot ſeduit, qui de femme & d'enfans
Oublie l'amitié, pour abbreger ſes ans

Au labeur trop ingrat d'un sot & long voyage.
Si de Syrte & Charibde il ne tombe au naufrage,
Si de peste il ne meurt, du mal de mer, du chaud,
Si le corsaire Turc le navire n'assaut,
Ne met à la chiorme, & puis ne l'endoctrine
A coups d'un roide nerf à ployer par l'eschine,
Il void Hierusalem & le lieu supposé
Où le Turc menteur dit que Christ a reposé,
Rid & vend cher son ris ; les sottes compagnies
Des Pelerins s'en vont affrontez de vanies.
Ce voyage est facheux, mais plus rude est celuy
Que les faux Mussulmans font encore aujourd'huy,
Soit des deux bords voisins de l'Europe & d'Azie,
Soit de l'Archipelage ou de la Natolie,
Ceux qui boyvent d'Euphrate ou du Tygre les eaux,
Ausquels il faut passer les perilleux monceaux
Et percer les brigands d'Arabie deserte ;
Ou ceux de Tripoli, de Panorme, Biserte,
Le riche Ægyptien & les voisins du Nil :
Ceux là vont mesprisant tout labeur, tout peril
De la soif sans liqueur, des tourmentes de sables
Qui enterrent dans soy tous vifs les miserables,
Qui à pied, qui sur l'asne, ou lié comme un veau
A ondes va pelant les bosses d'un chameau,
Pour voir le Méque ou bien Talnaby de Medine :
Là cette caravanne & bigotte & badine
Adore Mahomet dans le fer estendu
Que la voute d'aymant tient en l'air suspendu :
Là se creve les yeux la bande Musulmane
Pour, après lieu si sainct, ne voir chose prophane.
  Je donne moins de peine aux curieux Payens,
Des chemins plus aisez, plus faciles moiens.
Tous les puissants marchands de ce nostre hemisphere
Content pour pourmenoir le chemin du grand Caire.

Là prés est la colline où vont de toutes parts,
Au poinct de l'equinoxe, au vingte cinq de Mars,
La gent qui comme un camp loge dessous la tente,
Quand la terre paroist verte, ressuscitante,
Pour voir le grand tableau qu'Ezechiel depeint,
Merveille bien visible & miracle non feint,
La Resurrection, car de ce nom l'appelle
Toute gent qui court là, l'un pour chose nouvelle,
L'autre pour y cercher avec la nouveauté
Un bain miraculeux, ministre de santé.
L'œil se plaist en ce lieu, & puis des mains l'usage
Redonne aux yeux troublez un ferme tesmoignage.
On void les os couverts de nerfs, les nerfs de peau,
La teste de cheveux ; on void à ce tombeau
Percer en mille endroicts les arenes bouillantes
De jambes & de bras & de testes grouillantes.
D'un coup d'œil on peut voir vingt mille spectateurs
Soupçonner ce qu'on void, muets admirateurs ;
Ravis en contemplant ces œuvres nonpareilles
Levent le doigt en haut vers le Dieu des merveilles.
Quelqu'un d'un jeune enfant en ce troupeau voyant
Les cheveux crespelus, le teinct frais, l'œil riant,
L'empoigne ; mais oyant crier un barbe grise,
Ante matharafde kali, quitte la prise.

 De pere en filz, l'Eglise a dit qu'au temps passé
Un troupeau de Chrestiens, pour prier amassé,
Fut en pieces taillé par les mains infidelles
Et rendit en ce lieu les ames immortelles,
Qui pour donner au corps gage de leurs amours,
Leur donne tous les ans leur presence trois jours.
Ainsy le Ciel d'accord uni à vostre mere :
Ces deux (filz de la Terre) en ce lieu veulent faire
Vostre leçon, daignans en ce poinct s'approcher
Pour un jour leur miracle à voz yeux reprocher.

Doncques chacun de vous, pauvres Payens, contemple,
Par l'effort de raison ou celuy de l'exemple,
Ce que jadis sentit le troupeau tant prisé
Des escrits où Nature avoit thesaurisé :
Bien que du sens la taye eust occupé leur veuë,
Qu'il y ait tousjours eu le voile de la nuë
Entre eux & le soleil, leur marque, leur defaut
Vous fasse desirer de vous lever plus haut :
Haussez vous sur les monts que le soleil redore,
Et vous prendrez plaisir de voir plus haut encore.
Ces hauts monts que je dis sont Prophetes, qui sont
Demeure sur les lieux où les nuages sont.
C'est le cayer sacré, le palais des lumieres ;
Les sciences, les arts ne sont que chambrieres.
Suivez, aimez Sara, si vous avez dessein
D'estre filz d'Abraham retirez en son sein :
Là les corps des humains & les ames humaines
Unis au grand triomphe aussy bien comme aux peines,
Se rejoindront ensemble, & prendront en ce lieu
Dans leurs fronts honorez l'image du grand Dieu.
  Resjouissez vous donc, o vous ames celestes,
Car vous vous referez de voz piteuses restes :
Resjouissez vous donc, corps gueris du mespris,
Heureux vous reprendrez voz plus heureux esprits.
Vous voulustes, esprits, & le Ciel & l'air fendre
Pour aux corps preparez du haut du Ciel descendre ;
Vous les cerchastes lors : ore ils vous cercheront,
Ces corps par vous aymez encor vous aimeront.
Vous vous fistes mortels pour voz pauvres femelles,
Elles s'en vont pour vous, & par vous immortelles.
  Mais quoy ! c'est trop chanté, il faut tourner les yeux,
Esblouis de rayons dans le chemin des Cieux.
C'est faict : Dieu vient reigner ; de toute prophetie
Se void la periode à ce poinct accomplie.

La terre ouvre son sein, du ventre des tombeaux
Naissent des enterrez les visages nouveaux :
Du pré, du bois, du champ, presque de toutes places
Sortent les corps nouveaux & les nouvelles faces.
Icy les fondements des chasteaux rehaussez
Par les ressuscitans promptement sont percez ;
Icy un arbre sent des bras de sa racine
Grouiller un chef vivant, sortir une poictrine ;
Là l'eau trouble bouillonne, & puis s'esparpillant,
Sent en soy des cheveux & un chef s'esveillant :
Comme un nageur venant du profond de son plonge,
Tous sortent de la Mort comme l'on sort d'un songe.
Les corps par les Tyrans autrefois deschirez
Se sont en un moment à leurs corps asserrez,
Bien qu'un bras ait vogué par la mer escumeuse.
De l'Affricque bruslee en Tyle froiduleuse,
Les cendres des bruslez volent de toutes parts ;
Les brins plus tost unis qu'ils ne furent esparts,
Viennent à leur posteau, en cette heureuse place,
Riants au Ciel riant d'une aggreable audace.
Le curieux s'enquiert si le vieux & l'enfant
Tels qu'ils sont, jouiront de l'estat triomphant,
Leurs corps n'estans parfaicts ou deffaicts en vieillesse :
Sur quoy, la plus hardie ou plus haute sagesse
Ose presupposer que la perfection
Veut en l'aage parfaict son eslevation,
Et la marquent au poinct des trente trois annees
Qui estoient en Jesus closes & terminees,
Quand il quitta la terre, & changea glorieux
La croix & le sepulchre au tribunal des Cieux.
Venons de cette douce & pieuse pensee
A celle qui nous est aux Saincts Escrits laissee.
   Voicy le Filz de l'homme & du grand Dieu le Filz,
Le voicy arrivé à son terme prefix.

Desjà l'air retentit, & la trompette sonne;
Le bon prend asseurance, & le meschant s'estonne;
Les vivants sont saisis d'un feu de mouvement,
Ils sentent mort & vie en un prompt changement;
En une periode ils sentent leurs extremes,
Ils ne se trouvent plus eux mesmes comme eux mesmes:
Une autre volonté & un autre sçavoir
Leur arrache des yeux le plaisir de se voir;
Le Ciel ravit leurs yeux: du Ciel premier l'usage
N'eust peu du nouveau Ciel porter le beau visage.
L'autre Ciel, l'autre terre ont cependant fuy;
Tout ce qui fut mortel se perd esvanouy.
Les fleuves sont seichez, la grand mer se desrobe;
Il falloit que la terre allast changer de robbe.
Montagnes, vous sentez douleurs d'enfantements:
Vous fuiez comme agneaux, o simples elements!
Cachez vous, changez vous; rien mortel ne supporte
Le front de l'Eternel, ni sa voix rude & forte.
Dieu paroist: le nuage entre luy & noz yeux
S'est tiré à l'escart, il s'est armé de feux;
Le Ciel neuf retentit du son de ses loüanges;
L'air n'est plus que rayons, tant il est semé d'Anges.
Tout l'air n'est qu'un soleil; le soleil radieux
N'est qu'une noire nuict au regard de ses yeux;
Car il brusle le feu, au soleil il esclaire,
Le centre n'a plus d'ombre & ne fuit sa lumiere.
  Un grand Ange s'escrie à toutes nations:
« *Venez respondre icy de toutes actions,*
L'Eternel veut juger. » *Toutes ames venuës*
Font leurs sieges en rond en la voute des nuës;
Et là les Cherubins ont au milieu planté
Un throsne rayonnant de saincte majesté:
Il n'en sort que merveille & qu'ardente lumiere.
Le soleil n'est pas faict d'une estoffe si claire;

L'amas de tous vivans en attend juſtement
La deſolation ou le contentement.
Les bons du Sainct Eſprit ſentent le teſmoignage,
L'aiſe leur ſaute au cœur & s'eſpand au viſage ;
Car s'ilz doivent beaucoup, Dieu leur en a faict don :
Ils ſont veſtus de blanc & lavez de pardon.
O tribus de Judas, vous eſtes à la dextre :
Edom, Moab, Agar tremblent à la feneſtre ;
Les Tyrans abbatus, paſles & criminels,
Changent leurs vains honneurs aux tourments eternels.
Ils n'ont plus dans le front la furieuſe audace,
Ils ſouffrent en tremblant l'imperieuſe face,
Face qu'ils ont frappee, & remarquent aſſez
Le chef, les membres ſaincts, qu'ils avoient tranſpercez.
Ils le virent lié, le voicy les mains hautes :
Ces ſeveres ſourcils viennent conter leurs fautes.
L'innocence a changé ſa crainte en majeſtés,
Son roſeau en acier tranchant des deux coſtés,
Sa croix au tribunal de preſence divine.
Le Ciel l'a couronné, mais ce n'eſt plus d'eſpine :
Ores viennent trembler à ceſt acte dernier
Les condamneurs aux pieds du juſte priſonnier.
 Voicy le grand Heraut d'une eſtrange nouvelle,
Le Meſſager de mort, mais de mort eternelle.
Qui ſe cache? qui fuit devant les yeux de Dieu?
Vous, Caïns fugitifs, où trouverez vous lieu?
Quand vous auriez les vents collez ſoubs voz aiſſelles,
Ou quand l'aube du jour vous preſteroit ſes aiſles,
Les monts vous ouvriroient le plus profond rocher,
Quand la nuict taſcheroit en ſa nuict vous cacher,
Vous enceindre la mer, vous enlever la nuë,
Vous ne fuiriez de Dieu ni le doigt, ni la veuë.
Or voicy les lyons de torches acculez,
Les ours à nez percez, les loups emmuzelez.

Tout s'esleve contre eux : les beautez de Nature,
Que leur rage troubla de venin & d'ordure,
Se confrontent en mire & se levent contr'eux.
« *Pourquoy (dira le Feu) avez-vous de mes feux,*
Qui n'estoient ordonnez qu'à l'usage de vie,
Faict des bourreaux valets de vostre tyrannie? »
L'Air encor une fois contr'eux se troublera,
Justice au Juge sainct, trouble demandera,
Disant : « *Pourquoy, Tyrans & furieuses bestes,*
M'empoisonnastes vous de charongnes, de pestes,
Des corps de voz meurtris? » — « *Pourquoy, diront les Eaux,*
Changeastes vous en sang l'argent de noz ruisseaux? »
Les Monts, qui ont ridé le front à voz supplices :
« *Pourquoy nous avez-vous rendus voz precipices?*
Pourquoy nous avez-vous, diront les Arbres, faicts
D'arbres delicieux execrables gibets? »
Nature blanche, vive & belle de soy mesme,
Presentera son front ridé, fascheux & blesme
Au peuple d'Italie, & puis aux nations
Qui les ont enviez en leurs inventions,
Pour de poison meslé au milieu des viandes
Tromper l'amere mort en ses liqueurs friandes,
Donner au meurtre faux le mestier de nourrir,
Et soubs les fleurs de vie embuscher le mourir.
La Terre, avant changer de lustre, se vient plaindre
Qu'en son ventre l'on fit ses chers enfants esteindre
En les enterrans vifs, l'ingenieux bourreau
Leur dressant leur supplice en leur premier berceau.
La Mort tesmoignera comment ils l'ont servie;
La Vie preschera comment ils l'ont ravie;
L'Enfer s'esveillera : les calomniateurs
Cette fois ne seront faux prevaricateurs.
Les livres sont ouverts, là paroissent les roolles
De noz salles pechez, de noz vaines parolles,

Pour faire voir du Pere aux uns l'affection,
Aux autres la justice & l'execution.
   Conduicts, Esprit tres sainct, en cet endroict ma bouche;
Que par la passion plus exprez je ne touche
Que ne permet ta reigle, & que, juge leger,
Je n'attire sur moy jugement pour juger.
Je n'annonceray donc que ce que tu annonce,
Mais je prononce autant comme ta loy prononce :
Je ne marque de tous que l'homme condamné
A qui mieux il vaudroit n'avoir pas esté né.
   Voicy donc, Antechrist, l'extraict des faicts & gestes,
Tes fornications, adulteres, incestes,
Les pechez où Nature a tourné à l'envers,
La bestialité, les grands bourdeaux ouverts,
Le tribut exigé, la bulle demandee
Qui a la Sodomie en esté concedee ;
La place de Tyran conquise par le fer,
Les fraudes qu'exerça ce grand tison d'Enfer,
Les empoisonnements, assassins, calomnies,
Les degats des pays, des hommes & des vies,
Pour attrapper les clefs ; les contracts, les marchez
Des Diables stipulans subtilement couchez ;
Tous ceux là que Satan empoigna dans ce piege,
Jusques à la putain qui monta sur le siege.
L'aisné fils de Satan se souviendra maudit
De son throsne eslevé d'avoir autrefois dit :
« La gent qui ne me sert, ains contre moy conteste,
Pourrira de famine & de guerre & de peste.
Roys & Roynes viendront au siege où je me sieds,
Le front embas, lescher la poudre soubs mes pieds
Mon regne est à jamais, ma puissance eternelle ;
Pour monarcque me sert l'Eglise universelle ;
Je maintien le Papat tout puissant en ce lieu,
Où, si Dieu je ne suis, pour le moins Vice-Dieu. »

Filz de perdition, il faut qu'il te souvienne
Quand le serf commandeur de la gent Rhodiene,
Veautré, baisa les pieds, infame serviteur,
Puis chanta se levant : « *Or laisse, Createur.* »
 Appollion, tu as en ton impure table
Prononcé blasphemant que Christ est une fable ;
Tu as renvoyé Dieu comme assez empesché,
Aux affaires du Ciel, faux homme de peché.
 Or il faut à ses pieds ces blasphemes & tiltres
Poser, & avec eux les tiares, les mitres,
La banniere d'orgueil, fausses clefs, fausses croix,
Et la pantouffle aussy qu'ont baisé tant de Rois.
Il se void à la gauche un monceau qui esclatte
De chappes d'or, d'argent, de bonnets d'escarlatte :
Prelats & Cardinaux là se vont despouiller,
Et d'inutiles pleurs leurs despouilles mouiller.
Là faut representer la mitre hereditaire
Dont Jules tiers ravit le grand nom de mystere,
Pour, mentant & cachant ses tiltres blasphemants,
Y subroger le sien escrit en diamands.
 A droicte, l'or y est une despouille rare :
On y void un morceau du haillon du Lazare.
Enfants du siecle vain, filz de la Vanité,
C'est à vous à trainer la honte & nudité,
A crier enrouez, d'une gorge embrazee,
Pour une goutte d'eau l'ausmosne refusee :
Tous voz refus seront payez en un refus.
 Les criminels adonc par ce procez confus,
La gueule de l'Enfer s'ouvre en impatience,
Et n'attend que de Dieu la derniere sentence,
Qui à ce poinct tournant son œil benin & doux,
Son œil tel que le monstre à l'espouse l'espoux,
Se tourne à la main droicte, où les heureuses veuës
Sont au throsne de Dieu sans mouvement tenduës,

Extaticques de joye & franches de soucy.
Leur Roy donc les appelle & les faict Roys ainsy :
 « Vous qui m'avez vestu au temps de la froidure,
Vous qui avez pour moy souffert peine & injure,
Qui à ma seiche soif & à mon aspre faim
Donnastes de bon cœur vostre eau & vostre pain;
Venez, races du Ciel, venez, esleus du Pere;
Voz pechez sont esteints, le Juge est vostre frere;
Venez donc, bienheureux, triompher à jamais
Au Royaume eternel de victoire & de paix. »
 A ce mot tout se change en beautez eternelles,
Ce changement de tout est si doux aux fidelles :
Que de parfaicts plaisirs! o Dieu, qu'ils trouvent beau
Cette terre nouvelle & ce grand Ciel nouveau!
 Mais d'autre part, si tost que l'Eternel faict bruire
A sa gauche ces mots, les foudres de son ire :
Quand ce Juge, & non Pere, au front de tant de Rois,
Irrevocable, pousse & tonne cette voix :
« Vous qui avez laissé mes membres aux froidures,
Qui leur avez versé injures sur injures,
Qui à ma seiche soif & à mon aspre faim
Donnastes fiel pour eau, & pierre au lieu de pain;
Allez, maudits, allez grincer vos dents rebelles
Aux gouffres tenebreux des peines eternelles! »
Lors ce front qui ailleurs portoit contentement
Porte à ceux cy la mort & l'espouvantement.
Il sort un glaive aigu de la bouche divine,
L'Enfer glouton, bruiant, devant ses pieds chemine.
D'une laide terreur les damnables transis,
Mesmes dés le sortir des tombeaux obscurcis,
Virent bien d'autres yeux le Ciel suant de peine,
Lors qu'il se preparoit à leur peine prochaine :
Et voicy de quels yeux virent les condamnez
Les beaux jours de leur regne en douleur terminez.

Ce que le monde a veu d'effroyables orages,
De gouffres caverneux & de monts de nuages,
De double obscurité dont au profond milieu
Le plus creux vomissoit des aquilons de feu,
Tout ce qu'au front du Ciel on vid onc de coleres,
Estoit serenité ; nulles doulleurs ameres
Ne troublent le visage, & ne changent si fort
La peur, l'ire & le mal, que l'heure de la mort.
Ainsy les passions du Ciel autrefois veuës
N'ont peint que son courroux dans les rides des nuës :
Voicy la mort du Ciel en l'effort douloureux,
Qui luy noircit la bouche & faict seigner les yeux.
Le Ciel gemit d'ahan, tous ses nerfs se retirent :
Ses poulmons prés à prés sans relasche respirent.
Le Soleil vest de noir le bel or de ses feux ;
Le bel œil de ce monde est privé de ses yeux.
L'ame de tant de fleurs n'est plus espanoüye ;
Il n'i a plus de vie au principe de vie ;
Et comme un corps humain est tout mort terrassé
Dés que du moindre coup au cœur il est frappé,
Ainsy faut que le monde & meure & se confonde
Dés la moindre blessure au Soleil, cœur du monde.
La Lune perd l'argent de son teint clair & blanc,
La Lune tourne en haut son visage de sang ;
Toute estoille se meurt ; les Prophetes fidelles
Du Destin vont souffrir eclypses eternelles ;
Tout se cache de peur : le feu s'enfuit dans l'air,
L'air en l'eau, l'eau en terre ; au funebre mesler
Tout beau perd sa couleur ; & voicy tout de mesmes
A la pasleur d'en haut tant de visages blesmes
Prenent l'impression de ces feux obscurcis,
Tels qu'on void au fourneau paroistre les transis.
Mais plus, comme les filz du Ciel ont au visage
La forme de leur chef, de Christ la vive image,

Les autres de leur pere ont le train & les traicts,
Du Prince Belzebuth veritables pourtraicts.
A la premiere mort ils furent effroyables,
La seconde redouble, où les abominables
Crient aux monts cornus : « O Monts, que faictes-vous ?
Esbranlez voz rochers, & vous crevez sur nous ;
Cachez nous, & cachez l'opprobre & l'infamie
Qui comme chiens nous met hors la cité de vie ;
Cachez nous pour ne voir la haute majesté
De l'Agneau triomphant sur le throsne monté. »
Ce jour les a pris nuds, les estouffe de craintes
Et de pires douleurs que les femmes enceintes.
Voicy le vin fumeux, le courroux mesprisé
Duquel ces filz de terre avoient thesaurisé.
De la Terre, leur mere, ils regardent le centre,
Cette Mere en douleurs sent mi-partir son ventre
Où les serfs de Satan regardent fremissants
De l'Enfer abbayant les tourments renaissans,
L'estang de soulphre vif, qui rebrusle sans cesse,
Les tenebres espais plus que la nuict espaisse :
Ce ne sont des tourments inventez des cagots
Et presentez aux yeux des infirmes bigots ;
La terre ne produit nul crayon qui nous trace
Ni du haut Paradis, ni de l'Enfer la face.

 Vous avez dict, perduz : « Nostre nativité
N'est qu'un sort ; nostre mort, quand nous aurons esté,
Changera nostre haleine en vent & en fumee.
Le parler est du cœur l'estincelle allumee :
Ce feu esteint, le corps en cendre deviendra,
L'esprit, comme air coulant, parmy l'air s'espandra
Le temps avallera de noz faicts la memoire,
Comme un nuage espais estend sa masse noire,
L'esclaircit, la despart, la desrobe à nostre œil :
C'est un brouillard chassé des rayons du soleil ;

Noſtre temps n'eſt rien plus qu'un ombrage qui paſſe,
Le ſceau de tel arreſt n'eſt point ſubject à grace. »
 Vous aveʒ dit, brutaux : « Qu'il y a en ce lieu
Pis que d'eſtre privé de la face de Dieu ? »
Ha ! vous regretereʒ bien plus que voſtre vie
La perte de voʒ ſens, juges de telle envie :
Car ſi voʒ ſens eſtoient tout tels qu'ils ont eſté,
Ils n'auroient un tel gouſt, ni l'immortalité ;
Lors vous ſçaureʒ que c'eſt de voir de Dieu la face,
Lors vous aureʒ au mal le gouſt de la menace.
 O enfants de ce ſiecle, o abuſeʒ mocqueurs,
Imployables eſprits, incorrigibles cœurs,
Voʒ eſprits trouveront en la foſſe profonde
Vray ce qu'ils ont penſé une fable en ce monde.
Ils languiront en vain de regret ſans mercy.
Voſtre ame à ſa meſure enflera de ſoucy.
Qui vous conſolera ? L'amy qui ſe deſole
Vous grincera les dents au lieu de la parole.
Les Saincts vous aimoient-ils ? Un abiſme eſt entr'eux ;
Leur chair ne s'eſmeut plus, vous eſtes odieux.
Mais n'eſpereʒ-vous point fin à voſtre ſouffrance ?
Point n'eſclaire aux Enfers l'aube de l'eſperance ?
Dieu auroit-il ſans fin eſloigné ſa mercy ?
Qui a peché ſans fin, ſouffre ſans fin auſſy.
La clemence de Dieu faict au Ciel ſon office,
Il deſploye aux Enfers ſon ire & ſa juſtice.
Mais le feu enſouphré ſi grand, ſi violent
Ne deſtruira-il pas les corps en les bruſlant ?
Non, Dieu les gardera entiers à la vengeance,
Conſervant à cela & l'eſtoffe & l'eſſence,
Et le feu qui ſera impuiſſant d'operer
N'aura pouvoir d'eſteindre, ains de faire durer,
Et ſervira par loy à l'eternelle peine :
L'air corrupteur n'a plus ſa corrompante haleine,

Et ne faict aux Enfers office d'element ;
Celuy qui le nommoit, qui est le firmament,
Ayant quitté son bransle & motives cadences,
Sera sans mouvement, & de là sans muances.
Transis, desesperez, il n'y a plus de mort,
Qui soit pour vostre mer des orages le port.
Que si voz yeux de feu jettent l'ardente veuë
A l'espoir du poignard, le poignard plus ne tuë.
Que la Mort (direz vous) estoit un doux plaisir!
La Mort morte ne peut vous tüer, vous saisir.
Voulez-vous du poizon? en vain cest artifice.
Vous vous precipitez? en vain le precipice.
Courez au feu brusler? le feu vous gelera;
Noyez-vous? l'eau est feu, l'eau vous embrazera ;
La Peste n'aura plus de vous misericorde;
Estranglez-vous? en vain vous tordez une corde;
Criez aprés l'Enfer? de l'Enfer il ne sort
Que l'eternelle soif de l'impossible mort.
Vous vous peigniez des feux: combien de fois vostre ame
Desirera n'avoir affaire qu'à la flamme!
Voz yeux ont des charbons qui embrazent & fument,
Voz dents sont des cailloux qui en grinçant s'allument.
Dieu s'irrite en voz cris & au faux repentir
Qui n'a peü commancer que dedans le sentir.
Ce feu par voz costés ravageant & courant
Fera revivre encor ce qu'il va devorant ;
Le chariot de Dieu, son torrent & sa gresle,
Mesle la dure vie & la mort pesle mesle.
Abbayez comme chiens, hurlez en voz tourments,
L'abisme ne respond que d'autres hurlements;
Les Satans descouplez d'ongles & dents tranchantes
Sans mort deschireront leurs proyes renaissantes ;
Ces Demons tourmentans hurleront tourmentez;
Leurs fronts seillonneront ferrez de cruautez ;

Leurs yeux eſtincelans auront la meſme image
Que vous aviez baignans dans le ſang du carnage;
Leurs viſages tranſis, Tyrans, vous tranſiront,
Ils vengeront ſur vous ce qu'ils endureront.
O malheur des malheurs, quand tels bourreaux meſurent
La force de leurs coups aux grands coups qu'ils endurent.
 Mais de ce dur eſtat le poinct plus ennuyeux,
C'eſt ſçavoir aux Enfers ce que l'on faict aux Cieux,
Où le camp triomphant gouſte l'aiʒe indicible,
Connoiſſable aux mechants, mais non pas acceſſible:
Où l'accord trés parfaict des douces uniſſons
A l'Univers entier accorde ſes chanſons,
Où tant d'eſprits ravis eſclattent de loüanges.
La voix des Saincts unis avec celles des Anges,
Les orbes des neuf Cieux, des trompettes le bruict
Tiennent tous leur partie à l'hymne qui ſe ſuit:
 « Sainct, ſainct, ſainct, le Seigneur, o grand Dieu des armees!
De ces beaux Cieux nouveaux les voutes enflamees,
Et la nouvelle terre, & la neſve cité,
Hieruſalem la saincte, annoncent ta bonté.
Tout eſt plein de ton nom. Sion la bienheureuſe
N'a pierre dans ſes murs qui ne ſoit precieuſe,
Ne citoyen que ſainct, & n'aura pour jamais
Que victoire, qu'honneur, que victoire, que paix.
 Là nous n'avons beſoing de parure nouvelle,
Car nous ſommes veſtus de ſplendeur eternelle;
Nul de nous ne craint plus ni la ſoif, ni la faim,
Nous avons l'eau de grace & des Anges le pain;
La paſle Mort ne peut accourcir cette vie;
Plus n'i a d'ignorance & plus de maladie;
Plus ne faut de ſoleil, car la face de Dieu
Eſt le Soleil unicque, & l'aſtre de ce lieu.
Le moins luiſant de nous eſt un aſtre de grace,
Le moindre a pour deux yeux deux ſoleils à la face

L'Eternel nous prononce & cree de sa voix
Roys, nous donnant encor plus haut que nom de Roys.
D'estrangers il nous faict ses bourgeois, sa famille,
Nous donne un nom plus doux que de filz & de filles. »
 Mais aurons-nous le cœur touché de passions
Sur la diversité ou choix des mansions ?
Ne doibt-on point briguer la faveur demandee
Pour la droicte ou la gauche au filz de Zebedee ?
Non, car l'heur d'un chacun à chacun accomply
Rend de tous le desir & le comble remply ;
Nul ne monte trop haut, nul trop bas ne devale,
Pareille imparité en difference esgalle.
Icy bruit la Sorbonne, où les Docteurs subtils
Demandent : « Les Esleus en leur gloire auront-ilz,
Au contempler de Dieu, parfaicte connoissance
De ce qui est de luy & toute son essence ? »
Ouy, de tout & en tout, & non totalement.
Ces termes sont obscurs pour nostre enseignement ;
Mais disons simplement que cette Essence pure
Comblera de chacun la parfaicte mesure.
Les honneurs de ce monde estoient hontes, au prix
Des grades eslevez au celeste pourprix ;
Les thresors de là haut sont bien d'autre matiere
Que l'or, qui n'estoit rien qu'une terre estrangere :
Les jeux, les passe temps & les esbats d'icy
N'estoient qu'amers chagrins, que colere & soucy,
Et que gehennes, au prix de la joye eternelle,
Qui sans trouble, sans fin, sans change renouvelle.
Là sans tache on verra les amitiez fleurir :
Les amours d'icy bas n'estoient rien que haïr
Au prix des hauts amours, dont la saincte armonie
Rend une ame de tous en un vouloir unie ;
Tous nos parfaicts amours reduicts en un amour,
Comme noz plus beaux jours reduicts en un beau jour.

On s'enquiert si le frere y connoistra le frere,
La mere son enfant, & la fille son pere,
La femme le mary : l'oubliance en effect
Ne diminuera poinct un estat si parfaict.
Quand le Sauveur du monde en sa vive parolle
Tire d'un vray subject l'utile parabole,
Nous presente le riche en bas precipité,
Mendiant du Lazare au plus haut lieu monté,
L'abysme d'entre deux ne les fit mesconnoistre,
Quoy que l'un fust hideux, enluminé pour estre
Seiché de feu, de soif, de peines & d'ahan,
Et l'autre rajeuni dans le sein d'Abraham.
Mais plus ce qui nous faict en ce royaume croire
Un sçavoir tout divin surpassant la memoire,
D'un lieu si excellent il parut un rayon,
Un pourtraict racourcy, un exemple, un crayon
En Christ transfiguré : sa chere compagnie,
Conneut Moyse non veu, & sçeut nommer Elie ;
L'extaze les avoit dans le Ciel transportez,
Leurs sens estoient changez, mais en felicitez.
  Adam aiant encor sa condition pure,
Connut des animaux les noms & la nature,
Des plantes le vray suc, des metaux la valeur,
Et les Esleus seront en un estre meilleur.
Il faut une aide en qui cest homme se repose,
Les Saincts n'auront besoing d'aide ni d'autre chose :
Il eut un corps terrestre & un corps sensuel,
Le leur sera celeste & corps spirituel.
L'ame du premier homme estoit ame vivante,
Celle des triomphants sera vivifiante ;
Adam pouvoit pecher, & du peché perir,
Les Saincts ne sont subjects à pecher ne mourir.
Les Saincts ont tout ; Adam receut quelque defence,
Satan put le tenter, il sera sans puissance.

Les Esleus sçauront tout, puis que celuy qui n'eut
Un estre si parfaict toute chose conneut.
Diray-je plus? à l'heur de cette souvenance,
Rien n'ostera l'acier des ciseaux de l'absence.
Ce triomphant estat sera franc anobly
Des larrecins du temps, des ongles de l'oubly :
Si que la connaissance & parfaicte, & seconde
Passera de beaucoup celle qui fut au monde.
Là sont fraiz & presents les bienfaicts, les discours,
Et les plus chauds pensers, fusils de nos amours.
Mais ceux qui en la vie & parfaicte & seconde
Cerchent les passions & les storges du monde,
Sont esprits amateurs d'espaisse obscurité
Qui regrettent la nuict en la vive clarté;
Ceux là dans le banquet où l'Espoux nous invite,
Redemandent les aulx & les oignons d'Ægypte,
Disants, comme bergers : « Si j'estois Roy, j'aurois
Un aiguillon d'argent plus que les autres Roys. »

 Les Apostres ravis en l'esclat de la nuë
Ne jettoient plus ça bas ni memoire ni veuë;
Femmes, parents, amis, n'estoient pas en oubly,
Mais n'estoient rien au prix de l'estat anobly
Où leur chef rayonnant de nouvelle figure
Avoit haut enlevé leur cœur & leur nature,
Ne pouvant regretter aucun plaisir passé,
Quand d'un plus grand bonheur tout heur fut effacé :
Nul secret ne leur peut estre lors secret, pource
Qu'ils puisoient la lumiere à sa premiere source :
Ils avoient pour miroir l'œil qui faict voir tout œil,
Ils avoient pour flambeau le soleil du soleil.
Il faut qu'en Dieu si beau toute beauté finisse,
Et comme on feinct jadis les compagnons d'Ulisse
Avoir perdu le goust de tous friands appas,
Ayant faict une fois de Lothos un repas,

Ainſy nulle douceur, nul pain ne *faict* envie
Aprés le Man, le *fruict* du doux arbre de vie :
L'ame ne ſouffrira les doubtes pour choiſir,
Ni l'imperfection que marque le deſir.
Le corps fut vicieux, qui renaiſtra ſans vices,
Sans taches, ſans porreaux, rides & cicatrices ;
En mieux il tournera l'uſage des cinq ſens.
 Veut-il ſoüefve odeur ? il reſpire l'encens
Qu'offrit Jeſus en croix, qui en donnant ſa vie
Fut le preſtre, l'autel & le temple & l'hoſtie.
Faut-il des ſons ? le Grec, qui jadis s'eſt vanté
D'avoir ouy les Cieux ſur l'Olympe monté,
Seroit ravy plus haut, quand Cieux, orbes & poles
Servent aux voix des Saincts, de luths & de violes ;
Pour le plaiſir de voir, les yeux n'ont poinct ailleurs
Veu pareilles beautez, ni ſi vives couleurs.
Le gouſt qui fit cercher des viandes eſtranges,
Aux nopces de l'Agneau trouve le gouſt des Anges,
Noz metz delicieux tousjours preſts ſans apprets,
L'eau du rocher d'Oreb, & le Man tousjours fraiz :
Noſtre gouſt qui à ſoi eſt ſi ſouvent contraire
Ne gouſtra l'amer doux, ni la douceur amere ;
Et quel toucher peut eſtre en ce monde eſtimé
Au prix des doux baiſers de ce Filz bien aimé ?
Ainſy dedans la vie immortelle & ſeconde
Nous aurons bien les ſens que nous euſmes au monde,
Mais eſtans d'actes purs, ils feront d'action,
Et ne pourront ſouffrir infirme paſſion :
Purs en ſubjects trés purs, en Dieu ils iront prendre
Le voir, l'odeur, le gouſt, le toucher & l'entendre ;
Au viſage de Dieu ſeront noz ſaincts plaiſirs,
Dans le ſein d'Abraham fleuriront noz deſirs,
Deſirs, parfaicts amours, hauts deſirs ſans abſence,
Car les fruicts & les fleurs n'y font qu'une naiſſance.

Chetif, je ne puis plus approcher de mon œil
L'œil du Ciel; je ne puis supporter le Soleil.
Encor tout esblouy, en raisons je me fonde
Pour de mon ame voir la grand Ame du monde,
Sçavoir ce qu'on ne sçait & qu'on ne peut sçavoir,
Ce que n'a ouy l'oreille & que l'œil n'a peu voir;
Mes sens n'ont plus de sens, l'esprit de moy s'envole,
Le cœur ravy se taist, ma bouche est sans parolle:
Tout meurt, l'ame s'enfuit, & reprenant son lieu
Extaticque se pasme au giron de son Dieu.

FIN DES TRAGIQUES.

DISCOURS PAR STANCES

AVEC L'ESPRIT

DU

FEU ROY HENRY QUATRIESME.

[Publié d'après les manuscrits originaux de la Collection Tronchin, Mss. d'Aubigné, t. VII, f° 216.]

DISCOURS PAR STANCES

AVEC L'ESPRIT DU FEU ROY HENRY QUATRIESME.

Roy, clair astre de feu, qui de haute naissance
Fis cheoir sur l'Univers, au bransle de la France,
Ce qu'eut le Firmament de guerres en son rond :
Ton berceau, signalé de serpentz en jonchee,
Fit du foudre un jouët, lorsque Rome fachee
Te mit l'Enfer à dos & l'Espagne à ton front.

Devant trois lustres faicts, les armes demandees
Graverent sur ta peau les pretextes brodees;
Tu pris rang aux combats lontemps devant ton rang.
Tu as, à face ouverte & sans effroy, humee
Des bataillons croizez la poudre & la fumee,
Brossé parmy les fers & nagé dans le sang.

Tu te vis talonné de ces bruslans courages
Qui cerchent les combats au travers des naufrages :
Tu vins, vis & vainquis : c'est toy qui as porté
A tes juges, proscrit, le present de la vie;
Ils ont par toy, banni, recouvert la patrie,
De toy, leur prisonnier, receu la liberté.

Et puis, pour couronner tes tempes honorees,
De victoires sans reigle en l'Europe arborees,
Admirable en la paix comme entre les guerriers,
Ta main qui ne prenoit la loy que de soy mesme,
D'une branche d'olive adgence un diademe,
Pressant en un chappeau tes palmes, tes lauriers.

Ma plume ainsy voloit m'emplumant d'esperance
D'animer plus qu'un autre à ses larmes la France,
Mieux louer, mieux pleurer que nul autre mon Roy;
Quand un esprit de feu, mon docteur à predire,
Tourne mes yeux à voir par un grand doigt escrire :
Mené, Thekel, Pherés, en funeste paroy.

Cet esprit de feu pur, qui de son vent m'anime,
Ne m'abbaisse à polir quelques proses en rithme
Pour travailler à moins qu'à la gloire de Dieu;
Me faict prendre mon ton dans le concert des Anges,
De reproches m'emplit, tarissant mes louanges
Dont le subject a pris sa fin dans son milieu.

Ce fut ce mesme esprit qui planta dans ma langue
A un front redouté cette franche harangue :
« *Tu nous monstres ta langue, ô Prince grand vainqueur!*
« *La bouche de mon Roy a sa foy renoncee.*
« *Or, Dieu qui seulement cette bouche a percee,*
« *Quand ton cœur la suivra, transpercera ton cœur.* »

Que ſi j'ay quelque fois hauſſé ta vigilance,
Tes labeurs, tes perils, tes ruſes, ta vaillance,
Ce fut d'un ſtile & but differents des Jaquets,
Pour te laiſſer le gouſt du mal ou du bien dire,
Pour ſuccer le maſtic & pour le faire enduire
Mon amer ellebore entre les doux bouquets.

Vous qui vous ameutez aux abbois de la France,
Lamentant une mort, mort de voſtre eſperance,
Qui, de tragicques vers deteſtez l'inhumain,
L'infame poux, le ver qui mit ce Roy par terre,
C'eſt aſſez remordu cette vilaine pierre;
Laiſſons la pierre en poudre & baiſons cette main.

Suyvons la des deſirs à faute de la veuë;
Sans fuir, elle s'eſt retiree en la nuë;
Pour la connoiſtre, il faut monter au ſacré lieu.
Cette premiere playe attend une ſeconde,
Si nous jugeons ces traicts dans le mirouër du monde,
Et non au Sainct des Saincts du grand temple de Dieu.

Prince qui, effrayé, tranſy en ton courage,
Un jour que la Mort paſle approcha ton viſage,
M'enquis ſi ton changer bleſſoit le Sainct Eſprit,
Encores une fois à ton ame laſſée
Je rends ces veritez, comme lors ma penſee
T'apprit ce que l'eſprit de ſcience m'apprit.

Cette main, qui orna ta perruque de gloire,
Mit le ſang à tes pieds, ſur ton front la victoire,
La grace dans tes yeux, ſur ta langue le miel:
Laſſe de ces douceurs, deſploia ſes puiſſances,
Ferma l'huis aux biens faicts pour l'ouvrir aux vengeances,
Fouilla, non le threſor, mais l'arſenal du Ciel.

*La main large de Dieu qui, par cinquante annees,
En deluge verſa tant de graces donnees;
Du berceau condamné l'injuſte mort chaſſa;
Qui de ſes doigts porta les landons de l'enfance,
Un bouclier au maſſacre, aux priſons delivrance,
La victoire aux combats, à la fin ſe laſſa.*

*Celuy qui vid jetter, ſans le trouver eſtrange,
Tant de valeurs à bas, tant de ſang en la fange,
Les cœurs plus genereux aux plus laſches ſubmis,
Trempa de ſang royal les franges cramoiſies,
Quitta ſon ame au vent, à l'air ſes fantaẓies,
Le corps aux aſſaſſins, le cœur aux ennemis.*

*Celuy qui ne ſentit du grand Dieu la querelle,
Le meurtre de l'amy, du ſerviteur fidelle,
Le deshonneur du lict, pour ſuivre ſon deſſein,
Pour luy n'ont rien ſenti & n'ont faict leur office,
Le valet de ſes pieds, le chef de ſa juſtice,
L'amy de ſon coſté, la femme de ſon ſein.*

*Prince, Rome paya de ton or les rebelles,
Elle a chaſſé au loing tes chiens les plus fidelles,
Pour de maſtins muets & loups t'environner.
Tu as foulé aux pieds, au gré de cette beſte,
Ceux qui avoyent gardé la couronne à ta teſte,
Ou qui avoient ſauvé la teſte à couronner.*

*Deſſoubs toy n'a fleury le docte & ſa ſcience :
Tu as hay la ferme & droicte conſcience :
Tant prodigue aux putains, tant avare aux guerriers,
Payant les laſcheteẓ, puniſſant le courage;
En vain, pour eſlever des myrtes ſans ombrage,
Tu as deſraciné tant de chaſtes lauriers.*

Le noble, le soldat, le laboureur quemandent,
Ceux qui font abonder le pain ou le deffendent;
Soubz toy sont eslevez & sont devenus gras
Les asnes du Clergé, les pourceaux de Finance,
Enflant jusqu'à crever le ventre de la France,
Assechant à la mort les jambes & les bras.

Tu as sacrifié les precieuses vies
Par un amour celeste à la tienne asservies,
En prestant leur courage aux ennemis sans cœur;
De ces chefs triomphans tu as faict un hommage
A un monstre abbatu, ordonnant en partage
Les honneurs aux vaincus & la honte au vainqueur.

Tu pris les sectateurs pour les causes de l'aize,
Tes braves esprouvez jusque dans la fournaize,
Tu les pris pour la cause & la marque des feux.
Tu t'es faict le second du seducteur prophane,
Subtil persecuteur, pour à la Juliane,
Par menaces & dons, faire la guerre aux Cieux.

Tu as faict triompher Lybanie ainsy comme
Un Terence Varron triompha dedans Rome,
Pour là s'estre fuiant coulpable retiré;
Car la cause de Rome est si foible, vilaine,
Que, qui est defenseur de l'idolle Romaine
Espere sans raison, s'il n'est desesperé.

Roy fin & doux, le fin est esloigné du sage,
La finesse est le propre ou du singe ou du page,
La prudence d'un Roy ni trompé ni trompeur;
Tu as perdu les tiens, faict tes haineux tes maistres
Esté dur aux loyaux, trop pitoyable aux traistres :
L'un vient d'ingratitude, & l'autre vient de peur.

Ingrats, au sein desquels l'ame & l'amitié mortes
Vont tarir & tomber, vous estes de deux sortes :
Ou lasches oublieux, ou fiers mesconnoissans ;
Des deux la main est seiche, ou bien saigne traitresse,
Car l'un laisse mourir les biens faicts de vielleße,
Et l'autre les esgorge encores fleurißans.

Ainsi vont à retours & par vicißitudes,
Dons & pardons d'en haut, d'embas ingratitudes ;
Dieu & les Roys n'ont pas mesme reigle d'Estat :
Dieu est pareil à soy, l'homme lasche & frivole
Va de l'aize au peché, des bourdeaux à l'idolle,
D'idolastre devient infidele, apostat.

Les Cieux, les elements te reprochent leurs peines,
La vie, les presents de tant d'ames humaines.
La mort t'avoit servi cent fois à poinct nommé,
Executant pour toy, si ce n'est par toy mesme,
Ou l'extreme vertu, ou la beauté supresme,
Que trop tu hayssois ou avois trop aimé.

Tu n'a pas creu Michee offencé à ta veuë,
Plus tot un Sedecie à la teste cornuë :
Le berceau de Joas en ses aages derniers
Lapida son Sauveur ; l'oublieux Amasie
Quitte son Dieu vainqueur, payé d'apostasie,
Adore de Seïr les Dieux, ses prisonniers.

Noz Docteurs, pour couvrir l'impudence sans bornes,
Ont de Sedecias pris leurs bonnets à cornes ;
Noz prudents ont le fort & regnant honoré,
Ne cachent plus Joas, mais aident à l'esteindre,
Et Dieu qui void le monde aimer ce qu'il doit craindre,
Laisse vaincre le droict pour en estre adoré.

L'edifice qui fut un trophee à ta vie,
Fut gloire au condamné, au juge ignominie,
Hauſſa les criminels, abbaiſſant au rebours
Le Senat eſperant contre toute eſperance,
Qui des mains des François tira vive la France,
Quand Paris fut Madril, portant Paris à Tours.

Quand les Prophetes faux des chaires menſongeres
Deſguiſoient & contoient ſes fautes pour legeres,
Contre ces chiens muets une pierre s'eſmeut;
Une pierre en courroux d'avoir perdu ſa place,
Preſcha l'honneur du Roy, du grand Dieu la menace,
Et puis l'acier parla quand la pierre ſe teuſt.

Rome vid en meſpris, honteuſes ambaſſades,
Veautrez ſur l'eſchaffaut, flattez de baſtonnades:
Ceux qui t'ont faict gouſter tel opprobre de miel,
Font ton honneur honteux, comme acquis par la honte;
Ceux là ont arraché pour le moins à leur conte
Du Louvre ton grand cœur, ta belle ame du Ciel.

A qui as-tu payé, pour offertes donnees,
Coutras, Arques, Yvry, tes heureuſes journees?
De qui as-tu receu un benefice tel?
L'offrande pacificque eſt à Dieu, non à l'homme :
L'on doibt au Dieu du Ciel, & non au Dieu de Rome,
Non des veaux abbattus, mais des cœurs ſur l'autel.

L'Univers fut theatre à voir cette folie;
Que de riz y preſta la bigotte Italie!
L'Eſpagnol admirant deſpouilla ſa terreur,
L'Allemagne en gronda, l'Auſtriche fut eſpriſe
D'aize, Piedmont d'eſpoir, de triſteſſe Venize,
Mais l'Anglois y meſla le meſpris & l'horreur.

Tu m'as faict lire escrit par le doigt de ta mere,
Qui sentoit en son filz la foiblesse du pere,
Les mots dorez qui d'or debvoyent rendre ta foy :
Tu as persecuté ton sang, ta sœur unicque,
Qui fit voir en sa mort comment la loy salique
N'avoit pas partagé la constance chez toy.

Cette louve Romaine, imperieuse beste,
Assize sur les fleurs que tu as sur la teste,
Exigeoit de ta main quelque servile coup;
Tu luy rendois par an quelque ame noire serve :
Le berger enchanteur croit ainsy qu'il conserve
Ses brebis en livrant un mouton noir au loup.

Le vaillant espervier, noble pour sa coustume,
Ayant mis l'oysillon, la nuict froide, en sa plume,
Dés que le beau soleil à ses tenebres luit,
Le faict libre, & de loing marque sa course aisleé,
Puis tourne dos, fuiant d'une mesme volee,
Avec le nom d'ingrat le soulas de la nuict.

Tu avois mis aux pieds un parti des fidelles
Qui, pressé dans ta plume & logé soubs tes aisles,
Avoit chassé ta nuict & t'avoit delivré
Des risques sur ton chef coup sur coup avenuës,
Et tu le vois gemir dans les serres cornuës
Du lanier impiteux à qui tu l'as livré.

Où est le sein amy qui chauffa ta froidure,
La main qui t'arracha de la prison obscure,
Et l'ami qui te fit gouster la liberté ?
Tout cela est errant, exposé aux orages;
D'opprobres tu payas tes fidelles courages,
Et tes liberateurs de la captivité.

Te voyla refveillé : Madril craignoit tes armes,
Piedmont s'agenouilloit, Rome jettoit des larmes,
Vienne t'alloit ceder comme au plus vertueux;
Les Anges s'accueilloyent à si haute entreprise,
Si ton ame eust esté du feu d'honneur esprise,
Non du tison fumant d'amour incestueux.

Ton orgueilleux dessein ne fit les Cieux propices,
N'interrogant de Dieu la bouche pour auspices;
De blasphemes contez, priant, tu l'offensois;
Assiegé, non servi, d'infidelles canailles,
Aprés avoir banni ces gagneurs de batailles
Qui t'avoyent faict prier & combattre en françois.

Des porticques, des arcs, la pompeuse parolle
Empruntoit le gergon des enfans de Loyolle;
Tout Paris desguisé en ces yeux se ravit.
En voulant triompher comme d'une deffaicte,
Il la faloit juger à faire, n'estant faicte;
L'Europe l'attendoit & l'Europe la vit.

Voicy l'executeur gros enflé de harangues
De la troupe qui ment Jesus au bout des langues:
Il vient noircir en deuil de noz pompes le cours;
Il monte froidement, & l'assistance blesme
Ne s'esmeut de ces coups jusques au quatriesme,
Ou par trop infidelle, ou trop lasche secours.

Le Prince d'Assyrie en ce poinct je contemple
Et Baltazard saoulé dans les vaisseaux du temple,
Transi du bras du Ciel qui escrit la paroy.
Ces idolles de Cour contemploient un supplice,
Un bras d'Enfer gravant du haut Ciel la justice
Sur le sein condamné d'un miserable Roy.

*Où eſtoient ces pavois, ces remparts de poictrines,
Qui, en tant de combats & meſmes aux ſalines
De Beauvois aſſiegé, quoyque de prés ſurpris,
Jettent leur chef arriere, & de leur vie eſteinte
Luy deſrobent la mort, ornant le labyrinthe
De leur brave deſpouille, & le Ciel des eſprits?*

*A ta peau n'ont touché tous ces monſtres eſtranges
Tant que tu fus gardé de fidelles & d'Anges;
Mais la main où ton cœur par la crainte fut mis
Fit en ſon cher depoſt une mortelle breſche;
Gemiſſement partout, chant de joye à la Fleſche,
Honte & dueil aux François, triomphe aux ennemis.*

*Les filz du ſiecle auroient ces veritez fardees
De trompeuſes couleurs : leurs phraſes mignardees
Sentiroient la faveur, le biſſac & la faim.
C'eſt icy qu'il falloit tonner dans les oreilles
La merveille des Rois & le Roy des merveilles,
Car la grande merveille eſt celle de la fin.*

*Mais quoy, tant de beaux vers ſur ce tombeau fleuriſſent,
Tant de papiers noircis, tant de preſſes gemiſſent;
On invente, on polit tout ce que peut l'humain :
Non, ces yeux n'ont jetté que pleurs de bienſeance,
Si l'ame reſolue à la juſte vengeance
Ne la commande au cœur & le cœur à la main.*

*Ces mains, qui ont eſcrit de favorables ſtyles,
Trop douces pour le fer, à venger inutiles,
Feront pour les bourreaux fleurir leurs vanitez :
Mes mains qui donnent gloire à Dieu de tes offences
Se preparent au fer, plus dures aux vengeances
Qu'elles n'ont pas eſté rudes aux veritez.*

Roi qui te sieds enfant sur la peau de ton pere,
Rends toy le Ciel propice, & tout sera prospere;
Donne paix à Sion, Dieu deffendra ta peau;
Prends de son doux giron la garde singuliere;
Si tu dors en celuy de la bande meurtriere,
Tu as soubs ton chevet l'homicide cousteau.

On ravit de ton sens l'histoire de ton pere,
On destourne ton cœur de l'amour de ta mere :
On oste le trophee au paternel tombeau;
On cache de tes yeux la sanglante chemise,
Mais que la main du Roy taste où elle est assize,
Et elle y trouvera une funeste peau.

Prince, qui dans le sein des assassins te plonges,
Non d'une voix d'airain coustumiere aux mensonges,
Mais de bouche fidelle & apprens & retien,
Tiens pour tout resolu que le meurtrier se vante
De te forcer au mal, & que la main fumante
Du sang du grand Henry veut espancher le tien;

Ou bien, courber ton chef precieux & insigne
Soubs la puante main & soubs le joug indigne
Qui hommage d'Enfer ses hommes & ses vœux;
Roy dessoubs un maraut, un moine vil & salle
Ploier les fleurs de lis soubs la clef infernalle,
Et la couronne d'or soubs une de cheveux.

Verrons-nous decrotter les pieds puants & salles
D'un faquin, d'un porcher dessus les fleurs royales,
Et dire, en trepignant dessus les fleurs de lis,
Comme........foulant l'imperieuse teste :
« Tu creveras des pieds toute sauvage beste,
Les lyons, les dragons, aspics & basilics. »

Le Regne eſt beau mirouër du regime du monde;
Puis l'Ariſtocratie en honneur la ſeconde;
Suit l'eſtat populaire inferieur des trois.
Tout peut ſe maintenir en regnant par ſoy meſme;
Mais j'appelle les Roys ploieʒ ſoubs un ſupreſme
Tyrans tyranniſeʒ, & non pas des vrais Roys.

Le Monarque du Ciel en ſoy prend ſa juſtice,
Le Prince de l'Enfer exerce le ſupplice,
Et ne peut ſes rigueurs eſteindre ou eſchauffer :
Le Roy regnant par ſoy, auſſy humble que brave,
Eſt l'image de Dieu; mais du Tyran eſclave,
Le dur gouvernement, image de l'Enfer.

Doux & mauvais preſent, la couronne, le chreſme,
Sceptre, glaive, manteau, la main, le diadeſme,
Vous gemireʒ deſſoubs, avant que d'eſtre appris
A donner & punir ſans commettre l'inicque,
Gardant ſur le public & ſur le domeſticque
L'authorité ſans haine & l'amour ſans meſpris.

Celuy n'eſt ſouverain qui reconnaiſt un maiſtre;
Plus infame vallet, qui eſt valet d'un preſtre.
Servir Dieu, c'eſt regner d'un regne ſeur & doux.
Roys de Septentrion, heureux Princes & ſages,
Vous eſtes Souverains qui ne debveʒ hommages,
Et qui ne voyeʒ rien entre le Ciel & vous.

Royne, il faut oublier l'air & l'art de Florence,
Rends ton joug plus leger à la legere France ;
Le Coq eſt amiable & ſuperbe animal,
Les Lis ſont beaux & blancs, leur forme ſpecieuſe,
Mais leur douce fumee en teſte vicieuſe
Cauſe l'epilepſie & fait choir du haut mal.

Ta main empruntera chichement la substance
Que tu vas prodiguant aux ruines de France;
Paris de ton honneur ternira son pavé!
Tu emprisonneras & te verras captive,
Puis, lasse d'estre mere & saoule d'estre vive,
Tu cherras au tombeau que tu auras cavé.

Tyrans à roide col, que les genoux on ploye
Aux pieds de Dieu, baisez le fils qu'il vous envoye,
Ou la verge de fer qui faict fondre & pourrir
Throsnes, sceptres, Estats en l'oublieuse cendre;
Roys, colere du Ciel, qui ne pouvez apprendre
A servir l'Eternel, apprenez à mourir.

SONNETS EPIGRAMMATIQUES

[Publiés pour la première fois d'après les Manuscrits originaux de la Collection Tronchin. Mss. d'Aubigné, T. VI, VII, VIII, *paffim*.]

SONNETS EPIGRAMMATIQUES

I.

LE ROI DE NAVARRE travaillant à se resoudre pour se sauver de la Cour, & estant le premier de l'an [1576] renfermé dans un coche pour en se pourmenant parler plus seurement avec les siens, de Rocquelaure, le dernier auquel ledit Roi demande ses estreines, lui fit present d'un bouquet d'olive, de laurier & de cyprés, joignant au corps de cet emblesme l'ame qui s'ensuit:

J'estrenerai mon Roi de trois sortes de vers,
 Un pasle, un vif, un brun; nul des trois ne s'estonne,
 Mais plus doux, & plus fort, & plus beau rebourgeonne
Au vent, & au soleil, & au froid des hyvers.
Moins que ce verd encore se flestriront mes vers
 Pour un Roi, qui de paix ses subjets environne,
 Qui vainqueur establit par le fer sa couronne,
Ou qui avec l'Estat met sa vie à l'envers.
Sage, brave, constant, mon Prince, fais ton conte
 De regner, vivre, ou bien ne survivre à ta honte

Si tu donnes la paix je te donne l'olive :
Si tu vaincs, saches qui, le laurier vient aprés :
Si tu meurs, le cyprés couronne l'ame vive ;
Si non, rend tout, olive, & laurier, & cyprés.

II.

La France alaicte encor deux enfans aujourd'huy,
Dont l'un à ses deux mains tient les bouts de sa mere,
Et à grands coups de pieds veut empescher son frere
D'avoir sa nourriture aussi bien comme luy.
Le plus jeune, fasché d'avoir jeusné meshuy,
Se deffend affamé, & tous deux en cholere
S'arrachent les deux yeux. Lors, o douleur amere!
La mere perd son laict & sustance, d'ennuy :
Elle vole des mains aux cheveux & aux tresses,
Et dit à ses deux filz, les regardant en pieces :
« *O malheureux enfans d'execrable nature,*
Vous m'ostez donc le laict qui vous a alaicté!
Vous polluez de sang mon sein & ma beauté!
Vous n'aurez que du sang pour vostre nourriture! »

III.

Jamais l'aer eschauffé n'esclate ses horreurs
Ny ses fouldres pointus sur un petit lierre,
Jamais les tendres fleurs qui se trainent sur terre
N'ont le dos crevassé des celestes fureurs :
Les haultz rochers cornuz, les tours, les Empereurs,
Un cedre qui le hault des nuages enserre,
Ceulx là sentent les coups & l'ordinaire guerre,
Et les bras de Jupin armez de ses rigueurs :
Tesmoin celuy qui fit seigner soubs sa puissance
Les coins & le millieu de la tragique France.

Tel a veu l'eschafault cramoisy de son sang
Qui gouverne aujourduy le soleil & la lune.
  Chacun vient à son tour, volle & tombe à son rang,
  Heritier de la rouë au meuble de Fortune.

IV.

Du chaud & du gelé les subtilz excremens,
  Des nuages frappez les sons, les artifices
  Vercent à l'Equinoxe & fondent aux soltices
  Les fouldres echappez d'entre leurs mouvemens.
Ce que le pasle Enfer, nourrice de tourmens,
  Ce que l'air pestifere avorte de malices
  Font orager ta langue un milion de vices,
  Affinez comme un foudre entre les elemens;
Mais des Dieux courroucez la grondante tempeste
  Frape sur les mechans & leur brise la teste,
  Et ta langue n'esclate & ne diffame rien
Que les renoms entiers; ainsi tu puis te faire
  Un foudre qui sera au celeste contraire,
  L'un fleau des meschans, l'autre des gens de bien.

V.

Amadis, quand Vatel au chasteau nous rencontre,
  Vatel, quand Amadis nous rencontre au chasteau,
  Il faut que de noz vers quelque present nouveau,
  Comme pour sa rançon, chacun de nouz trois monstre.
Alors je pense voir la gaillarde rencontre
  Des Chevaliers errans qui au prix de leur peau
  Essayoit l'un sur l'autre à joüer du couteau,
  Le bras qui foudroioit le geant & le monstre.
Ainsy nos jeux mignards, essais de noz espritz,
  Preparent pour un jour noz courageux escritz

A descocher du fond d'une petite fonde
Le caillou qui saura bien desſirer les lions,
Les hydres, les Pythons, conceus d'infections
Et des fiers Goliath₇ desengeancer le monde.

VI.

Tandis que je contemple un oeil d'or afamé,
Filler laborieux un escharſe trafique,
Et beuvochant ſa mort reſſembler l'ydropique
Qui ſa vie & ſa ſoif enſemble a conſommé,
Cependant que je plains un cerveau enflammé
D'un ʒele ambitieux qui ſa vie alambique,
Rongeant à la minuit pratique ſur pratique,
Dont le but ſeullement eſt d'eſtre renommé :
Je n'ay or, ny Eſtats, & tous deux je deſpriſe,
Et aux chams eſgairé des vers je theſauriſe,
Gaillard deliberé, riche ſans envieux,
Si contant de moy meſme & de ma poeſie
Que, ſans en martirer ma folle fantaiſie,
J'eſcris comme je puis, & non comme je veux.

VII.

Je ne veulx plus trahir l'heur de ma liberté,
Marchander mon repos, vendre ma patience,
Je ne veux plus auſſi d'une vaine eſperance
Contenter follement mon ſervice emprunté.
J'ayme bien mieux la nuit d'un grand rocher vouté,
Une aveugle caverne & l'heureuſe preſence
D'une noire foureſt, la creuſe demourance
D'un Eſcho compagnon de mon oyſiveté,
Pour n'adorer jamais les Roys & les Princeſſes.
Que mon ſouverain bien ne ſoit plus de careſſes

Qui ne me plaifent point, mefmes en les trouvant ;
Q'un ris, une faveur ne foit ma recompence,
 Haine de bien foit crime, & que plus l'on ne pence
 Comme un chameleon que je vive de vent.

VIII.

Je veulx ce qui te plaift, ta volunté eft mienne,
 Noz vouloirs font pareilz & pareilz font noz veuz,
 Tu veux ce que je veux, je veux ce que tu veux,
Si ton vouloir eft mien, ma volunté eft tienne.
Je defire pour moy que ton fouhait advienne,
 Ton plaifir me contente & me fera joieux :
 Vois-tu donc bien l'acord qui eft entre nous deux ?
C'eft de rompre à ce coup noftre amour ancienne.
Tu ne veux plus aimer & l'amour m'a laffé,
 Je te laiffe plus toft que tu ne m'as laiffé,
 Je change en te voyant trop aimer l'inconftance,
Tu veux que je t'oublie & je t'oublie auffi.
 Ne cercé-je pas bien, me faifant voir ainfi,
 A faire bien ou mal ma prompte obeiffance?

IX.

Celle qui mille cueurs brufla de mille flammes,
 Qui eut les yeux brillans pour fleches & pour dars,
 Les cheveux pour liens, les tourmens pour regars,
 Pour prifonniers les cueurs, pour forcaires les ames,
A changé pour la mer l'inconftance des Dames,
 A changé pour l'amour des undes les hafardz
 Et les forcatz au lieu des amoureux mignardz,
 Et les flotz pour le feu, & pour les traitz les rames.
Son efprit ne pouvant eftre fans prifonniers,
 Elle a pour courtifans les forcatz mariniers,

Celle qui fut des Roys la maitresse commune.
Denis en fut ainsi : ne pouvant plus regner,
  De Roy devint pedant & voulut enseigner,
  Ne changeant sa nature ainsi que sa fortune.

X.

J'admire saintement la douceur de voz yeux
  Pour juger par leurs traitz la beauté de vostre ame :
  Ilz ne dardent sinon une celeste flame,
Comme estans favoris de l'Amour & des Dieux :
Aussi ne pouvant plus en ces terrestres lieux
  Trouver digne de vous l'amitié d'une dame,
  Vostre indomptable cueur ne s'embrase ou s'enflame,
Fors du brandon sacré du chaste enfant des Cieux.
Celle qui vous tient pris d'une amour si fidelle,
  Ha vescu pour mourir, maintenant immortelle,
  Rend vostre beau desir en sa perfection :
Ainsi l'heureux lien de vostre fantesie
  Vous met de vous à vous en telle jalousie,
  Qu'au Ciel tant seulement vit vostre affection.

XI.

Vous souhaitez un heur imaginaire,
  Imaginant en noz affectionz
  Qu'il y ait feinte avec vos fictions,
  Pour rechercher le bien par son contraire ;
Vous qui sçavez tout ce qui se peult faire,
  Devez juger que les perfections
  De nos desseins sont loing des actions
  Que l'on conçoit en l'amour du-vulgaire,
Puis vous suivez le sentier peu batu
  Et ne vollez rien que pour la vertu.

Que pouvez-vous desirer davantage?
Il n'y a point de Pandolphe entre nous
  Et n'eust jamais son pareil tant que vous,
  Si vous estiez un petit moins volage.

XII.

Amour fut engendré du loisir vicieux;
  Celle qui le conçeut fut nostre Fantasie,
  Nostre Volupté fut de sa mere choisie
Pour berser son enfant en noz cueurs ocieux.
Il fut emmaillotté d'espoirs delicieux,
  Allaitté des pensers aigres de Jalousie
  Qui luy semblent plus doux que Nectar, qu'Ambroisie.
Il est plus alteré, plus il s'abreuve d'eux :
Or, il n'est plus enfant, il est desja tout homme,
  On ne l'apaise plus à present d'une pomme,
  D'un sonnet, d'un hochet, comme on fait les enfans,
Mais ce qui nous a fait congnoistre sa vieillesse,
  C'est qu'il n'est plus friant que d'or & de richesse,
  Et que son avarice est creuë avecq ses ans.

XIII.

LA PRIME.

Ton amitié me fait souvenir de la Prime :
  La Prime a des apas tous pareilz à tes jeuz;
  Tantost je pense avoir trop mieux que je ne veux,
L'espoir trompeur me pippe & à perdre m'anime,
Ton baiser est le vade, encor que je l'estime
  Le comble de mon heur, les envis sont tes yeux,
  Le renvy est ton sein, & qui veult avoir mieux,
Le reste ne se peut abandonner sans crime;

Je n'ay que trop souvent & deux cartes & trois,
 Prime cinquante cinq, & le fleuz quelquefois.
 Tout cela ne me sert qu'à me donner envie
D'esprouver en un coup le changement de l'heur,
 Encor je ne prendrois toute ma perte à cueur
 Si j'avois une reste *&* tricon *en ma vie.*

XIV.

SONNET DONNÉ AV ROY CHARLES IX.

L'Ægipte fut sterille, & fut neuf ans sans eau,
 Quand Buzire incité du malheureux Thrazie
 D'offrir à Jupiter ses hostes en hostie,
Paya le conseiller de son conseil nouveau.
Soubs Assuere Aman a filé son cordeau,
 Comme l'autre donna à l'Ægipte la pluye :
 L'autheur de Mont-Faucon sa potance a bastie,
Et Perille esprouva le premier son taureau.
Sire, vostre France est tant seiche & tant sterille,
 Elle nourrist prés vous maint Thrasie & Perille,
 Thrasies en conseil qui n'ont pas telle fin,
Offrans à leurs desseins le plus cher sang de France.
 Hé! punissez de feu ces boutefeux, afin
 Que l'artisan de mort esprouve sa science.

XV.

SONNET DONNÉ
AU ROY CHARLES NEUFVIESME.

Quel astre nous encline, ou plustot nous maistrise
 Quand la teste & les bras & les pieds & les yeux.
 Ont pensé, mis & faict & employé contre eux
Le conseil, la vertu, la force & l'entreprise.

L'inceſtueuſe paſſion.
Ta veine icy plus rabaiſſee
Sent la faim d'une penſion.

J'ay tort, tu penſes plus avant,
 Tu vois, ſans eſtre fort ſçavant,
 Combien l'on veut un ſot langage,
 On fait Eveſque un Apoſtat,
 Toy, de magiſter de village
 Deviendras Conſeiller d'Eſtat.

Or bien, Conſeiller à venir,
 En vain tu nous fais ſouvenir
 De quels maux eſt mere & nourrice
 Ce ſalaire d'iniquité,
 La guerre qui n'a de juſtice
 Que la ſeule neceſſité.

Noz ans, noz eſprits haraſſez,
 Noz jambes & noz bras percez,
 Si le chois eſt en nos puiſſances,
 Nous peignent bien d'autre façon
 La guerre avec ſes conſequences
 Que ta pedanteſque leçon.

Tien pour pecher d'un tel deſir
 Un Grand qui en cauſe à loiſir,
 Un Payeur de l'extr'ordinaire,
 Les Clers des villes Controlleurs,
 Le Clergé d'outre la riviere,
 Les Jeſuites, les voleurs.

Pendons ces debauchez valets
 Qui pour devenir Argolets
 Maudiſſent la paix aſſeuree,

Appelans impatiemment
Leur bon temps de la picoree
Pour defrober une jument.

Mais honorons ces braves cœurs
  Qui de bras nagueres vainqueurs
  Ont donné la paix à la terre :
  A ceux là le fang n'eft pas jeu;
  Par force ils recevront la guerre
  Les yeux en eau, les poings en feu.

Mettez une fois voz bons yeux,
  Et nous dites qui valent mieux
  Ceux qui tirent fur nous l'orage
  Des armes par leurs lafches traicts,
  Ou ceux qui par faicts de courage
  Nous donnent & gardent la paix.

Ceux là, meilleurs que leurs enfans,
  Ofterent jadis triomphans
  L'Eglife en piece defchiree
  Aux ongles des Juges d'Enfer,
  Quand des feux la longue duree
  Fit place à la faifon du fer.

Puis quand les Princes plus humains
  Eurent lavé leurs fales mains,
  Nos vrays François les ont baifees.
  Les Rois en eux ont peu trouver
  Des agneaux aux fautes paffees,
  Et des lions pour les fauver.

Ces preux arrefterent à Tours
  Des ennemis fuivants le cours,
  Ceux là prodiguerent leurs vies,

Le conseiller, le noble & le peuple & l'Eglise
Corrompus, mutinés, irritez, vicieux,
Ont mesprisé le droict, l'honneur, la loy, les Cieux
Pour l'or, le fer, le meurtre & l'avare Prestrise.
L'un nous vend la raison, l'autre destruit les siens,
Le tiers pille le quart, envieux de ses biens.
Ne vendez les estats & Themis s'achemine,
Employez vostre noble, il se fera puissant:
Soulagez le bas peuple, il est obeissant:
Mais pour guerir le quart que tout on l'extermine.

XVI.

François, honte de France, opprobre des François,
Superbe à la gent serfve & humble à l'ennemie,
Qui tout pact, tout serment, toute foy establie
Autant qu'il a juré rompit autant de fois,
Enfin, n'ayant laissé sainctes aucunes loix,
Le sang l'a suffocqué dont il eut tant d'envie,
Avant l'aage & trop tard son ame il a vomie,
Eschantillon pourry du gros sang des Vallois.
Bardaches delaissez, pourrez vous bien en rire?
Pleurent les nations qu'il cogneut sans destruire,
Que Dieu en ait pitié s'il conneut quelque Dieu!
Icy pourrit le corps: fuy, passant, & t'eslongne,
Car avecque ce corps pourrit en mesme lieu
Le renom plus puant que l'infecte charongne.

XVII.

L'autheur mit ce sonnet entre les mains du Chancelier de Chiverny pensant luy donner un placet, & s'estant apperceu de sa faute au bout d'un quart d'heure, le vint retirer de ses mains avec beaucoup de ruses & de peril.

Sardanapale n'eust de masle qu'une image,
Et de femme l'esprit, le vouloir & les faicts:

Ce Roy, homme de nom, en ſes plaiſirs infects
Devient putain de cœur, & de geſte & d'uſage :
L'un eut de feminin l'habit & le courage,
L'autre tient en ſa cour eſcolle d'attifets :
Plus tot que ſon ſerail l'un vit ſes gens deffaicts;
Nous aimons mieux ſentir que prevoir le dommage.
Le premier pour avoir meſpriſé ſon vainqueur
Eſteint dedans un feu ſon laſche & ſalle cœur,
Homme de ce poinct ſeul, ainſy Henry conſomme
Sa vie en ſes plaiſirs; mais l'infame tranſy
N'aura pas tant de cœur, car il differe ainſy
Du premier en vertu que l'autre fit d'un homme.

XVIII.

Des monſtres avortez, baſtards de la Nature,
Nos peres preſagoient quelque gauche malheur,
Changement de l'Empire ou bien de l'Empereur,
Et chantoient de nouveau la nouveauté future.
Les noirs courbeaux preſchans quelque noire adventure
Crouaſſent ſur le Louvre & la meſme rumeur
Qu'on voit ſur les bourdeaux y chante noſtre honneur
Où meſmes les pechez peuvent ſervir d'augure.
Le Chimere à trois corps, trois vices unis en un,
Ainſi que le forfaict à Sodome commun,
Nous promettent auſſy une commune peine.
Caſſiopee accreuë a deſguiſé les Cieux
Et ſans cercher au Ciel la menace incertaine,
Nos pechez ſont-ils pas des monſtres à nos yeux ?

XIX.

Le Ciel ride ſon front & croiſe ſes deux mains :
Il ayme mieux jetter que donner ſa richeſſe,

Et ses yeux irritez tous flamboyans il presse
D'un bandeau de fureur pour ne voir les humains.
Il ne peut plus souffrir les meurtres des germains,
   Les rouges cruautez & la poizon traistresse,
   L'inceste & le peché que sa main vengeresse
   Punit des mesmes feux qui ne sont pas esteints.
Tout ainsy qu'il ne peut supporter nostre vie,
   Il n'aura point pour nous de pitié ni d'ouye
   Au jour calamiteux de nostre affliction.
Nous avons son horreur & sa colere accreuë
   Si qu'esmeu, irrité, il fermera la veuë,
   Comme il a faict au crime, à la punition.

XX

En un conseil du Roy de Navarre auquel on confondoit les droicts du *Tyran* & du *Roy*, l'autheur escrivit ce qui suit sur le papier du Secretaire.

Miserable François qui sers à t'asservir,
   Disciple des Tyrans, valet de Tyrannie,
   Tu vois armer la France à la France ennemie
   Et elle mesme à soy sa liberté ravir.
La loy, le sang, Nature à l'homme font sentir
   Qu'il naist, vit, croist & doibt ses ans, son bien, sa vie
   Aux amis, aux parents, à la chere Patrie,
   Et qu'il faut pour ces trois naistre, vivre & mourir.
Or d'un pareil debvoir nous sommes tributaires
   Aux Roix qui du païs sont les Roys & les peres,
   Perdre pour eux la vie & les biens & les ans:
Mais aux Roys de ruine & de sang & de cendre
   Cendre, sang & ruine & autant leur faut rendre
   Qu'aux lyons & aux loups, aux monstres, aux Tyrans.

XXI.

SUR LE COMETTE QUI PARUT
ENTRE LE MASSACRE ET LA MORT DU ROI CHARLES.
TRADUIT DE MONSIEUR DE BEZE.

Ce comette nouveau, de qui la vive face
 Ne frisonne de queuë, & n'espand de cheveux,
 Espouvante la terre & desguise les Cieux
 Qui l'avoyent autrefois veu luire en mesme place.
Le seul Dieu menaçant cognoist cette menace.
 Mais s'il permet aux sens d'accompagner nos yeux,
 C'est ce mesme flambeau qui monstra gracieux
 Aux Sages d'Orient du Sainct berceau la trace.
C'est celui qui marqua du Redempteur du monde
 La premiere venuë, & promet la seconde :
 Qui fait chanter les uns, les autres fait troubler.
O Chrestiens fugitifs, o prisonniers, qu'on oye
 Vostre chant de victoire, & vos esclats de joye :
 Mais, Herodes sanglants, c'est à vous de trembler.

XXII.

SUR LA RECONCILIATION DE LA COMTESSE[1]
AVEC LE ROY ET LE PERIL DE LA DUCHESSE.

Ces vers de tes malheurs inutiles martyrs
 Prediront sans guerir ta fatale misere,
 Roy pic, sur qui Circé descouple en sa colere
 Ses Demons desguisés en Amours, en Souspirs.

---

1. Au siege de La Fere, la Comtesse de Guiche soulle de blasphemer du Roy, de l'appeler Ottoman infidelle, vient

Elle empoisonnera le nid de tes plaisirs :
  La tragicque prepare une scene derniere
  Et n'est point à tes pieds sans dessein, la sorciere,
  Puisqu'elle n'y est pas sans regrets, sans desirs.
Je voy precipiter la demi Chienne Scylle
  Qui ronge en abboyant les bords de la Sicille,
  Puis je voy ce grand Mont qui au loing redouté
Voyant ses pieds souillez tous boueux de tempeste,
  De soupirs ensouphrez en son creux esvanté,
  Porte les feux au cœur, les glaçons à la teste.

XXIII.

ADIEU A UN CHEF DE GUERRE QUI ALLOIT AU SIEGE DE MONTAUBAN.

Donc marche, Apollion, au dessein endurcy,
  Faict fumier de raisons qu'il ouit sans entendre,
  Va foulant soubs ses pieds l'humain, la pitié tendre,
  Ignorant toute foy, paix, debvoirs & mercy.
L'un de ses bras troussez de flambeaux est farcy,
  Par l'autre Belzebuth le saisit & vient prendre :
  « Bruslons, dict-il, mettons tout le bois sec en cendre
  Et le verd resistant sera sec & noircy. »

se reconcilier & s'insinuer en la familiarité de la Duchesse. A la veuë des caresses du Roy & des beautés d'elle, cette femme qui desjà avoit au visage toutes les couleurs d'un coc d'Inde en chaleur, se ternissoit & enflamoit de si estranges mutations. Un Huguenoit l'epiant d'un coing de la chambre, en sextil aspect, me dit qu'elle estoit là pour faire le traict de Circé (& comme les folz prophetisent) les uns disent [que] cela est arrivé depuis, les autres que ce fut Gondy & Zamet *con licentia di Superiori.* Or, voyez la prediction. (Note de d'Aubigné.)

Où va-il le meurtrier des siens & de soy mesme,
 Portant la Mort au front livide, pasle & blesme ?
 Il marche armé de fer, poizon & trahison,
De dureté brutale & lasche perfidie.
 Sache le, boute feu, que parmy l'incendie
 Rien n'est si tost bruslé que l'infame tison.

PIECES EPIGRAMMATIQUES

[Publiées pour la première fois d'après les Manuscrits originaux de la Collection Tronchin. Mss. d'Aubigné, T. III, VI, VII, *passim*.]

PIECES EPIGRAMMATIQUES

I.

QUATRAIN.

Les careſſes pour le flatteur,
La faveur à la vanité,
Supercherie à la valeur,
Calumnie à la verité.

II.

SUR L'INCONSTANCE DE LA FEMME.

Qui va plus toſt que la fumee,
Si ce n'eſt la flamme allumee ?
Plus toſt que la flamme, le vent ?
Plus toſt que [le] vent? c'eſt la femme :
Quoi plus? Rien, elle va devant
Le vent, la fumee & la flamme !

III.

VERS BRISÉS.

Je ne veulx plus	*La Messe frequenter*
Pour mon repos	*C'est chose profitable,*
Des Huguenotz	*Le Presche escoutter*
Suivre l'abus,	*C'est chose dommageable,*
Ores je voy	*Combien est detestable*
Ceste finesse	*En ce siecle mondain*
Parquoy il faut	*Voyant la saincte table*
Tenir la Messe,	*En horreur & desdaing.*

IV.

SUR SAINCT CLAUDE.

L'an mil cinq cent soixante & quatre,
  Les Huguenots vindrent combattre
  A Sainct Claude noz garnizons;
  Et cette allarme fut si chaude
  Qu'ils bruslerent Monsieur Sainct Claude
  Avec l'Eglise & les maisons.

La devotion renversee
  Fut habillement redressee
  Par un Moyne, filz de putain,
  Gentilhomme de bonne race,
  Qui remit en la mesme place
  Un larron pendu à Dortain.

Pelerin qui fais le voyage
 Et pour cela ne perds courage,
 Fays arborer, si tu me crois,
 Au Prestre qui montre l'idolle
 Un licol au lieu d'une estolle,
 Et la potence pour la croix.

V.

Le jeune Aubigné avoit donné charge à un Gentilhomme qui suivoit son pere de lui faire sçavoir ce qu'il disoit de la frequentation de May, guide des Feuillans, & d'Arnou, Confesseur du Roy.

Tu veus sçavoir ce qui me semble
 De leçons d'Arnou & du May ?
 Tu aprendras des deux ensemble
 A dire le grec ἀρνοῦμαι.

VI.

SUR LES COMPORTEMENS DU DUC DE GUYSE.

Par tout je treuve un duc de Guyse
 Si humble, si doux, si humain,
 Et si jamais je ne l'advise
 Qu'il n'ait le bonnet à la main :
 S'il trouve un marchand par la ruë,
 Le gueux, la vieille, ou l'artisan,
 Surtout un Prestre il les saluë ;
 Mais s'il rencontre un Courtisan,

Il saute à bas le premier, voire
Deuſt il deſcendre en un bourbier,
Et ſi cela ſe faict par gloire,
Ce n'eſt pas gloire de barbier.
Que je le penſe bien connoiſtre :
Ce mattois faict tout ſur ma foy
En ſerviteur pour eſtre Maiſtre,
En valet pour devenir Roy.

VII.

SUR L'ESPINE
QUI FLEURIT APRÉS LE MASSACRE
DES SAINTS INNOCENTS.

Ceſte eſpine a pouſſé mainte fleur argentine
Pour ceux qui lors portoient la couronne d'eſpine ;
Elle eut nouvelle vie & prit nouveaux eſſors,
Non au champ des tueurs, mais à celuy des morts.

VIII.

Ce filz ſemé à l'avanture,
Ce Prince, horreur de la nature,
Lequel en bougreſques amourz
Dedans Romme ſurmonte Romme,
S'y faiſant voir à tous les jours
Chargé de vin, chargé d'un homme ;
En vengeance de la putain
Qui le mit au monde ſans pere,
Va ahanant ſoir & matin
Pour faire des enfans ſans mere.

IX.

REPONSE EN VERS
A UN DES FAUX FRERES DE SAUMUR.

« Un des faux freres de Saumur fit faire à la Cour, par un Precepteur de Gafcogne, une invective contre ceux qu'on appeloit *Fermes*. L'autheur luy refpondit fans changer la mefure des vers en ces termes :

Un loup qui a pris les habits
 De quelque galeufe brebis
 Ou befte folle qui fe cache
 Entre les loups de peur des coups
 Veut livrer nos levrons d'attache
 Pour faire paix avec les loups.

« *Ces dogues nous font trop de bruit,*
 Dites vous, le long de la nuict:
 De peur qu'ils nous rompent la tefte,
 Il faut à grands coups de foüets
 Chaffer au loing cefte tempefte
 Et n'avoir que des chiens muets. »

Mercenaire qui vend les peaux
 Des meurtris, innocents troupeaux,
 Tu mets pour crime la deffence,
 Tu prens d'un louche & d'un faux œuil
 Ta lafcheté pour patience
 Et nos courages pour orgueuil.

On nourrit des moutons mignons,
 Faux freres & faux compagnons,
 Tels que toy dans les boucheries.

Quelques canards font attraper
Leurs compagnons par leurs crieries
Et ont un trou pour eschapper.

Par ce pertuis on sort dehors,
  Là où se jettent les chiens morts,
  Les pestes de toute maniere
  Qui empoisonnent le dedans,
  On peut gagner par ce derriere
  L'Enfer, le grincement de dents.

Je me doubte que ce rimeur
  Qui se feinct de stoïque humeur
  N'est pas si dur ni si astorge
  Qu'il n'aime à joüer des cousteaux,
  Mais à table, hazardant sa gorge
  Au feu bruslant des bons morceaux.

On a payé la nouveauté
  Des chiens où tu t'es ameuté,
  Mais ta vieille & sotte besogne
  Te donne des mauvais regards
  Qui te reprochent la Gascogne,
  Mere des valeureux soldarts.

Un temps Cæsar de tels caquets
  Recompençoit les perroquets.
  La multitude le fit sage
  Et dire : « Je n'ay dans ma cour
  Que trop de marchands de langage
  Et trop de donneurs de bonjour. »

Il me souvient bien des souspirs
  Desquels, beau faiseur de martyrs,
  Tu chantois du volant Persee

Ayants à l'eschine & au flanc
Les halebardes ennemies
Encor fumantes de leur sang.

Ceux là de leur vie ont payé,
Et pour les ingrats essayé
Que souvent la guerre commence
Par les lasches & defaillans;
Puis finit, comme elle s'avance,
Au grand peril des plus vaillants.

Ceux là pour guerir vos terreurs
Ont prodigué sang & sueurs,
Degenere & vilaine engeance,
Et vous de voz peres bourreaux,
Plantez une sale potence
Sur leurs venerables tombeaux.

« Mais, dittes vous, tant de combats
Ne laissent pas de voir à bas
Trainer & languir noz Eglises. »
Maudit qui, selon le succez,
Faict aux plus sainctes entreprises
Un faux, un inicque procez!

Les buchers & les eschaffaux
Ont esté les theatres hauts
Pour un temps guerir l'ignorance;
Mais à nos supposts de l'Enfer
Qui n'ont plus faute de science
Il faut une verge de fer.

J'admire le divin effort
D'un cœur qui, facile à la mort,
Plustost au feu tend & aspire

>   Qu'oster le glaive du fourreau,
>   Mais mener un autre au martyre
>   Ce n'est que mestier de bourreau.
>
> Celuy qui souffrit en la croix
>   A pour briser la teste aux Roix
>   Et feu & fer à son service,
>   Prend d'un glaive aigu la splendeur,
>   En arme sa robuste cuisse
>   Pour ornement de sa grandeur.
>
> Si un Sanson choisy du Ciel
>   Trouve aux dents des Lions du miel,
>   Un Ange entre les autres hommes;
>   Vous oyez gronder ces mastins
>   Sur luy « Sçais-tu pas que nous sommes
>   Les esclaves des Philistins? »
>
> D'autres, sans se partir d'un lieu,
>   Disent qu'on laisse faire à Dieu.
>   Ce sont bien seantes parolles
>   A ceux qui ont l'empoulle aux mains,
>   Mais blasphemantes & frivoles
>   A ceux qui en ont dans leurs seins.
>
> Tels propos à propos diront
>   Ceux qui ont la sueur au front.
>   En invoquant Dieu de la bouche,
>   Le bras ne doit estre à requoy,
>   Et ne faut dormir en la couche
>   Pour dire à Dieu : « Reveille-toy! »

X.

Sur les Eſtats tenus à Paris en l'an ſeize où l'Eccleſiaſtique & la Nobleſſe furent gaignez à confeſſer que le Pape pouvoit depoſer les Roys & leur [eſtoit] ſuperieur au temporel comme au ſpirituel.

La plaiſante controverſe
 Où noſtre Clergé s'exerce,
 Imployable en ſon erreur,
 C'eſt à ordonner & faire
 Que le Roy ſoit un vicaire
 Et le Pape un Empereur.

La mercenaire Nobleſſe
 Son honneur & ſon Roy bleſſe :
 Chacun des Preſtres gagé
 Veut parvenir & qu'on diſe
 Qu'il eſt enfant de l'Egliſe,
 Qu'il eſt champis du Clergé.

Tout eſt perverti en ſomme,
 C'eſt pourquoy mandoit à Rome
 Le Cardinal apoſtat
 Qu'il feroit par eloquence
 Que rien ne ſeroit en France
 François que le Tiers Eſtat.

Ce cauſeur diſoit naguiere
 Qu'à cette theſe premiere
 On ne ſe doibt amuſer
 Comme eſtant problematique,
 Et que ſans eſtre heretique
 On la pourroit refuſer.

Mais un courrier d'Italie
A remué sa folie
Qui faict dire depuis peu
Qu'il veut de la Cour Romaine
L'authorité souveraine
Deffendre jusques au feu.

N'en pleurez donc point, mes dames,
Ce martyr voiant les flammes
Viendroit à se repentir :
Il dict & croit tout de mesme,
C'est en façon de problesme
Qu'il parle d'estre martyr.

Au front de Henry troisiesme
Un jour il prit en problesme
A prouver la Deité,
Pour s'offrir à la replicque
Il prenoit l'antifaticque
Quand il en fut aresté.

Et toutesfois il peut dire
Qu'il endure le martyre
Tout perclus & tourmenté
De la goutte qui l'affolle
Et d'un reste de verolle
Dont Pena l'a mal traicté.

L'autre de mauvaise mine,
Cardinal de la Cousine,
On l'appelle à Rome ainsy,
A si grand peur qu'on entende
Ces jours crier sa legende
Qu'il en est pasle & transy.

Ce monstre de nature ose
  Dire qu'un Clergé depose
  Un Roy rebelle trois fois.
  Ces rustres ont esperance,
  Deussent ils perdre la France,
  Avoir un pape François.

Ceux qui ont mis sans se feindre
  Et vie & biens pour esteindre
  Les troubles, seront esbaïs
  Qu'ils ont par leur peine extreme,
  Faict tout pour un Paul cinquiesme,
  Rien pour Henry, ni Louys.

Soldats qui avez suivies
  En y prodiguant vos vies,
  Les risques de vostre chef,
  Vous voiez maintenant comme
  Vous estes subjects de Romme
  Au moins en arriere fief.

Cour des Pairs ensommeillee,
  D'un letargue reveillee
  Au poinct de tes primautez,
  A quoy ton cœur & ta peine ?
  Tu n'es plus la souveraine,
  Tes arrests sont arrestez.

Vous, Estats de qui la France
  Vouloit fonder l'asseurance
  Pour l'Estat & pour la loy :
  Allez dire à vos Provinces
  Que le sang royal des Princes
  N'est que sang d'un Vice Roy.

Sire, puisqu'on vous faict estre
Vicaire & valet d'un Prestre,
Prenez ce tiltre en tout lieu,
Et qu'autre ne vous eschappe.
Louys par grace du Pape,
Non par la grace de Dieu.

XI.

A UNE DAMOISELLE
LAQUELLE SE VOULANT REVOLTER
VOULUT ESTRE MENEE A LA MESSE
PAR UNE COMTESSE, GARCE DU ROY.

Tu as choisi la Comtesse
Pour te mener à la Messe,
Cela n'est rien de nouveau,
Et pourquoy? Et vrayement parce
Que c'est le faict d'une garce
De mener l'autre au bourdeau

XII.

L'AUTHEUR
ALLANT A L'ASSEMBLEE DE VANDOSME
SCEUT QUE CLERMONT Y PRESIDOIT,
QUE SANCY COMMANDOIT LES SUISSES.

N'est-ce pas un signe evident
D'une subversion prochaine,
Quand Sansy faict le Capitaine
Et Clermont devient President?

XIII.

SUR LE PORTAL DES CAPUCINS.

A quoy, hypocrites pieds nuds,

Montrez-vous ces fatras menus,
Marteaux, tenailles, cloux, eschelles,
L'esponge, ce gibet de bois,
Les outilz, les armes cruelles,
Pour mettre un homme dans la croix ?

XIV.

RESPONSE.

C'est à nous, bigotz plus subtils,
D'estre garnis de ces outils :
Nous avons ces armes choisies
Et ce couvent edifié,
Où Christ par nos hypocrisies
Est tous les jours crucifié.

XV.

AUTRE.

Caphards, qui a requis de vous
Le froid aux pieds, le froc, la haire,
La crasse puante & les poux ?
Le joug de Satan est austere,
Et Jesus dit : Mon joug est doux.

XVI.

A MESSIEURS DE LA SOCIETÉ.

Messieurs qui jamais ne cerchez
A piller des autres le bien,
Qui pour rien enseignez, preschez,
Conseillez, confessez pour rien,

Pour rien mettez en interdit
   Quatre Royaumes à la fois,
   Confessans les tueurs des Rois
   Et oubliant ce qu'on vous dict :

Si doucement vous nous pelez,
   Plumez, ravissez, escorchez,
   Que trois millions arrachez,
   C'est ce que rien vous appellez.

Voulez-vous nous faire un grand bien ?
   Pour rien allez vous en d'icy ;
   Vous en aurez un grand mercy,
   Qui vaut encores mieux que rien.

XVII.

AUX MESMES QUI S'APPELLENT PERES.

Peres, c'est votre beau dessein,
   Loger la guerre dans le sein
   Qui vous loge, sacrees viperes,
   Vous donnez la vie aux pendards,
   C'est pour quoy vous avez nom Peres,
   Qui estes peres des soldars.

XVIII.

AU ROY.

Prince, c'est contre Dieu que tu as entrepris :
Dieu qui ne change point, & qui void que tu changes,
Qui n'a pour instrument qu'un couteau de vendanges,
Pour vendanger des Roys les fragiles esprits.

XIX.

POUR METTRE A LA FIN
DE LA TRAGEDIE DE LA REYNE D'ECOSSE.

Infame Eglise Romulide,
 Qui n'allegue Martyr certain,
 Ni plus blanc que par l'homicide;
 Ni plus chaste qu'une putain.

XX.

AU ROY.

Sire, vostre humeur n'est pareille
 Aux autres Roys qui ont vescu :
 Le Cotton vous bouche l'oreille,
 Il leur servait de torche cu.

XXI.

L'AUTHEUR
SOUBZ LA PERSONNE DE CASSANDRE
REPROCHE SES ADVIS MAL RECEUS.

Troyens, il valloit mieux m'entendre
 Servant de facheuse Cassandre,
 Que mes veritez esprouver :
 Cette personne desdaignee
 Me faict prendre celle d'OEnee
 En me taisant pour me sauver.

La fausse bande s'est jouee
 De sa Prophetesse enrouee,

Laſſe de ſes predictions :
Or, n'ayant pas voulu bien prendre
Les advis de voſtre Caſſandre,
Oyez ſes maledictions :

Vous dreſſez vos maiſons exquiſes
Par la ruine des Egliſes ;
Dieu les deſtruira, ſa maiſon
Par d'autres mains ſera conſtruitte,
Vous vous pourmenerez en fuitte,
Et puis dormirez en priſon.

Vos tours ſe changent en logettes,
Vous languirez en vos cachettes,
Faicts villageois de citoyens.
Vous pillyez, vous ſerez proye,
Et deſſus les cendres de Troye
Vous direz : « Nous fuſmes Troiens. »

XXII.

AUX DEGENERES SUISSES.

Vous demandez pour quoy noz yeux
N'ont point veu flamber de comettes
Extraictes des arreſts furieux
Qui ſont aux greffes des planettes,
Pourquoy le Ciel tout pur & blanc
Nous a refuſé ſa menace
Et n'a point faict rougir ſa face,
Quand la terre eſt yvre de ſang.

Vous avez veu de vos yeux ſecs
Et la froiſſure & la ruine

De Joseph, les premiers eschecs
De la sanglante Valteline,
Les bras, les sens, les cœurs fondus
De Boheme, de Moravie
D'Austriche, de la Silesie,
Et puis des Sarmates tondus.

Quel advertissement divin
Fairoit sortir vos rouges trognes
Des poisles baignans dans le vin,
Avares & lasches yvrognes?
Où sont ces glorieuses mains
Dont il est dit aux anciens carmes?
« Nul mortel ne peut par les armes
Avoir victoire des Germains. »

Quand on vous dit pour vostre bien
A quoy vont les choses absentes,
Vous vous riez, ne craignant rien,
Et vous tremblerez aux presentes :
Si vous eussiez en vostre cœur
Logé la salutaire crainte,
Ceste crainte là eust esteinte
Vostre pernitieuse peur.

Pourquoy feroit le Ciel parler
Sa voix à ceux qui plus ne l'oient?
A quoy les comettes de l'aer
Aux stupides qui rien ne voient?
En vain la remonstrance à vous
Aveugles & sourds comme idolles :
Le maistre espargne les parolles
Au valet qui ne sent les coups.

XXIII.

OU BIEN.

Combien impatiemment
Pouvoit patience prendre
La Prophetesse Cassandre :
Avec combien de tourment
Peut elle voir ses parolles,
Messageres de mespris,
Refrapper comme frivolles,
Les oreilles sans espritz.

XXIV.

SUR L'APOTHEOSE DU CARDINAL BOROMÉ.

N'estimez plus choses estranges
De voir logé parmi les Anges,
De voir comme un Dieu estimé,
Mais estimé pour belle chose
La sacro saincte Apotheose
Du Sainct Cardinal Boromé.

S'il falloit par la perfidie
Faire la guerre à l'Heresie,
Dispenser d'un serment formé,
Et faire tomber dans le piege
Ceux qui n'adoroient le Sainct Siege,
On employait Sainct Boromé.

Quand il falloit par conscience
Allumer le feu de la France

Et l'entretenir allumé,
Mettre la Ligue à la campagne,
Perdre tout pour servir Espagne
C'estoient coups de Sainct Boromé.

Pour changer la paix à la guerre,
Mettre au sang les Roys de la terre,
Et les armer à poinct nommé
Pour profiter de leur discorde,
Qui sçavoit toucher cette corde
Comme Sainct Charles Boromé ?

Si un Cardinal hypocrite
Avoit honte de sa marmite
Et consentait au reformé,
Ou s'il opinoit pour la France,
Une pillule de Florence
S'aprestoit par Sainct Boromé.

Ou pour une mesme bouchee
A la vieillesse refronchee
D'un Pape trop peu animé
Au grand dessein, ou qui consente
D'oster au concile de Trente,
On employoit Sainct Boromé.

Ou bien si quelque Dieu en terre
Employoit les jours de Sainct Pierre,
Aprés un Espagnol nommé,
On lui abbregeoit ses annees
Par les sacro sainctes menees
Du pieux Charles Boromé.

Quand on fit aller à Venise
Les saincts assassins de l'Eglise,

Rendre Pere Paul assommé,
Qui fit cette saincte menee
Et qui a payé leur journee,
Sinon Sainct Charles Boromé?

Toutes les marques generales
   Qu'on nomme vertus cardinales
   Rendoient ce bon Sainct estimé :
   L'inceste & bougrie ordinaire
   Ont mis hors du rang du vulgaire
   Le canonizé Boromé.

Voicy donc, les Saincts de Castille
   Sont Sainct Flaigne, Sainct Joanille,
   Sainct Grenet par tout renommé,
   Sainct Perron martyr de verolle,
   Sainct Chastel, Clement & Loyolle,
   Sainct Ravaillac, Sainct Boromé.

Aux devotions coustumieres,
   Aux serments, aux vœux, aux prieres
   Christ est mort, Dieu n'est plus nommé ;
   Sans plus en Italie on parle
   De la Madone & de Sainct Charle,
   D'elle moins que de Boromé.

Pour bien adjurer un coupable,
   Pour conjurer quelque vieux Diable
   Où il faille un Sainct renommé :
   Si un gueux demande une aumosne,
   On n'appelle que la Madone
   Avec Sainct Charles Boromé.

Voilà ses œuvres meritoires,
   OEuvres supererogatoires,

Voila pourquoy eſt reclamé
Des Sainĉts parmy la compagnie
Et en la ſainĉte Letanie
Le bon Sainĉt Charles Boromé.

XXV.

Sur l'Apotheoſe du meſme Cardinal, ſur ce qu'une femme diſoit avoir eſté demoniaque pluſieurs fois, conjurée par le Cardinal en vie, & depuis, ſelon le rapport de ſon Demon delivrée, pour avoir touché au tombeau du mort.
(Traduit du latin *ſcilicet authori.*)

Si quelque Diable eſt veritable,
 Charles Boromé treſpaſſé
 Fit miracle & chaſſa le Diable
 Que vif il n'avait pas chaſſé :
Mais quoy! eſtant mort peut-il eſtre
Plus charitable, ou bien plus fort?
Non, c'eſt qu'un porc, un Moyne, un Preſtre
Ne font de bien qu'après la mort.

XXVI.

INCIDANS SUR LA METOUSSIE ET THESE POUR DISPUTER A LA SORBONNE.

Si par l'intention le Preſtre qui conſacre
Donne vie à la paſte & peut Dieu eſtoffer;
Celuy qui ne l'a pas faict-il pas un maſſacre,
Un monſtre ou un idolle ou un Diable d'Enfer?

Averoez qui vit tant de païs eſtrange,
Marquant les Dieux, les loix, les couſtumes & tours
Ne vit rien de pareil à une gent qui mange
A tous les jours ſon Dieu, qu'elle faict tous les jours.

De dire que l'Hoſtie a perdu ſa ſubſtance,
Un medecin de Tours, appelé Falaizeau,
Offrait de ſe nourrir quatre mois ſans pitance
De pain & vin ſacré, ſans prendre autre morceau.

Taiſez vous, Huguenots, & qu'on ne contrediſe
A une loy paſſant toute preſcription,
Car ce ſont les ſuppoſts de mere ſaincte Egliſe,
Ayant la verité par la ſucceſſion.

Ta ſucceſſion n'eſt, ce dis tu, par doctrine,
Mais perſonnelle & par des Eveſques certains;
Si ces Eveſques n'ont rien que la concubine,
Ta ſucceſſion n'eſt que de fils de putain.

XXVII.

CONTRE LA PRESENCE REELLE.

N'eſt-ce point ſans raiſon que ces champis deſirent
Eſtre ſur les humains reſpectez en toutz lieux,
Car ils ſont demi dieux, puiſque leurs peres tirent
Leur louable excrement de ſubſtance des Dieux.

Et ſi vous adorez un cyboire pour eſtre
Logis de voſtre Dieu, vous debvez, ſans mentir,
Adorer ou le ventre ou bien le cul d'un Preſtre,
Quand ce Dieu meſme y loge & eſt preſt d'en ſortir.

Tout ce que tien le Preſtre en ſa poche, en ſa manche,
En ſa braguette eſt ſainct & de plus je vous dy
Qu'en aiant desjeuné de ſon Dieu le dimanche,
Vous devez adorer ſon eſtron du lundy.

Trouvez-vous cette phrase & dure & messeante?
Le Prophete Esaye en traictant de ce point
En usoit, appellant vos Dieux Dieux de fiente,
Or digerez le tout & ne m'en laissez point.

XXVIII.

Nous sommes sans champs, sans maisons,
   Nous estions naguere Grisons;
   Gardez vous de cheutes pareilles :
   Regardez nous pour faire mieux,
   Recevez l'advis par les yeux
   Que n'ont pas receu les oreilles.
Voisins, les desolez Grisons
   Parlent aux huis de voz maisons
   Comme les morts aux autres hommes,
   Crians en leur calamité :
   Comme vous nous avons esté,
   Et vous serez comme nous sommes.

XXIX.

SUR LES GRAINS BENITS.

Porteur de rogatons, qui presches & collaudes
Les grains touchez du Pape & les vends un escu,
Combien te faudroit-il de quatre gringuenaudes
Que le Pape eut tiré du thresor de son cu?

XXX.

D'UNE HOSTIE.

Idiotz, qui venez invoquer en ce lieu,
Si je ne vous dictz mot, attendez que j'oublie :

Il n'y a pas deux jours que j'estois une oublie
Et je ne puis sitost respondre au nom de Dieu.

XXXI.

AUTREMENT.

Sots, qui me priez en ce lieu,
Attendez, il faut que j'oublie
Que j'estois hier une oublie
Avant respondre au nom de Dieu.

XXXII.

[LOGEMENT DES RELIGIEUSES.]

La charitable invention
De loger par devotion
Les Carmelines, Urselines,
Jacobines & Capuchines;

Là trouvent l'habit & le pain
Les pauvres garces tout usees
Qui se connoissent mesprisees,
Et sans cela mouroient de faim.

XXXIII.

SUR LA HARANGUE DE COIFFETEAU OU APRÉS AVOIR PARATRAGEDIÉ DES CRUAUTEZ COMMISES A MONTPELLIER, IL NE SE TROUVE UN SEUL MORT NY BLESSÉ.

Ainsy crie dessus la Seine
Un Tabarin à gorge pleine:

Que de meurtre & sang espandu!
Arme, arme, citoyen, courage :
Que de fureurs, que de carnage!
Tout est en feu, tout est perdu,
Que de meurtres, que de vacarmes!
Aux armes, citoyens, aux armes :
Et quand aprés force caquets
On demande qui est par terre,
Ilz ont en toute cette guerre
Coupé le bonnet d'un laquais.

XXXIV.

SUR LE BASTIMENT DE CONCHINE.

Ce grand logis qu'on bastissoit,
Si beau parmy tant de malheurs;
C'est que le Maistre ne pensoit
Aller sitost loger ailleurs.

XXXV.

A DES MOYNES.

Vous nommez, Religieux,
Vostre cave Paradis :
Sçavez-vous ce que j'en dis?
Vostre espoir est aus bas lieux.

XXXVI.

SUR LA PROCESSION.

Voyant tant de chappes dorees,
Les Croix de roses diaprees,

Tant de satin, tant de veloux :
Moines, je dicts voiant ces choses
Que vostre Croix n'a que les roses,
Et que la nostre sent les cloux.

XXXVII.

DU SIEUR DE NOZILLAC
FAISANT FORCE VOYAGES POUR LA SANTÉ
DE MADAME DES FRANCS.

Nozillac fut pour sa maistresse
A Nostre Dame de Liesse,
Et puis à celle de Pitié,
De Bon desir, Bonne amitié,
A Cunault & à Recouvrance,
Puis jusqu'à Lorette il s'avance,
A Mont Ferat il faict son tour,
A Sainct Jacques de Compostelle;
Ayant faict tout cela pour elle,
Il la trouva seiche au retour.

XXXVIII.

DES ARDILLIERS.

Que dittes-vous, disoit n'agueres
Le vieil Curé des Ardillieres,
Des miracles qu'on faict ceans
A la barbe des Mescreans?
Je responds qu'ils sont invisibles,
Vous estez, dit l'autre, terribles
Si vous ouvrez encor les yeux,
Si voz oreilles ne sont sourdes,
Tant de bourdes de ces boiteux
Qu'est-ce? Ce sont, dis je, des bourdes.

XXXIX.

POUR METTRE AU DEVANT DE RICHEOME SUR LES RICHESSES ET BEAUTEZ DE L'EGLISE ROMAINE.

Hyperides l'advocat
  Ainsy descouvrit de Phrine
  Le sein blanc & delicat,
  Faisant parler sa poitrine
  Aux yeux des juges esprits :
  Tu metz de ruse pareille
  Ce que refuse l'oreille
  Par les yeux dans les esprits.

XL.

POUR REMEDIER AUX DESORDRES.

L'Espagnol cerche inventions
  Pour faire une paix ferme & stable :
  Espernon & le Connestable
  Reigleront les subventions.
  Ayons esgard aux pauvretez
  Du Chancelier pauvre & simple homme :
  Le Legat du Pape de Rome
  Aura soing de noz seuretez :
  Baillons nos enfans à Sourdis :
  Donnons à sa femme noz filles ;
  Mont-bazon rend les gens habilles
  Et Conchine les faict hardis.

XLI.

On eſcrit à la Marquiſe :
Ma couſine de Tresfort ;
Ceſte alliance s'eſt priſe
De deux maris mis à mort.

XLII.

AU COMTE D'AUVERGNE
AVANT LA PRISE DU MARESCHAL DE BIRON
ET DE LUY.

Vous ferez voſtre paix, vous eſtes trés accort,
Ne vous y trompez pas, Comte, je vous accorde
Que bien executer peut tramer un accort,
Mais trop deliberer ne file qu'une corde.

XLIII.

POUR LE MARESCHAL DE BIRON.

Aprés avoir tiré le dangereux couteau
Contre ton Roy, tu veux le remettre au fourreau
Pour les fouſpirs & pleurs de ta race eſploree :
C'eſt aller au gibet avec vent & maree.

XLIV.

DE CONCHINE.

L'on demande à quoy ſont utiles
Conchine & force autres encor :
Philippe en euſt pris plus de villes,
Ce ſont des aſnes chargez d'or.

XLV.

CONTRE LA TROP GRANDE CRAINTE DE MOURIR.

De vivre trop d'envie
  Faict l'homme diffamer :
N'eſtimer trop ſa vie
  Faict la vie eſtimer.

XLVI.

RESOLUTION EN UNE DESROUTE.

Mes faux freres auront meilleur marché que moy :
Du terme ſeulement je ſauve la memoire,
La chaleur du combat m'oſte le paſle effroy
De la mort, moins amere à la ſaulce de gloire.

XLVII.

POUR UN FORT PAR LEQUEL L'AUTHEUR FUT GARENTY CONTRE L'OPINION DE PLUSIEURS.

Vous en riez, geants : chacun de vous me juge
Pour fol, pour inſenſé, de baſtir en ce lieu;
Le Ciel eſt tout noircy, voicy l'ire de Dieu
Et je baſtis une arche en voiant le deluge.

XLVIII.

DU BARON DE SENEVIERES.

C'eſt un droſle que Senevieres,
  Sa femme ne luy en doibt gueres :

Ils se pipent en cent façons,
Mais je trouve qu'il y perd, par ce
Que luy n'entretient qu'une garce
Et elle cinquante garçons.

XLIX.

A LA PAIX DE LOUDUN
CHACUN DES GRANDS AVOIT FAICT FAIRE
UN COUPLET DE SON DESIR AU BIEN,
L'AUTHEUR ADJOUSTA A LA FIN CECY.

Enfin chacun deteste
Les guerres & proteste
Ne vouloir que le bien :
Chacun au bien aspire,
Chacun le bien desire
Et le desire sien.

L.

VERS SENAIRES DE PURS IAMBES
SANS LA LICENCE DES LIEUX IMPAREILZ
POUR UNE MAISON NOTABLE DE CE ROYAUME.

Cet orgueilleux palais que vous voyez levé
Si haut, si somptueux, d'ouvrages bien gravé,
Fut autrefois le lieu d'où force changement
De monstrueux effects prenoit commancement.
Ceans se fit le vœu si doux, & puis amer,
D'avoir Hierusalem & passer outre mer.
De là le fol desir qui tant d'humains perir
Fit au delà des monts à Naples conquerir.
Le regne fut quitté, le mal trés bien s'acquit;
D'Escosse l'entreprise à mesme lieu nasquit,

Le meurtre des Maillets, la guerre d'Orleans
Et celle là d'aprés ſa ſource prit ceans.
L'Amboiſien deſaſtre y prit ſon argument,
La guerre à onze fois en eut le branſlement :
De là le peuple eſmeu à guerre s'applicqua,
Et contre ſon debvoir badault ſe barriqua.
Mille autres changements & mouvements divers
Ne ſont tirez d'ailleurs, malheurs de l'Univers :
Et ores qu'il n'y a de maſles pour mouvoir
Et garder à jamais de branſler un debvoir,
A faute d'Empereurs, de Ducs, de Lieutenans,
La Nymphe du logis ſe branſle à touz venans.

LI.

SUR LE JEU DE LA PASSION.

Ceux qui ont joüé batteleurs,
 Sur l'eſchaffaut de noz malheurs,
 Les meurtres & les perfidies :
 Joüeurs, qui joüans du couteau
 Ont jetté le ſang comme l'eau,
 Comiques de ces tragedies,
Sont ceux là meſme que tu vois
 Joüer des farces de la Croix ;
 Nation ſanglante, infidelle,
 Bourreaux, eſtimez-vous ſi peu
 La Paſſion d'en faire un jeu ?
 Car la joüer, c'eſt joüer d'elle.
Encor les canailles ont faict
 Un choix trop vilain, trop infect
 D'un pourry verollé, infame,
 Pour en faire le filz de Dieu,
 Et la plus grand putain du lieu
 Pour repreſenter Noſtre Dame.

LII.

Vous trouvez donc eſtrange & nouveau qu'en Eſpagne
La ſacree Hermandad, c'eſt l'Inquiſition,
Ait mis entre ſes mains la juriſdiction
Des chevaux qu'on deſrobe & paſſe la montagne ?
Je voudrois que ce fut le pire de noz maux :
Nous voions bien ailleurs la guerre és mains des femmes,
L'honneur des valeureux és mains des plus infames,
Et que les aſnes ſont les juges des chevaux.

LIII.

DE NICOLE.

On reproche à la Nicole
 Qu'elle a donné la verolle
 Au Viconte & à l'Ormoy ;
Ils mentent (dit l'esfrontee),
Ils ne me l'ont pas oſtee,
 Je l'ay encore ſur moy.

LIV.

Pere Sainct, ne trouvez eſtrange
 Si Bougrin, voſtre grand pilier,
Quitta ſa part de la loüange
 De la priſe de Montpelier.
Son ame eſtoit trop genereuſe
 Pour s'amuſer à ſurmonter
Une ville laſche & poureuſe
 Qu'un peu d'argent a peu domter.

O sainte marmite papale,
Pour venger ton cul renversé,
Si Montpelier eust esté male,
Je meure s'il ne l'eust forcé!

LV.

De Margot les feux assouvis
   Ont mis icy quatorze corps
   Qu'elle a rendus tout roides morts,
Ne pensant roidir que les vis.

LVI.

Tes naveaux sont bien ronds & beaux,
   Mais je les trouve un peu trop braves,
   Je leur ai dit : « Bonjour, naveaux! »
[Ils] se sont tus : ce sont des raves.

TOMBEAUX
DU STYLE DE SAINCT INNOCENT.

[Inédits, publiés d'après le manufcrit original de la Collection Tronchin; Mss. d'Aubigné, T. VII, f° 255 & fuivants.]

TOMBEAUX

DU STYLE DE SAINCT INNOCENT.

I.

DE PHALANDRES, CAPITAINE DES ARGOULETS.

> Qu'on n'estoffe pas ce tombeau,
> D'un confus herissé monceau
> D'armes & de picques croizees,
> De lances en esclat brisees,
> Et que ces magnificques noms
> Ne soient gravez sur les canons ;
> Mais au lieu d'attirail de guerre,
> Qu'on pare ce larron en terre
> De mille bissacs picoureurs,
> Des despouilles des laboureurs,
> De chausses, de chapprons, de cottes,
> De quelques bourses huguenottes ;

Et pour mieux le depeindre tout,
Que l'on escrive au plus haut bout
D'une grosse lettre dorée :
Au grand Roy de la picorée.

II.

D'UN MOYNE DE MAILLEZAIS QUI SE NOYA DANS UN RETRAICT.

S'il est dit que chacun se perde
Dedans le champ de son mestier,
Meure au combat le Chevalier
Et le pourceau dedans la merde.

III.

DE LUY MESME.

Icy gist un Moyne botté
Ensevely dedans la fange :
Il mourut au printemps crotté,
Quoy qu'il desirast voir l'esté
Et ne mourir qu'aprés vendange.

IV.

DE OUARTY, GENDRE DE TORS, DESMARIÉ POUR SON IMPUISSANCE.

Cy gist, qui voulant faire effort
A l'Amour, le fit à la Mort,
Ardent, mais impuissant au vice,
Ouarty chaud & imparfaict :
Il dit qu'on luy fit injustice
De mourir pour n'avoir rien faict.

V.

DE LA COSTE, GRAND COUREUR ET AFFRONTEUR.

Cy gist au bout de ses courses
  Un grand escumeur de bourses
  Qui onc ne fit que courir :
  Et comme un grand coureur tombe,
  Il est cheut en cette tombe
  A repos aprés mourir.
  Non, je ne sçay s'il repose;
  Mais si la Metempsicose
  Est un poinct de verité,
  L'esprit du coureur La Coste
  Sera d'un cheval de poste,
  S'il ne l'a jadis esté.

VI.

DU CURÉ DE BRANTOME.

Icy dessous gist un pauvre homme
  Qui vesquit tousjours mal en poinct :
  C'estoit le Curé de Brantome
  Qui disoit la messe en pourpoinct.

VII.

DU SIEUR DE SILLY.

Sylly est mort! de quoy? J'en suis bien empesché.
Ailleurs que dans le lict il ne s'est peu morfondre;

Ce n'eſt pas à la guerre, il n'en a pas maſché :
Ce n'eſt pas en düel, il ne fut oncq faché,
Et ne vit oncq barbier, ſi ce n'eſt pour le tondre.

VIII.

DU DUC DE MAYNE.

De toutes qualitez la plus ſalle & vilaine
Eſt celle où ce grand Duc s'eſt à la fin ſubmis :
Qui euſt creu voir mourir ce vaillant Duc de Mayne
Valet de ſes haineux, bourreau de ſes amis ?

IX.

DE LUYNES.

Luynes, tu te couvrois
D'ombre & preſence royalle
Contre les frayeurs : tu vois
Que la Mort qui tout eſgale
Sçait tuer au ſein des Rois.

X.

POUR DU VAIR, GARDE DES SCEAUX, PRETENDU AU CHAPPEAU ROUGE.

Du Vair qui avoit ſur la teſte
Tant de ſang verſé fraichement,
Briguant un chappeau de la teſte
Et le pourpre d'un veſtement :
De la France l'ardent flambeau
S'eſt eſteint d'une fiebvre ardente,
Empourpré ſelon ſon attente,
Non en l'habit, mais en la peau.

XI.

SUR LA MORT DE MONSIEUR SERVIN.

Pourquoy aprés si franche & si juste harangue
Perdit sitost Servin & la vie & la voix?
Ce fut pour empescher cette legere langue
De se desdire ainsy qu'elle fit autrefois.

XII.

DE MADAME DE LA ROUTE.

Ci gist la femme de la Route
  Qui ne servoit plus rien meshui :
Il n'en pleura pas une goute,
  Elle en eust fait autant de luy.

APPENDICE.

PIECES DE SOURCES DIVERSES.

APPENDICE

PIECES DE SOURCES DIVERSES

I.

Aſtorge & Amaris ayant paré leur gorge[1]
De perles & de geays, m'ont choiſi leur Paris.
Or devineʒ à qui je donneray le pris :
Car la perle blanchit deſſus le ſein d'Aſtorge,
Et le geays devient noir ſur celluy d'Amaris.

II.

L'AMOUR.

Ce champis, je ne ſçay comment,
  Me bruſle le cueur finement
  Comme ung fils de putain de Page
  Qui trouve un laquays en dormant
  Et luy flambe tout le viſage.

1. Ces trois premières pièces retrouvées aprés la publication de notre Tome III & qui auraient dû y figurer, ſont tirées de la collection Tronchin, Mss. d'Aubigné T. VI & VII.

Je m'en despite, je m'en ry,
J'ay honte d'en estre marry :
Ce petit borgne n'y voit guiere,
Son arc est d'un cercle pourry
Et la corde d'une jartiere.

J'avoys une belle faveur
De cheveux que print ce volleur,
J'avoys l'ame trop endormie :
Il donna le moine à mon cueur
Avecq' des cheveux de ma mie.

Je luy veulx faire ung mauvais tour,
Cacher sous mon chevet ung jour
De belles verges pour sa sausse.
Vous en aurez, Monsieur l'Amour,
Vous n'avez point de hault de chausses.

III.

LES SEIGNEURS DE ZURICH AYANT DEMANDÉ
A L'AUTEUR DE SES ŒUVRES POUR LEUR
BIBLIOTEQUE AVEC SES ARMES ET SON POR-
TRAIT, IL Y ADJOUSTA POUR LES INDUIRE
A TRAVAILLER.

Vous thesaurizez en loüanges
Et des humains & des sainds Anges,
Si par vos mains nous est rendu
Ce que Heidelberg ha perdu :
Mais ce threzor dés sa naissance
Prend du Vatican le chemin,
S'il n'ha point d'autre resistance
Qu'en papier & qu'en parchemin.

IV.

    De ma douce prifon,[1]
Des ameres douleurs, de mes cruelles gennes,
Des doux liens de ma ferve raifon,
Je couppe des fanglots, par celles de mes peines,
    Ma funebre oraifon :

    Je ne meurs pas à tort,
Bien coupable du faict, coupable du martire,
Du feu d'amour & d'un torment plus fort :
Mais las! donne, Deeffe, à l'amant qui foufpire
    Ou la grace ou la mort!

    Si j'ay grace de toy,
Je reçoy ma raifon de qui me l'a ravye.
Si ton courroux vient foudroyer fur moy,
Tu me feras, cruelle, en m'arrachant la vye
    Martire de ma foy!

    O bien heureux foufpirs,
Si de fes yeux fi doux vous tirez recompenfe!
Si ma vie eft la fin de mes defirs,
Je triumphe en mourant, & gaigne par conftance
    Le laurier des martirs!

    Soit que ce foit, je veux
De la douteufe Mort du cruel labirinthe
Sortir guidé du fil de fes cheveux :

---

[1]. Cette pièce & les quatre fuivantes font tirees d'un précieux manufcrit ayant, paraît-il, appartenu à Madame de Maintenon, que M. Charles Read a bien voulu mettre à notre difpofition.

S'il fault que pour aimer mon ame soit estaincte,
 Qu'encor ce soit par eux!

 Blonds cheveux deliez,
J'offre sur vostre autel mon cueur & ma franchise,
Tout mon espoir & mes deux pieds liez,
Le choix de vivre encor ou la mort que je prise
 Et mes deux bras plyez.

 Pour Dieu! mort ou secours!
Bien heureux, si je meurs! Bien heureux, si j'ai grace!
Heureuse fin des malheurs & des jours!
Vivant, je soye aimé, ou en aimant s'efface
 Ma vie & mes amours!

V.

 Ha! Deesse, que de martire
 Je souffre en deschargeant mon yre
 Dessus moy, pour l'amour de vous!
 Mais je ne puis trouver de penne,
 De fiere torture, de geenne,
 Ny torment qui ne soit trop doux.

 Ce peché me faict triste & blesme,
 Et qu'en tyrannisant moy mesme
 Je me desplais en mon esmoy
 De ma trop douce penitence,
 Et je ne trouve en mon offence
 Juge plus severe que moy.

 J'ay voullu transonner de rage
 La langue qui me fit dommage,

Pensant seulement me joüer :
Je ne l'osay faire, de crainte
Que la force ne feust esteinte
N'estant faict que pour vous loüer.

Je m'esbahis, à part moy, comme
Celuy qui du ventre de l'homme
Reprenoit le plus grand des Dieux,
Ne trouvoit une chose estrange
Mettre l'injure & la loüange
En un membre si pretieux.

Car comme l'espee ou la lance,
On a la langue pour deffence
Et pour l'ennemy offencer :
Mais celuy là est plain de rage
Qui, forcenant en son courage,
De son couteau se vient blesser.

D'Adonis la face divine
Ne fit tant pleurer la Cyprine
Comme a pleuré mon cueur marry,
Ny Enee pour son Anchise,
Ny Nyobé, ny Artemise
Sur les cendres de son mary.

Helas! je congnois bien ma faute,
Et la ferois encor plus haute
Qu'elle n'est, si je le pouvois.
Mon ame en parlant en est folle,
Et je soubsonne ma parolle
De pecher encor une fois.

Non! je ne puis couvrir ma honte,
Et quant mon forfaict je raconte,

L'excuse, l'esprit me default,
Combien que le vulgaire estime
Qu'il ne peult y avoir de crime
Où l'imprudence seule fault.

Mais quant je voy que votre grace
　Et les soleilz de vostre face
　Pourtant ne m'ont habandonné,
Je voy là ma faulte mortelle,
　Mon desespoir se renouvelle,
　Pour estre sitost pardonné.

Ainsi vostre pitié m'accable
　Et vostre douceur agreable
　Me condemne indigne de vous;
Et si ma faute estoit petite,
　Elle s'acroist, quand elle irrite
　Un esprit si calme & si doux.

Le pardon vient de repentance,
　Le repentir de connoissance
　Et de honte de son peché.
Vous pardonnez donc bien, Maistresse,
　Car je doubleray ma vitesse
　Aprés avoir un coup bronché.

Pour une simple penitence,
　Pardonner celuy qui offence,
　C'est le vray naturel des Dieux;
Comme vostre grace est celeste,
　Il falloit aussi que le reste
　Et la pitié feust nee aux Cieux.

VI.

Pour te fuivre obftiné, je t'adnime à la fuitte;
Par mon humilité j'efleve ton orgueil,
Je glace ton dedaing du feu de ma pourfuitte :
  Tu te lave en mes pleurs,
  Et le feu de ton oeil
  S'accroift de mes chaleurs.

De ma trifte defpouille & d'une ame ravie,
Mon efprit triumphant couronne ta beauté.
Vermeille de mon fang, ma mort te donne vie,
  Et les plus doux zephirs
  Qui charment ton efté
  Sont mes tiedes foupirs!

Ainfi quant Daphné fut en laurier convertie,
Le foleil l'efchauffa de rayons & d'amours,
Et arroufoit fes piedz de larmes & de pluye :
  O miferables pleurs,
  Qui croiffez tous les jours
  L'amour & les douleurs!

VII.

Eh bien, je fuis content de vivre,
 Et ma peine eft lors plus cruelle
 Quant plus d'elle je fuis delivre :
Pourtant je vis & tout mon heur
C'eft que ma vie eft lors plus belle,
 Plus je fais vivre ma douleur,

Plus ma pene accroiſt ma penſee,
Me flatte, me plaiſt & m'attire,
Mais lors mon ame eſt courroucee,
Quand mon cœur s'eſtonne pour eux
Et quant je ſens plus de martire
Que je n'ay le cœur amoureux.

Voſtre œil, voſtre beauté, Madame,
A vaincu mes forces, de ſorte
Qu'au feu de l'amoureuſe flame
Ma pene s'alume & s'eſtaint :
En moy la Mort ſe trouve morte,
Et mon ame plus ne la crainct.

Ainſi d'une cauſe ſi bonne
Ma peine n'eſt plus inhumaine,
Si non quant moins voſtre œil m'en donne,
Et pour la fin de mes ennuis,
L'ame eſt friande de ma peine,
Le corps laſſé dict : Je ne puis.

VIII.

Cedres qui eſmailleȝ tout l'air de vos fueillages,
Et vous, ſuperbes tours, qui monſtreȝ voȝ ouvrages
  Aux ouvrages des Cieux,
Montȝ qui porteȝ le Ciel, recourbeȝ de la peine,
Aveȝ-vous rien ſi hault que Madame eſt hautaine,
  Si fier & orgueilleux ?

Non, car l'air eſt ſur vous ; non, le vent vous ſurpaſſe :
Non, car le feu a pris par deſſus vous ſa place.
  Mon amour peult voler

Dessus l'air, sur les vents, sur le feu de ses ailes :
Mes soupirs font les vents, les feuz de mes moëlles
  Causent les feuz & l'air.

Neiges des montz chenus, glace qui fondz à peine
De l'air sterille & froid la region moyenne ;
  Vous, païs sans esté,
Hivers, qui les passans faictes transir tous roides,
O malices de l'air, estes-vous aussi froides
  Que ma froide beauté ?

Helas ! non. Le soleil en approchant sa face
Corromp l'air, les hivers, les neiges & la glace
  Par les rayons d'un jour.
Je n'ay sçeu rechauffer le sein de ma rebelle,
Et le pauvre soleil qui est transi par elle
  N'a feu que mon amour !

O rochers endurciz, acier qui de leur ventre
Es avorté, si dur diamant où il n'entre
  Ny forme, ny couleur,
Tout le plus endurcy du sein dur de Nature,
Aveq-vous rien si dur que ma cruelle est dure,
  Que dure sa rigueur ?

Non, rochers, par les eaux, & vous, fer, par la flame,
Precieux diamans, de sang on vous entame ;
  Mais je ne puis ainsi
De tant de pleurs, de feux & de sang que je tire,
Graver, peindre & tailler mon amour & martire
  Sur son cœur endurcy !

IX.

REQUETE A MESSIEURS DES GRANS JOURS.

Un pauvre serviteur frustré de ses amours
Presente humble requeste à Messieurs des Grans Jours,
Pour demander justice, accusant sa Maitresse
De leze majesté, d'estre à son Roy traitresse,
D'avoir forgé monnoye & marqué faucement
De meurtre, de larcin, de vol, de faux serment;
Il dict qu'elle est encor picoureuse guerriere,
Il veut prouver qu'elle est magicienne sorciere,
Ateiste sans Dieu, qu'elle use de poison,
Qui ne craint Roy, ni loy, justice ny prison.
Elle a contre l'Amour, impiteuse & cruelle,
Armé son cœur mutin, insolent & rebelle;
Elle a trahy son Roy, quand subjecte à Amour,
Au desdain ennemi elle randit un jour
Ses beaux yeux amoureux. Les regars plains de joye
Dont elle m'a deçue estoient faulce monnoye,
Elle a meurtry mes sens, furtivement volé
La doulce liberté de mon cueur affolé,
Et luy ayant juré bonne guerre à l'entree,
Son ame vint piller, courir la picouree
En mes pensers secrets, & puis en m'ayant pris
Elle a de charmes feints fasciné mes espris,

---

1. L'authenticité absolue de cette pièce & de la suivante, toutes deux extraites encore du manuscrit de M. Ch. Read, ne s'est pas trouvée établie comme pour les cinq précédentes par la table autographe de d'Aubigné. (Voir notre Introd. p. XIII.) Nous les donnons parce qu'en cet agréable badinage, quel qu'en soit l'auteur, il s'agit des amours de d'Aubigné qui est nommé en toutes lettres dans la seconde pièce.

Empoifonné mon gouſt & la cruelle Alcine
Blaſphemé contre Amour & ſa force divine,
Briſé ſes doux lyens, meſpriſé ſon courroux,
Briſé les diamans & l'or des beaux verroux
De ſa douce priſon, & elle, d'elle eſclave,
N'a loy que ſon vouloir, tant elle eſt fiere & brave;
Elle a bleſſé à mort tant de regards loyaux,
Des juſtices d'Amour les vrais Sergens royaux,
Et pour tout revolter par un mauvais exemple,
La ſacrilege a mis le feu dedans le temple
Qu'Amour avoit baſty dans mon cueur affligé,
Qui de fer & de feu ſoupire ſaccagé.
A ces cauſes, Meſſieurs, qu'il vous plaiſe contre elle
Declarer comme elle eſt coupable & criminelle,
L'adjourner en perſonne, affin qu'en troys brefs jours
Elle ſoit condamnee à payer mes amours.
S'elle ne comparoiſt, bruſleʒ ſa pourtraiture,
Car autrefois l'Amour l'a brulé en figure
Au tableau de mon cueur; mais pour la prendre au corps
Qu'un Prevoſt vigilant n'y face ſes effors;
Faictes que ce ſoit moy qui l'embraſſe & ſaiſiſſe,
Et vous ne fereʒ rien qui ne ſoit de juſtice.

X.

MEMOIRE A DAMBOISE,
ADVOCAT.

Memoire d'intenter procés,
 En cas de nouveauté d'excés
 De demander à ma Maiſtreſſe
 Le quint du nectar de Venus,
 Il fault qu'une complainte on dreſſe
 Pour mes ſervices retenus.

S'elle vouloit tumber d'accort,
Je luy pardonneray ma mort.
Je ne veux ny procés ny noyſe,
Bien qu'on m'ait faict beaucoup de tors :
Faictes accord, Monſieur Damboiſe,
Pourveu que je la prenne au corps.

Mais s'il eſt force de plaider,
Pour Dieu! regardez à m'ayder
De quelque juge pour ma vie :
Je n'eſpere qu'un bon ſuccés,
Mais ſi elle eſt juge & partie,
Ma foy! je perdrai mon procés.

Mon amy, je ne t'inſtruis point,
Tu ſçais cela de point en point :
Il ne fault point que l'on te dye
Que c'eſt que de procés d'amours,
Non plus qu'à la plus grand partie
De tous ces Meſſieurs des Grans Jours.

Ils ont eſté tous amoureux,
Qu'ils en jugent comme pour eux ;
Pourtant, mon amy, je t'aviſe
Qu'avant ma Maiſtreſſe accuſer,
S'il y a quelque barbe griſe,
Ne fauts point à le recuſer.

Pour choiſir j'eſtois en emoy,
Quand Cotel m'aviſa de toy,
Pour te faire plaider ma cauſe,
Et en ma procuration
Je ne t'aſtrains à autre choſe
Qu'à plaider comme pour Clion.

Mais je te pry, consulte avant
Avec Pasquier, sage & sçavant ;
C'est toy qui feras la harangue.
Sur tout, mon bon amy, je veux
L'advis de Pasquier & ta langue
Et un Rapporteur amoureux.

D'Amboise, nous t'avons esleu pour le secours
 D'Aubigny affligé, cause donc pour sa cause ;
 Ne reposant en soy, sur toy il se repose
De sa vie & de plus, car c'est de ses amours.

Tout droit est violé : il a eu son recours
 Au Senat qui a l'œil, la main, l'oreille close
 Au beau, à l'or, au doux, & c'est pourquoy il ose
Hardiment appeller sa Maistresse aux Grans Jours.

Il voit chasque affligé qui tout ainsi appelle
 Du Poitou mutiné la Noblesse rebelle,
 Qui rebelle cognoit par la force son Roy :

Il craint sans plus un mal pire que le tonnerre
 Que sa Deesse n'ayt sa puissance pour loy,
 Son vouloir pour raison, pour un procés la guerre.

TABLE DES MATIERES

CONTENUES DANS CE VOLUME.

LES TRAGIQUES.

	Pages
Aux Lecteurs..........................	3
Deux sonnets de Daniel Chamier............	12
Sonnet qu'une Princesse ecrivit à la fin des *Tragicques*.............................	13
PREFACE. L'autheur à son livre............	15

Livre Premier.

Miseres............................... 29

Livre Second.

Princes............................... 71

Livre Troisiesme.

La Chambre doree...................... 117

Livre Quatriesme.

Les Feux.............................. 149

Livre Cinquiefme.

Pages
Les Fers. 192

Livre Sixiefme.

Vengeances. 239

Livre Septiefme.

Jugement. 273

Difcours par ftances avec l'Efprit du feu Roy Henry
    quatriefme. 311

Sonnets epigrammatiques. 327

Pieces epigrammatiques. 343

Tombeaux du ftyle de Saint-Innocent. 381

APPENDICE. Pieces tirées de fources diverfes. . . . 389

Achevé d'imprimer

LE DIX MARS MIL HUIT CENT SOIXANTE DIX-SEPT

PAR A. QUANTIN

ANCIENNE MAISON J. CLAYE

POUR A. LEMERRE, LIBRAIRE

A PARIS